**19**

# MARK TWAIN
# KANNIBALISMUS IM ZUG
# UND ANDERE ERZÄHLUNGEN

und als Schlußwort
## Das Kriegsgebet

**Herausgegeben von**
**Gerd Haffmans**

**Neu übersetzt von**
**Harald Raykowski und Lucien Depryck**

**Zweitausendeins**

Editorische Notiz
und wenige Anmerkungen im Anhang.

Harald Raykowski hat die Erzählungen,
Lucien Depryck das Kriegsgebet für diese Ausgabe neu übersetzt.

Erstausgabe dieser Neuübersetzungen
1. Auflage, 22. April 2010.
2. Auflage, Juli 2010

Auswahl, Lektorat und Chronik von Gerd Haffmans.

Umschlaggestaltung: Heine/Lenz/Zizka Projekte GmbH, Frankfurt.
Foto auf der Umschlagseite 3: Private Collection / bridgemanart.com.
Herstellung: Urs Jakob, Werkstatt im Grünen Winkel, CH-8400 Winterthur.
Satz: Fotosatz Reinhard Amann, Aichstetten.
Druck und Bindung: CPI – Clausen & Bosse, Leck.

Dieses Buch gibt es nur bei Zweitausendeins im Versand, Postfach,
D-60381 Frankfurt am Main, Telefon 069-420 8000, Fax 069-415 003.
Internet www.Zweitausendeins.de, E-Mail Service@Zweitausendeins.de.
Oder in den Zweitausendeins-Läden 2× in Berlin, Düsseldorf, Frankfurt am Main,
Freiburg, 2× in Hamburg, Hannover, Köln, Leipzig, Mannheim, München,
Nürnberg und Stuttgart.
Oder in den Zweitausendeins-Shops in Aachen, Augsburg, Bamberg, Bochum, Bonn,
Braunschweig, Bremen, Darmstadt, Dortmund, Dresden, Duisburg, Erfurt, Essen,
Gelsenkirchen, Göttingen, Gütersloh, Herford, Karlsruhe, Kiel, Koblenz, Konstanz,
Ludwigsburg, Marburg, Mönchengladbach, Münster, Neustadt an der Weinstraße,
Oldenburg, Osnabrück, Speyer, Trier, Tübingen, Ulm, Wuppertal und Würzburg.

In der Schweiz über buch 2000. Postfach 89, CH-8910 Affoltern a.A.

ISBN 978-3-86150-919-6

# Inhalt

## Eine burleske Autobiographie

Da zwei oder drei Leute mir im Laufe der Jahre zu verstehen gaben, daß sie meine Autobiographie, sollte ich je eine schreiben, einmal lesen würden, wenn sie die Zeit dafür fänden, will ich diesem beharrlichen Drängen der Öffentlichkeit nun nachgeben und meine Lebensgeschichte vorlegen.

Unser Haus ist ebenso vornehm wie alt und reicht weit zurück in die Geschichte. Der älteste urkundlich erwähnte Vorfahr der Twains war ein Freund der Familie Higgins. Das war im elften Jahrhundert, als unsere Familie bei Aberdeen in County Cork, England, lebte. Warum dann über so viele Generationen der Name der mütterlichen Linie beibehalten wurde (außer wenn der eine oder andere sich nach einer kleinen Dummheit zum Spaß ein Pseudonym zulegte) und nicht der Name Higgins, ist ein Geheimnis, an dem zu rühren keiner von uns je so recht interessiert war. Irgendwie hat die Sache etwas hübsch Vages, Romantisches, und wir lassen es damit bewenden. Alle alten Familien machen es so.

Arthour Twain war ein Mann, dem ein großer Ruf anhaftete – er lagerte gern an den Wegen des Königs William Rufus. Im Alter von dreißig Jahren suchte er aus irgendeinem Grund eine der prächtigen alten englischen Sehenswürdigkeiten namens Newgate auf und kehrte nicht mehr zurück. Er war noch immer dort, als er plötzlich verstarb.

Augustus Twain scheint um das Jahr 1160 viel Aufmerksamkeit erregt zu haben. Stets war er zu Scherzen aufgelegt, und er nahm gern seinen alten Säbel und wetzte ihn und bezog in dunkler Nacht Posten, um die Leute damit zu kitzeln und sie zucken zu sehen. Er war der geborene Humorist, aber er trieb es zu weit; und als er dabei erwischt wurde, wie er einem solchen Passanten die Taschen leerte, entfernten die Behörden sein oberes Ende und brachten es in luftiger Höhe an Temple Bar an, von wo er die Leute beobachten und sich den Wind um die Nase wehen lassen konnte. Seine hohe Position soll ihm sehr gefallen haben; er blieb jedenfalls lange bei der Stange.

In den folgenden zwei Jahrhunderten weist unser Stammbaum eine Reihe von Soldaten auf – wackere, flinke Gesellen, die stets mit einem Lied auf den Lippen in die Schlacht zogen, gleich hinter dem Heer, und stets laut jauchzend noch vor dem Heer zurückkehrten.

Das straft die törichte Witzelei des alten Froissart selig Lügen, der behauptete, der Stammbaum unserer Familie habe immer nur einen Ast gehabt, und dieser habe im rechten Winkel herausgestanden und sommers wie winters Früchte hervorgebracht.

Anfang des fünfzehnten Jahrhunderts hätten wir dann Beau Twain, genannt »der Scholar«. Er hatte eine ganz wunderschöne Handschrift. Und er konnte die Handschrift anderer so täuschend genau nachmachen, daß es im Kopf nicht auszuhalten war. Er hatte viel Spaß mit seinem Talent. Aber nach einiger Zeit verpflichtete er sich, Steine zu hauen für eine Straße, und unter dieser groben Arbeit begann seine Handschrift zu leiden. Er genoß jedoch das Leben auch noch, als er in der Stein-Branche tätig war – und das waren, von kurzen Unterbrechungen abgesehen, zweiundvierzig Jahre. Ja, er arbeitete bis zuletzt. Mit seiner Leistung war die Regierung so zufrieden, daß sie ihm immer wieder eine Anstellung gab, kaum daß das alte Arbeitsverhältnis beendet war. Er war ein wahrer Musterknabe. Und auch bei seinen Mitkünstlern war er sehr beliebt und gehörte als angesehenes Mitglied ihrem geheimen Wohltätigkeitsverein an, genannt die Kettenrasselbande. Sein Haar trug er stets kurz, er bevorzugte gestreifte Anzüge, und sein Tod wurde von der Regierung zutiefst bedauert. Er hinterließ eine Lücke in seinem Vaterland.

Einige Jahre später hätten wir da den berühmten John Morgan Twain. 1492 kam er mit Kolumbus als Passagier in dieses Land. Er war, wie es scheint, von barscher, ungemütlicher Wesensart. Während der gesamten Überfahrt beschwerte er sich über die Verpflegung und drohte immer wieder damit, von Bord zu gehen, wenn sich das nicht ändere. Er verlangte frische Alsen. Kaum ein Tag verstrich, an dem er nicht hoch erhobenen Hauptes über das Deck schlenderte, spöttische Bemerkungen über den Kapitän machte und sagte, er glaube nicht, daß Kolumbus wisse, wohin er eigentlich segle, und er glaube nicht, daß er überhaupt schon einmal dort gewesen sei. Der denkwürdige Ruf »Land in Sicht!« bewegte das Herz eines jeden an Bord, nur seins nicht. Er betrachtete eine Weile durch ein Rauchglas den dünnen Strich, der in der Ferne auf dem Wasser lag, und erklärte dann: »Von wegen Land, – das ist ein Floß!«

Als dieser zweifelhafte Passagier an Bord kam, hatte er nichts bei sich als eine alte Zeitung, in die er ein Taschentuch gewickelt hatte, das das Monogramm »B. G.« trug, einen Wollstrumpf mit dem Monogramm »L. W. C.«, einen Baumwollstrumpf mit dem Monogramm »D. F.« und ein Nachthemd mit dem Monogramm »O. M. R.«. Trotzdem sorgte er sich während der ganzen Reise mehr um seine »Seekiste« und machte mehr Aufhebens darum als alle anderen Passagiere zusammengenommen. War das Schiff buglastig und ließ sich nicht manövrieren, so trug er seine »Seekiste« weiter nach achtern und stellte sich dann hin, um die Wirkung zu begutachten. War das Schiff hecklastig, dann forderte er Kolumbus auf, ein paar Männer abzukommandieren, um »die Gepäckstükke zu schiften«. Bei Sturm mußte man ihn knebeln, da er ein solches Gezeter wegen seiner »Seekiste« machte, daß die Matrosen die Kommandos nicht verstanden. Anscheinend wurde der Mann nie offen irgendwelcher unlauteren Dinge bezichtigt, aber im Logbuch des Schiffes wird der »denkwürdige Umstand« verzeichnet, daß er sein Reisegepäck, das er in einer Zeitung an Bord gebracht hatte, in vier Koffern, einer Porzellankiste und zwei Champagnerkistchen an Land trug. Als er aber zurückkam und laut und unverschämt behauptete, ihm fehlten einige Dinge, und daranging, das Gepäck der anderen Passagiere zu durchsuchen, da war das Maß voll, und sie warfen ihn über Bord. Lange und verwundert hielt man nach ihm Ausschau, doch nicht ein Luftbläschen stieg in der spiegelglatten See auf. Während aber alle noch wie gebannt hinunterstarrten und die Spannung von Augenblick zu Augenblick stieg, stellte plötzlich jemand mit Erstaunen fest, daß das Schiff abtrieb und die Ankerkette schlaff am Bug hing. In dem vergilbten alten Logbuch lesen wir dann diese kuriose Eintragung:

»Alsbald ward entdecket, daß der aufrührerisch reisende in die tiefen getaucht, den anker fortgenommen und selbigen denen roten teufeln verkauft, mit den worten, er habe ihn gefunden, der hundsfott!«

Gleichwohl besaß dieser Vorfahr auch gute, edle Eigenschaften, und mit Stolz erinnern wir uns daran, daß er der erste Weiße war, der ein Interesse daran zeigte, unsere Indianer zu zivilisieren und mit höheren Formen der Kultur bekannt zu machen. Er baute ein geräumiges

Gefängnis und richtete einen Galgen auf, und bis ans Ende seiner Tage behauptete er voller Genugtuung, mehr zur Bändigung und Bildung der Indianer beigetragen zu haben als jeder andere Reformer, der unter ihnen gewirkt habe. Danach wird die Chronik weniger mitteilsam und offen, und sie schließt recht abrupt mit den Worten, der alte Seefahrer habe zusehen wollen, wie sich sein Galgen bei dem ersten Weißen bewährte, der in Amerika gehängt wurde, und er habe dabei Verletzungen erlitten, die zu seinem Tod führten.

Der Urenkel des »Reformers« hatte seine große Zeit um sechzehnhundertsoundsoviel, und in unseren Annalen wird er als »der alte Admiral« bezeichnet, obwohl er zu seiner Zeit andere Titel führte. Lange Jahre befehligte er eine Flotte schneller Schiffe, alle gut bewaffnet und bemannt, und erwarb sich erhebliche Verdienste dadurch, daß er Handelsschiffe zu großer Eile antrieb. Schiffe, denen er folgte und auf die er sein Adlerauge geworfen hatte, überquerten den Ozean regelmäßig in Rekordzeit. Kam aber ein Schiff einmal trotz seiner Anstrengungen nicht recht von der Stelle, dann wurde er immer wütender, bis er sich nicht mehr halten konnte – und dann nahm er dieses Schiff mit zu sich nach Hause, wo er es sorgfältig aufbewahrte in der Hoffnung, seine Eigentümer würden es abholen, was aber nie geschah. Auch versuchte er, den Matrosen dieses Schiffes ihre Trägheit und Faulheit auszutreiben, indem er sie zwang, einen Spaziergang zu machen und dann ein Bad zu nehmen. Er nannte das »über die Planke laufen«. Seinen Zöglingen schien das zu gefallen. Jedenfalls hat sich nie einer beschwert, nachdem er es versucht hatte. Wenn die Eigentümer zu spät kamen, um ihre Schiffe abzuholen, dann zündete der Admiral sie an, damit das Versicherungsgeld nicht verlorenging. Auf der Höhe seiner

Kräfte und seines Ansehens ereilte diesen prächtigen alten Seebären schließlich sein Ende. Seine untröstliche Witwe war allerdings bis zu ihrem eigenen Tod fest davon überzeugt, daß er, hätte man ihn fünfzehn Minuten früher abgeschnitten, durchaus hätte wiederbelebt werden können.

Charles Henry Twain lebte während der zweiten Hälfte des siebzehnten Jahrhunderts und war ein eifriger und angesehener Missionar. Er bekehrte sechzehntausend Südseeinsulaner und brachte ihnen bei, daß ein Halsband aus Hundezähnen und eine Brille keine ausreichende Bekleidung sind, wenn man zum Gottesdienst geht. Seine armen Schäfchen liebten ihn wirklich sehr, und als seine Beisetzung vorüber war, standen alle wie ein Mann auf (und verließen das Restaurant) und sagten mit Tränen in den Augen, was für ein außerordentlich zarter Missionar er doch gewesen sei und daß sie wünschten, es wäre noch etwas von ihm übrig.

Pah-Go-To-Wah-Wah-Pukketekeewis (der Mächtige-Jäger-mit-dem-Schweinsauge Twain) zierte die Mitte des achtzehnten Jahrhunderts und half General Braddock mit ganzem Herzen, dem Unterdrücker Washington zu widerstehen. Es war dieses jener Ahn, der hinter einem Baum hervor siebzehnmal auf unseren Washington feuerte. Insoweit stimmt die erbauliche Darstellung, die man in den Sammlungen von Abenteuergeschichten liest; aber wenn es dann weiter heißt, bei der siebzehnten Kugel sei dieser Wilde von Ehrfurcht ergriffen worden und habe feierlich erklärt, der Große Geist habe diesen Mann für eine besondere Mission ausersehen und er wage nicht, die frevlerische Büchse noch einmal gegen ihn zu erheben, dann ist das eine Entstellung der geschichtlichen Wahrheit. Tatsächlich hat er nämlich gesagt:

»Hat (hick) hat keinen Zweck. Der Mann is so besoffen, der kannich lange genug stillstehn, bis ihn einer trifft. Ich (hick) ich kanns mir nich leisten, mehr Munition für den zu verplempern.«

Darum also hat er beim siebzehnten Schuß aufgehört; und es ist eine gute, schlichte, nüchterne Erklärung dazu; die uns auch schon deshalb überzeugend erscheint, weil ein hohes Maß an Wahrscheinlichkeit für sie spricht.

Die Darstellung in den Abenteuerbüchern hat mir immer gefallen, aber ich konnte mich nie des Verdachts erwehren, daß alle Indianer, die bei Braddocks Niederlage ein paarmal auf einen Soldaten feuerten (aus zweimal wird im Laufe von hundert Jahren leicht siebzehnmal) und ihn verfehlten, fahrlässig schlußfolgerten, der Große Geist habe diesen Soldaten für eine besondere Mission ausersehen; und der einzige Grund, weshalb man sich nur im Falle Washingtons noch daran erinnert, ist, fürchte ich, ganz einfach der, daß sich die Prophezeiung bei ihm bewahrheitet hat und bei allen anderen nicht. Es gäbe gar nicht genügend Bücher auf dieser Welt, um all die Prophezeiungen zu erfassen, die von Indianern und anderen Unbefugten irgendwann mal gemacht worden sind; aber die Sammlung derjenigen Prophezeiungen, die in Erfüllung gegangen sind, paßt in jede Westentasche.

Ich will hier nur beiläufig bemerken, daß einige meiner Vorfahren in der Geschichte eine solche Bekanntheit unter ihrem Decknamen erlangt haben, daß ich es für überflüssig halte, näher auf sie einzugehen oder sie auch nur in der Reihenfolge ihrer Geburt zu nennen. Erwähnt werden mögen: Richard Brinsley Twain alias Guy Fawkes; John Wentworth Twain alias Jack Sheppard; Ananias Twain alias Baron von Münchhausen; John George Twain alias Captain Kydd; und dann wären da noch George Francis Train, Tom Pepper, Nebukadnezar und Bileams Eselin – sie alle gehören zu unserer Familie, allerdings zu einem Zweig, der deutlich von der ehrbaren Hauptlinie abweicht – genauer gesagt zu einer Nebenlinie, deren Mitglieder sich von denen des alten Stammes dadurch unterscheiden, daß sie den Ruhm, nach dem wir immer so heiß und innig getrachtet haben, auf recht erbärmliche Weise erlangten, indem sie ins Gefängnis gingen, anstatt sich hängen zu lassen.

Wenn man seine Autobiographie schreibt, ist es nicht gut, die Ahnenreihe zu nahe an die Gegenwart heran zu verfolgen – das sicherste ist, den Urgroßvater noch etwas nebelhaft zu erwähnen und dann von ihm einen Sprung zu sich selbst zu machen, was ich hiermit tue.

Ich kam ohne Zähne zur Welt – in diesem Punkt hatte Richard III. mir etwas voraus; aber ich kam auch ohne Buckel zur Welt, und in diesem Punkt hatte ich ihm etwas voraus. Meine Eltern waren weder besonders arm noch übertrieben ehrlich.

Aber da kommt mir gerade ein Gedanke. Meine eigene Lebensgeschichte würde im Vergleich zu der meiner Vorfahren so harmlos erscheinen, daß es klüger ist, sie ungeschrieben zu lassen, bis man mich gehängt hat. Wären einige andere Biographien, die ich gelesen habe, ebenfalls bei den Vorfahren stehengeblieben, bis sich etwas Ähnliches ereignet hätte, es wäre für die Leserschaft eine wahre Wohltat gewesen. Was meinen Sie?

## Wie man eine Erkältung kuriert

Es ist sicher nichts Schlechtes, wenn man schreibt, um das Publikum zu unterhalten, aber es ist weit höher einzustufen und edler, wenn man über Dinge schreibt, aus denen die Leute etwas lernen können, die zu gebrauchen sind oder von denen sie einen greifbaren Nutzen haben. Einzig und allein letzteres will ich mit diesem Artikel bezwecken. Wenn es mir gelingt, auch nur einem einzigen Leidenden unter meinen Mitmenschen die Gesundheit wiederzugeben, in seinen triefenden Augen wieder das Feuer der Hoffnung und Freude zu entfachen, sein müdes Herz so schnell und kraftvoll schlagen zu lassen wie in früheren Tagen, so soll mir das Lohn genug für meine Mühen sein; in meiner Seele wird sich jene fromme Freude ausbreiten, die jeder Christenmensch verspürt, der eine gute, selbstlose Tat vollbracht hat.

Ich habe stets ein untadeliges, moralisch einwandfreies Leben geführt und glaube deshalb mit Recht behaupten zu dürfen, daß niemand, der mich kennt, die folgenden Ratschläge zurückweisen wird aus Sorge, ich könnte ihn damit täuschen wollen. Möge also das verehrte Publikum auf den folgenden Seiten nachlesen, welche Erfahrungen ich bei der Behandlung einer Erkältung gesammelt habe, und sodann meinem Beispiel folgen.

Als das Weiße Haus in Virginia City niederbrannte, verlor ich mein Heim, mein Glück, meine Gesundheit und meinen Reisekoffer. Der Verlust der beiden erstgenannten Artikel ist nicht weiter von Bedeutung, denn ein Heim ohne eine Mutter oder Schwester oder eine entfernte junge Verwandte weiblichen Geschlechts, die einem die schmutzige Wäsche wegräumt oder die Schuhe vom Kaminsims nimmt und so immer wieder in Erinnerung ruft, daß es Menschen gibt, die sich um einen kümmern und sorgen, läßt sich leicht ersetzen. Und der Verlust meines Glücks machte mir nicht viel aus, weil ich kein Poet bin, und deshalb war es unwahrscheinlich, daß die Melancholie lange bei mir ausharren würde. Aber seine gute Gesundheit und einen noch besseren Reisekoffer zu verlieren, das war eine sehr ernste Sache. An dem Tag, als das Feuer ausbrach, erlag meine robuste Gesundheit einer schweren Erkältung, verursacht durch übermäßige Anstrengung bei dem Versuch, Hilfe zu leisten. Dabei war mein Leiden völlig sinnlos, denn der Plan für die Bekämpfung des Brandes, den ich erarbeitete, war so kompliziert, daß ich erst Mitte der folgenden Woche damit fertig war.

Als ich zum ersten Mal nieste, riet mir ein Freund, die Füße in heißes Wasser zu stellen und mich anschließend ins Bett zu legen. Das tat ich. Wenig später riet mir ein anderer Freund, aufzustehen und kalt zu duschen. Auch das tat ich. Es dauerte keine Stunde, da versicherte mir ein weiterer Freund, die goldene Regel laute »Bei Fieber sollst du fasten, bei Schnupfen iß dich satt«. Ich hatte beides. Ich hielt es daher für das beste, mir dem Schnupfen zuliebe den Bauch vollzuschlagen, dann zu tun, als sei nichts gewesen, und das Fieber eine Weile fasten zu lassen.

In Situationen wie dieser mache ich für gewöhnlich keine halben Sachen; ich aß ziemlich ausgiebig; ich nahm die Dienste eines Fremden in Anspruch, der gerade an diesem Morgen sein Restaurant eröffnet hatte: Er wartete höflich schweigend in meiner Nähe, bis ich fertig damit war, meinen Schnupfen zu füttern, dann erkundigte er sich, ob die Bürger von Virginia City häufig an Erkältungen litten. Ich sagte ihm, ich dächte wohl. Da ging er hinaus und nahm das Schild über der Tür wieder ab.

Ich machte mich auf den Weg zu meinem Büro, und dabei begegnete ich einem anderen lieben Freund, der mir erzählte, ein Liter Salzwasser, lauwarm getrunken, sei das einzige Mittel der Welt, wenn es darum geht, eine Erkältung zu kurieren. Ich war nicht sicher, ob ich noch soviel würde schlucken können, versuchte es aber trotzdem. Das Ergebnis war verblüffend. Ich hatte das Gefühl, ich müßte noch meine unsterbliche Seele übergeben.

Da ich diese meine Erfahrungen ja allein zu Nutz und Frommen derer, die von dem hier in Rede stehenden Übel geplagt werden, beschreibe, scheint es mir angebracht, meine Leser davor zu warnen, diejenigen der hier geschilderten Behandlungsweisen anzuwenden, die sich bei mir als unwirksam erwiesen haben, und in diesem Sinne muß ich von lauwarmem Salzwasser dringend abraten. Es mag ein probates Mittel sein, aber ich finde, es ist einfach zu stark. Sollte ich noch einmal eine Erkältung bekommen und nur die Wahl haben zwischen einem Erdbeben und einem Liter lauwarmen Salzwassers, dann würde ich es mit dem Erdbeben versuchen.

Nachdem sich der Sturm, der in meinem Magen losgebrochen war, gelegt hatte und da keine weiteren guten Samariter des Weges kamen, ging ich wieder dazu über, mir Taschentücher auszuleihen und sie in Fetzen zu schneuzen, wie ich es schon in den Anfangsstadien meiner Erkältung getan hatte, bis ich eine Frau traf, die gerade von jenseits der Prärie eingetroffen war und die mir sagte, sie komme aus einer Gegend, in der es kaum Ärzte gebe, so daß sie sich notgedrungen einige Kenntnisse im Kurieren von »Kinderkrankheiten« angeeignet habe. Mir war sofort klar, daß sie viel Erfahrung besitzen mußte, denn sie sah aus, als wäre sie einhundertfünfzig.

Sie mischte einen Absud aus Sirup, Salpetersäure, Terpentin und diversen Kräutern und wies mich an, davon alle fünfzehn Minuten ein Weinglas voll zu trinken. Ich trank nur ein Glas; das genügte; es zersetzte alle moralischen Grundsätze und weckte in mir die niedrigsten Instinkte. Unter dem unheilvollen Einfluß dieses Gebräus erdachte sich mein Hirn Taten von einzigartiger Gemeinheit, aber meine Hände waren zu schwach, um sie auszuführen; hätte mich nicht eine Folge von unfehlbaren Hausmitteln meiner Kräfte beraubt, ich bin überzeugt, ich wäre unter die Grabräuber gegangen. Wie die meisten anderen Menschen habe ich oft gemeine Gedanken und verhalte mich entsprechend; aber nachdem ich diese Medizin eingenommen hatte, erlebte ich eine Verrohung von nie gekanntem Ausmaß, die ich auch noch genoß und auf die ich stolz war. Nach zwei Tagen war ich soweit, daß ich es wieder mit einfachen Rezepten versuchen konnte. Ich schluckte noch ein paar unfehlbare Hausmittel und trieb schließlich meine Erkältung vom Kopf in die Lungen.

Ich hustete ohne Unterlaß, und meine Stimme sank unter Normalnull; ich sprach mit einem grollenden Baß, zwei Oktaven unterhalb meiner gewohnten Stimmlage; ich fand erst zu meiner Nachtruhe, wenn ich vom Husten völlig ermattet war, und sobald ich im Schlaf anfing zu sprechen, weckte mich der Mißklang meiner Stimme wieder auf.

Mein Zustand verschlechterte sich von Tag zu Tag. Man empfahl mir Gin pur; ich trank ihn. Dann Gin mit Sirup; ich trank auch das. Dann Gin mit Zwiebeln; ich tat die Zwiebeln zum Gin mit Sirup und trank alles auf einmal. Eine besondere Wirkung konnte ich allerdings nicht feststellen, außer daß mein Atem jetzt roch wie der eines Mäusebussards.

Schließlich wurde mir klar, daß ich nur durch eine Luftveränderung wieder gesund werden könnte. Also fuhr ich mit meinem Freund Wilson, der auch Reporter ist, an den Lake Bigler. Ich empfinde heute eine gewisse Genugtuung bei dem Gedanken, daß wir standesgemäß reisten; wir fuhren mit der Pioneer Coach, und mein Freund hatte sein gesamtes Gepäck bei sich, das aus zwei gut erhaltenen seidenen Taschentüchern und einer Daguerreotypie seiner Großmutter bestand. Den ganzen Tag lang segelten und jagten und angelten und tanzten wir, und die ganze Nacht lang behandelte ich meinen Husten. Durch diese Zeiteinteilung kam es mir so vor, als ginge es mir von Stunde zu Stunde besser. Aber meine Erkältung wurde immer schlimmer.

Man riet mir zu kalten Wickeln. Bisher hatte ich keine einzige Behandlungsmethode ausgeschlagen, und jetzt damit anzufangen, wäre mir inkonsequent vorgekommen; ich beschloß also, es mit kalten Wickeln zu versuchen, obwohl ich keine Ahnung hatte, worauf ich mich da einließ. Die Behandlung erfolgte um Mitternacht, und draußen herrschte Frost. Ich mußte den Oberkörper freimachen, und dann wurde ein Tuch (es schien ungefähr tausend Yard lang zu sein) in Eiswasser getaucht und um mich herumgewickelt, bis ich aussah wie der Schwapper einer Riesenkanone.

Es ist eine grausame Prozedur. Wenn der eiskalte Stoff die warme Haut berührt, fährt man unwillkürlich zusammen und ringt nach Luft wie einer, der in den letzten Zügen liegt. Mir gefror das Mark in den Knochen, und mein Herz setzte aus. Ich dachte, mein letztes Stündlein hätte geschlagen.

Freund Wilson meinte, ihn habe das an die Geschichte von einem Neger erinnert, der in einem Fluß getauft werden sollte und dabei dem Pastor entglitt, so daß er fast ertrunken wäre. Er ruderte wild mit den Armen und kam schließlich prustend und fuchsteufelswild wieder an die Oberfläche und stieg schleunigst ans Ufer, wobei er Wasser spie wie ein Wal, und bemerkte dazu wütend: »Irgendwann kommt noch mal n Nigger ums Leben bei diesem verdammten Quatsch!«

Lassen Sie sich nie kalte Wickel machen – niemals! Abgesehen von der Unannehmlichkeit, einer Dame, die man gut kennt, auf der Straße zu begegnen, und sie will einen aus unerfindlichen Gründen nicht kennen oder behandelt einen wie Luft, ist es die unangenehmste Sache der Welt.

Aber wie ich schon sagte, als die kalten Wickel nicht halfen, empfahl mir eine gute Bekannte eine Senfpakkung für die Brust. Ich bin sicher, daß ich davon endlich gesund geworden wäre, aber der gute Wilson verhinderte das. Als ich zu Bett ging, legte ich nämlich die Senf-packung – ein Prachtexemplar, achtzehn mal achtzehn Zoll groß – so zurecht, daß ich sie erreichen konnte, wenn ich sie brauchte. Aber Freund Wilson wachte in der Nacht hungrig auf und – den Rest überlasse ich Ihrer Phantasie.

Nach einer Woche am Lake Bigler fuhr ich nach Steam-boat Springs, und außer den Dampfbädern nahm ich dort die widerlichsten Medikamente, die je erfunden wurden. Sie hätten mich aber sicher geheilt, wenn ich nicht nach Virginia City zurückgemußt hätte, wo sich meine Krankheit trotz der Vielzahl neuer Rezepturen, die ich täglich erprobte, auf Grund von Unachtsamkeit und zu leichter Bekleidung weiter verschlimmerte.

Am Ende entschloß ich mich, nach San Francisco zu fahren, und gleich bei meiner Ankunft riet mir eine Dame im Hotel, alle vierundzwanzig Stunden einen Li-ter Whisky zu trinken. Ein Freund in der Stadt riet mir dasselbe. Beide sprachen von einem Liter, das macht zusammen eine halbe Gallone. Ich befolgte ihren Rat und bin noch am Leben.

Diese abwechslungsreiche Behandlung, die mir in der letzten Zeit zuteil geworden ist, stelle ich hiermit in denkbar bester Absicht allen Patienten mit Beschwerden der Atemwege zur Prüfung vor. Mögen sie es selber probieren: Wenn nicht heilen, kann es sie doch auch nicht mehr als umbringen.

## Der berühmte Springfrosch
## von Calaveras County

Auf Bitten eines Freundes, der mir von der Ostküste geschrieben hatte, suchte ich den gutmütigen, geschwätzi-
gen alten Simon Wheeler auf, um mich bei ihm, der Bitte
entsprechend, nach einem Freund meines Freundes,
einem gewissen Leonidas W. Smiley, zu erkundigen, und
was dabei herauskam, will ich jetzt schildern. Ich habe
den dringenden Verdacht, daß *Leonidas W.* Smiley eine
Erfindung ist; daß mein Freund jemanden dieses Namens
gar nicht kannte; und daß er nur spekuliert hat, wenn ich
den alten Wheeler nach diesem Mann frage, dann würde
er sich an den berüchtigten *Jim* Smiley erinnern, und er
würde loslegen und mich zu Tode elenden mit irgendeiner dummen Geschichte über ihn, die ebenso lang und
öde wie völlig sinnlos für mich wäre. Falls er das erreichen wollte, dann ist es ihm gelungen.

Ich fand Simon Wheeler behaglich vor sich hin dösend
am Ofen der Schankstube in dem heruntergekomme-
nen Wirtshaus von Angel's Camp, einer halb zerfallenen
Goldgräbersiedlung, und ich bemerkte, daß er fett und
kahlköpfig war und daß auf seinem friedlichen Gesicht
ein liebenswerter Ausdruck von sanfter Schlichtheit lag.
Er erhob sich und wünschte mir einen guten Tag. Ich
sagte ihm, ein Freund hätte mich beauftragt, Nachforschungen über einen alten Jugendfreund namens *Leonidas W.* Smiley anzustellen – *Pfarrer Leonidas W.* Smiley, einen jungen Geistlichen, der dem Vernehmen nach
vorübergehend in Angel's Camp gewohnt habe. Falls Mr.

Wheeler mir etwas über diesen Pfarrer Leonidas W. Smiley sagen könnte, fügte ich hinzu, wäre ich ihm zutiefst verbunden.

Simon Wheeler drängte mich in eine Ecke und versperrte mir dort mit seinem Stuhl den Weg, und dann setzte er sich und leierte die eintönige Geschichte runter, die im nächsten Absatz beginnt. Er lächelte nie, er verzog nie das Gesicht, er verließ nie die sanft dahinplätschernde Tonart, in der er seinen ersten Satz anstimmte, er ließ nie das leiseste Anzeichen von Begeisterung erkennen; aber aus seiner endlosen Geschichte sprach eine tiefe Ernsthaftigkeit und Aufrichtigkeit, was mir deutlich machte, daß er, weit von der Vorstellung entfernt, seine Erzählung könnte irgendwie komisch oder lächerlich sein, sie wirklich wichtig nahm und ihre beiden Helden als Männer von überragender, genialer *finesse* bewunderte. Ich ließ ihn also auf seine Art erzählen und unterbrach ihn kein einziges Mal.

»Pfarrer Leonidas W. – hm, Pfarrer Le – also, es gab hier mal einen namens *Jim* Smiley – im Winter '49 – kann auch im Frühjahr '50 gewesen sein – so genau weiß ich's nicht mehr, aber ich denke, es war um diesen Dreh, denn ich erinner mich, daß der große Kanal noch nicht fertig gewesen war, wie er hier im Camp aufgetaucht ist; jedenfalls war er n komischer Vogel, der auf alles, was ihm unter die Augen kam, ne Wette anbot, wenn er nur jemand fand, der dagegen hielt; und wenn nicht, dann tat er das eben selber. Was dem andern Mann recht war, das war ihm auch recht – Hauptsache, es kam ne Wette zustande, dann war er selig. Und dabei hatte er Glück, unwahrscheinliches Glück; er hat fast jedesmal gewonnen. Immer hat er bloß auf ne Chance gelauert; es gab einfach nix, worauf dieser Bursche nicht gewettet hätte, ob dafür oder dagegen, war ihm, wie gesagt, ganz egal. Wenn es irgendwo n Pferderennen gab, dann war er hinterher steinreich oder völlig blank; wenn es einen Hundekampf gab, dann hat er gewettet; wenn es einen Katzenkampf gab, hat er gewettet; wenn es einen Hahnenkampf gab, hat er gewettet; und wenn zwei Vögel aufm Zaun saßen, dann hat er gewettet, welcher zuerst wegfliegt; wenn im Camp n Gottesdienst stattfand, dann war er immer dabei und hat auf Pastor Walker gewettet, weil er ihn für den besten Prediger weit und breit hielt, und das war er wirklich, ein guter Mann. Er brauchte nur n Mistkäfer sehen, der irgendwohin losmarschieren wollte, schon hat er gewettet, wie lange der brauchen würde bis nach da, wo der eben hinmarschierte; und nahm einer die Wette an, dann wär er diesem Mistkäfer bis Mexiko gefolgt, um rauszukriegen, wo der hinwill und wie lange er dafür braucht. Viele von den Jungs hier haben diesen Smiley gekannt und können Ihnen was über ihn erzählen. Wirklich, dem war *alles* recht – der ging *jede* Wette ein – ein absolut verrückter Kerl. Pastor Walkers Frau war schwer krank, schon ne ganze Weile, und es sah so aus, als wär sie nicht mehr zu retten; aber eines Morgens kommt der Pastor rein, und Smiley steht auf und fragt ihn, wie's ihr geht, und der Pator sagt, viel besser – dem Herrn sei Dank für seine unendliche Güte – und sie macht so gute Fortschritte, daß sie mit Hilfe der Vorsehung vielleicht bald wieder gesund ist; und da sagt Smiley doch, ohne groß zu überlegen: ›Da wette ich zweieinhalb Dollar dagegen.‹

Dieser Smiley hatte mal ne Stute – die Jungs nannten sie immer den Fünfzehn-Minuten-Gaul, aber das war nur ein Scherz, denn so langsam war das Tier nun auch wieder nicht –, und mit dieser Stute hat er viel Geld gewonnen, obwohl sie so langsam war und immer Asthma hatte oder die Druse oder die Schwindsucht oder irgendwas in dieser Art. Sie haben ihr immer n Vorsprung von zwei-, dreihundert Yard gegeben und sie dann unterwegs überholt; aber auf dem letzten Rest wurde sie jedesmal ganz aufgeregt und wie wild und kam mit riesigen Sprüngen angetobt, und dabei schlenkerte sie ihre Beine nach allen Seiten, mal hoch in die Luft, mal seitwärts zur Einzäunung hin, und wirbelte riesige Staubwolken auf und machte ein Riesengetöse mit ihrem Husten und Niesen und Schnaufen – und lag zum Schluß an der Tribüne immer um ne Kopflänge vorn, so knapp, daß man es kaum gesehen hat.

Außerdem hatte er n kleingeratenen jungen Bullterrier, der so aussah, als wär er keinen Cent wert und würde den ganzen Tag bloß herumliegen und dumm aus der Wäsche gucken und aufpassen, ob er was stehlen kann. Aber sobald man Geld auf ihn setzte, war er wie ausgewechselt; er schob den Unterkiefer vor wie das Vorderdeck von nem Dampfer, und er bleckte die Zähne, daß es blitzte wie unterm Heizkessel. Und der andere Hund griff ihn dann an und schüttelte und biß ihn und warf ihn ein paarmal über die Schulter, aber Andrew Jackson – so hieß der Hund – Andrew Jackson tat bloß so, wie wenn ihm das Spaß machen würde und wie wenn er schon damit gerechnet hätte – und die Wetteinsätze wurden verdoppelt und auch von der Gegenseite verdoppelt, bis kein Geld mehr übrig war; und dann packte er ganz plötzlich diesen anderen Hund am Hinterlauf und verbiß sich im Gelenk – er biß nicht tief, wissen Sie, er hielt ihn nur solange fest, bis die andere Seite aufgab, und wenn es ein Jahr gedauert hätte. Mit diesem Hund hat Smiley jedesmal gewonnen, bis er eines Tages auf einen Hund traf, der keine Hinterbeine mehr hatte, weil er damit in eine Kreissäge geraten war, und als die Sache eine Weile gedauert hatte und alles Geld gesetzt war, und er wieder nach der bewußten Stelle schnappen wollte, da merkt er mit mal, daß man ihn reingelegt hat und daß er von dem anderen Köter aufs Kreuz gelegt worden ist, sozusagen, und er wirkte ganz verstört und irgendwie entmutigt und versuchte gar nicht mehr, den Kampf noch zu gewinnen, und er wurde dann ziemlich übel zugerichtet. Er warf Smiley n Blick zu, wie wenn er sagen wollte, sein Herz ist gebrochen und daran trägt Smiley die Schuld, weil er ihn gegen einen Hund ohne Hinterläufe aufgestellt hatte, obwohl er sich doch in jedem Kampf darauf verlassen mußte, daß er die zu packen bekam; und dann humpelte er davon und legte sich hin und starb. War ein guter Hund, dieser Andrew Jackson, und er hätte noch berühmt werden können, wenn er nicht gestorben wäre, das Zeug dazu hatte er, denn er war sehr begabt – ich weiß das, aber er hatte nicht die richtige Gelegenheit, das zu beweisen, und es ist ja nicht selbstverständlich, daß n Hund unter solchen Bedingungen so kämpft wie er, wenn er kein Talent hat. Mir tut er immer leid, wenn ich an seinen letzten Kampf denke und daran, wie die Sache ausgegangen ist.

Also, dieser Smiley hatte Rattenterrier und Kampfhähne und Kater und wer weiß was alles, und welche Wette man ihm auch anbot, er konnte immer mithalten. Eines Tages fing er n Frosch und nahm ihn mit nach Hause und sagte, den will er jetzt trainieren, und dann hockte er die nächsten drei Monate die ganze Zeit hinterm Haus, um dem Frosch das Springen beizubringen. Und das tat er, das können Sie mir glauben. Er gab ihm von hinten einen kleinen Schubs, und im nächsten Augenblick flog der Frosch durch die Luft wie n Doughnut – drehte ein oder auch mal zwei Saltos, wenn er gut in Schwung war, und dann landete er wieder auf allen vieren wie ne Katze. Das Fliegenfangen übte er mit ihm tagein, tagaus und drillte ihn, daß er jede Fliege erwischte, die er zu sehen bekam. Ein Frosch, sagte Smiley immer, braucht nur n bißchen Training, dann bringt er fast alles fertig – und das glaub ich ihm. Ich hab doch selbst gesehen, wie er Daniel Webster hier auf den Fußboden gesetzt hat – so hieß der Frosch nämlich: Daniel Webster – und wie er dann sagt: ›Fliegen, Daniel, Fliegen!‹ und eh man sich's versah, war der Frosch in die Höhe gesprungen und hatte sich von der Theke da drüben ne Fliege geschnappt und war wieder runtergeplumpst wie n Klumpen Lehm, und dann kratzte er sich mit dem hinteren Fuß so seelenruhig am Kopf, wie wenn nichts weiter gewesen wäre und wie wenn jeder andere Frosch das auch könnte. Sie glauben gar nicht, wie aufrichtig und bescheiden dieser Frosch war, obwohl er so begabt war. Was nun den ganz gewöhnlichen Weitsprung betrifft, da konnte er mit ei'm einzigen Satz ne größere Strecke zurücklegen als jedes andere Tier seiner Art. Weitsprung war seine besondere Stärke, müssen Sie wissen; und in dieser Disziplin hielt Smiley beim Bieten mit, so lange wie er noch einen Cent in der Tasche hatte. Smiley war mächtig stolz auf seinen Frosch, und dazu hatte er auch guten Grund, denn alle, die in der Welt herumgekommen waren, sagten, so einen Frosch wie diesen hätten sie noch nie gesehen.

Also, Smiley hielt dieses Tierchen in so m kleinen Holzkasten mit nem Gitter, und damit ging er manchmal in die Stadt, um ne Wette zu machen. Da kommt eines Tages n Mann zu ihm – keiner im Camp kannte ihn – und sagt:

›Was haben Sie denn da in dem Kasten?‹

Und Smiley, die Ruhe in Person, sagt: ›Vielleicht n Papagei, vielleicht n Sittich – vielleicht auch nicht, ist nämlich bloß n Frosch.‹

Und der Mann nimmt das Kästchen und betrachtet es

genau von allen Seiten und sagt dann: ›Hm – stimmt. Na, und was kann der so?‹

›Na ja‹, sagt Smiley ruhig und bedächtig, ›eins kann er ganz bestimmt, will ich meinen – er kann weiter springen als jeder Frosch in Calaveras County.‹

Der Mann nahm das Kästchen noch mal und sieht noch mal lange und nachdenklich rein. Dann gibt er's Smiley wieder und sagt mit Nachdruck: ›Also, ich weiß wirklich nicht, wieso dieser Frosch da besser sein soll als irgendein anderer.‹

›Kann schon sein‹, sagt Smiley. ›Vielleicht verstehen Sie was von Fröschen, vielleicht auch nicht; vielleicht kennen Sie sich aus, aber vielleicht sind Sie auch bloß n blutiger Laie. Aber egal, ich bleib dabei, und ich wette vierzig Dollar, daß der hier weiter springen kann als jeder Frosch in Calaveras County.‹

Und der andere denkt ne Minute nach, und dann sagt er, so n bißchen traurig: ›Nun, ich bin nicht von hier; und ich hab keinen Frosch; aber wenn ich einen hätte, dann würde ich die Wette annehmen.‹

Und drauf sagt Smiley: ›Kein Problem – kein Problem – wenn Sie den Kasten mal n Augenblick halten, dann geh ich und besorg Ihnen n Frosch.‹ Und der Mann nahm den Kasten und legte seine vierzig Dollar neben die von Smiley und setzte sich hin, um zu warten.

Und so saß er ne ganze Weile da und grübelte und grübelte vor sich hin, und dann nahm er den Frosch heraus und öffnete ihm das Maul, nahm einen Teelöffel und füllte Schrotkörner in ihn rein – füllte ihn randvoll – und setzte ihn auf den Fußboden. Smiley ist inzwischen in die Sümpfe gegangen und hat lange im Morast rumgeplanscht, bis er endlich n Frosch gefangen gehabt hatte, und mit dem ging er dann zurück und gab ihn dem Fremden und sagt:

28

›Sind Sie soweit? Dann setzen Sie ihren neben Daniel, genau auf eine Linie mit seinen Vorderfüßen, und ich geb das Kommando.‹ Dann rief er: ›Achtung – fertig – *los!*‹ und er und der Fremde stießen beide ihre Frösche leicht hinten an, und der neue Frosch sprang mit m großen Satz davon, aber Daniel holt Schwung und zieht nur die Schultern hoch – so – wie n Franzose, aber umsonst, er kam nicht vom Fleck; er saß da wie angewurzelt. Smiley konnte es gar nicht fassen, und er war auch ganz schön ärgerlich, aber er hatte natürlich keine Ahnung, was da los war.

Der Fremde steckte das Geld ein und machte sich auf den Weg; und gerade als er zur Tür rausgeht, zeigt er noch mal mit dem Daumen über die Schulter auf Daniel – so – und sagt, ganz laut: ›Also, ich weiß wirklich nicht, wieso dieser Frosch da besser sein soll als irgendein anderer.‹

Smiley, der stand da und kratzt sich am Kopf und sieht Daniel lange an, und schließlich sagt er: ›Ich möcht nur wissen, warum zum Teufel dieser Frosch so störrisch ist – mit dem stimmt doch was nicht – irgendwie sieht er mächtig geschwollen aus.‹ Und er packte Daniel im Genick und hob ihn hoch, und sagt: ›Was zum Kuckuck – der wiegt ja mindestens fünf Pfund‹, und er hielt ihn mit dem Kopf nach unten, und er spuckte zwei Hände voll Schrot aus. Und da sieht er, was los war, und er war stinkwütend – er setzte den Frosch hin und rannte dem Fremden nach, aber er hat ihn nicht mehr erwischt. Und –«

(An dieser Stelle rief jemand draußen im Hof Simon Wheelers Namen, und er stand auf, um nachzusehen, was man von ihm wollte.) Und im Weggehen drehte er sich nach mir um, und sagte: »Bleiben Sie nur sitzen und machen Sie's sich bequem – bin gleich wieder da.«

Aber ich bezweifelte, daß eine Fortsetzung der Lebensgeschichte dieses erfindungsreichen Halunken *Jim*

Smiley mir irgendwelche Erkenntnisse über den Pfarrer *Leonidas W.* Smiley liefern würde, da werden Sie mir sicher zustimmen, weshalb ich also aufstand, um zu gehen.

An der Tür stieß ich mit Wheeler zusammen, der gerade aufgeräumt zurückkam, und er schnappte sich meinen Ärmel und fing sofort wieder an:

»Also, dieser Smiley hatte mal ne gelbe einäugige Kuh, die hatte keinen Schwanz, sondern bloß so n kurzen Stummel wie ne Banane, und –«

Da ich aber weder Zeit noch Lust hatte, mehr über diese Kuh und ihr Gebrechen zu erfahren, verabschiedete ich mich eilig.

## Kannibalismus im Zug

Vor kurzem war ich zu Besuch in St. Louis, und auf meinem Rückweg nach Westen, nachdem ich in Terre Haute,
Indiana, den Zug gewechselt hatte, stieg an einer kleine-
ren Station ein netter, freundlich aussehender Herr von
etwa fünfundvierzig oder fünfzig zu und nahm neben
mir Platz. Wir unterhielten uns vielleicht eine Stunde
lang sehr angeregt über dieses und jenes, und ich fand ihn
überaus geistreich und amüsant. Als er hörte, daß ich in
Washington lebte, fragte er mich sogleich nach verschiedenen Männern des öffentlichen Lebens und nach Dingen, die den Kongreß betrafen, und ich merkte bald, daß
ich es mit einem Mann zu tun hatte, der sich im politi-
schen Leben der Hauptstadt hervorragend auskannte,
bis hin zu den Vorlieben, Gewohnheiten und Arbeits-
weisen von einzelnen Senatoren und Abgeordneten in
den beiden gesetzgebenden Kammern unseres Landes.
Auf einmal blieben zwei Männer für einen Augenblick
in unserer Nähe stehen, und der eine sagte zum anderen:

»Harris, wenn du das für mich tust, werde ich dir das
nie vergessen, mein Junge.«

Die Augen meines neuen Bekannten leuchteten freudig auf. Diese Worte schienen eine angenehme Erinnerung wachgerufen zu haben. Dann nahm sein Gesicht
einen ernsten, ja fast düsteren Ausdruck an. Er wandte
sich mir zu und sagte: »Ich will Ihnen eine Geschichte
erzählen. Es geht um ein schwarzes Kapitel in meinem
Leben, etwas, von dem ich noch nie gesprochen habe, seit

es sich ereignete. Hören Sie mir geduldig zu und versprechen Sie mir, daß Sie mich nicht unterbrechen werden.«

Ich gab ihm mein Wort, und er erzählte mir die folgende sonderbare Begebenheit, wobei er bald lebhaft,
bald schleppend sprach, jedoch immer mit Gefühl und
Anteilnahme.

Am 19. Dezember des Jahres 1853 nahm ich in St. Louis
den Nachtexpreß nach Chicago. Wir waren nicht mehr
als vierundzwanzig Passagiere. Frauen und Kinder waren nicht darunter. Alle waren bester Laune, und schon
bald wurden sehr angenehme Bekanntschaften geschlossen. Die Reise versprach schön zu werden, und niemand
ahnte wohl im geringsten, welche Schrecken uns bevor-
standen.

Gegen elf Uhr abends fing es stark zu schneien an.
Kurz nachdem wir den kleinen Ort Welden verlassen
hatten, erreichten wir die einsamen Weiten der Prärie,
die sich öd und leer über viele, viele Meilen bis zu den
Jubilee Settlements erstreckt. Der Wind heulte, von keinem Berg noch Baum gehindert, wütend über die flache
Einöde hinweg und trieb den Schnee vor sich her wie
Gischt von den schäumenden Brechern einer aufgewühl-
ten See. Der Schnee wurde schnell tiefer; und an der
nachlassenden Geschwindigkeit des Zuges merkten wir,
daß die Lokomotive mehr und mehr Mühe hatte, sich
hindurchzupflügen. Manchmal kam sie sogar fast zum
Stillstand in den großen Schneewehen, die sich wie riesige Grabhügel über die Gleise legten. Die Unterhaltung
erstarb. Heiterkeit machte ernster Sorge Platz. Die Möglichkeit, im Schnee festzusitzen, mitten in der einsamen
Prärie, fünfzig Meilen von der nächsten Behausung entfernt, stand uns allen vor Augen, und die Vorstellung
lastete schwer auf unserem Gemüt.

Um zwei Uhr früh wachte ich aus einem unruhigen Schlummer auf und merkte, daß jegliche Bewegung um mich herum aufgehört hatte. Sofort war mir die schreckliche Wahrheit bewußt – wir saßen in einer Schneewehe gefangen! »Alle Mann raus zum Schaufeln!« Bereitwillig folgten wir dem Ruf. Wir sprangen hinaus in die tosende Nacht, die schwarze Finsternis, den hoch aufgetürmten Schnee, den gewaltigen Sturm, wohl wissend, daß jeder Augenblick, den wir jetzt zögerten, für uns alle den Untergang bedeuten konnte. Schaufeln, Hände, Bretter – alles, womit sich Schnee wegräumen ließ, kam unverzüglich zum Einsatz. Es war ein gespenstisches Bild, das sich da bot – diese kleine Gruppe von Männern, die wie besessen gegen die Schneemassen ankämpfte, halb im tiefschwarzen Schatten und halb im grellen Lichtkegel des Lokomotivscheinwerfers.

Eine knappe Stunde genügte, um uns die Vergeblichkeit unserer Mühen deutlich zu machen. Der Sturm verbarrikadierte die Gleise bereits mit einem Dutzend neuer Wächten, während wir noch dabei waren, die erste wegzuschaufeln. Und was noch schlimmer war: Man entdeckte, daß bei der letzten schweren Attacke der Lokomotive auf den Gegner die Pleuelstangen des Antriebsrades gebrochen waren! Selbst bei freier Strecke wären wir bewegungsunfähig gewesen. Erschöpft von der Anstrengung und voller Sorge stiegen wir wieder in den Zug. Wir versammelten uns um die Öfen und erörterten mit großem Ernst unsere Lage. Wir besaßen keinerlei Lebensmittel – das war unser Hauptproblem. Wir würden nicht erfrieren müssen, da sich im Tender ein großer Holzvorrat befand. Das war unser einziger Trost. Die Diskussion endete schließlich damit, daß wir der entmutigenden Feststellung des Schaffners beipflichteten, wonach es den sicheren Tod für jeden bedeuten würde, wenn er versuchen sollte, in einem solchen Schneesturm fünfzig Meilen zu Fuß zurückzulegen. Hilfe konnten wir keine herbeirufen, und selbst wenn das möglich gewesen wäre – sie wäre nicht zu uns durchgekommen. Wir mußten uns fügen und so geduldig wie möglich warten – auf Rettung oder den Hungertod! Ich glaube, auch den Stärksten von uns überlief bei diesen Worten ein kalter Schauer.

Es dauerte kaum eine Stunde, bis die Gespräche zu einem vereinzelten Gemurmel hier und da im Waggon verebbt waren, das sich gelegentlich zwischen dem An- und Abschwellen des Sturms hören ließ; der Schein der Lampen wurde schwächer; und die meisten der Gestrandeten ließen sich zwischen den flackernden Schatten nieder, um nachzudenken – die Gegenwart zu vergessen, falls ihnen das gelang – zu schlafen, wenn sie dazu imstande waren.

Die ewige Nacht – zumindest kam sie uns ewig vor – ließ ihre Stunden träge verstreichen, und schließlich zeigte sich im Osten das kalte Grau des Morgens. Als die Helligkeit zunahm, begannen die Reisenden einer nach dem anderen sich zu regen und Lebenszeichen von sich zu geben; einer nach dem andern schob seinen Hut aus der Stirn, streckte seine steif gewordenen Glieder und sah aus dem Fenster. Der Anblick, der sich da bot, war höchst unerfreulich! – weit und breit kein Anzeichen von Leben, keine menschliche Behausung; nichts als eine unendliche weiße Wüste; immer wieder hob der Sturm weiße Vorhänge auf und trieb sie vor sich her – der Himmel über uns war unsichtbar hinter einem Universum wirbelnder Schneeflocken.

Den ganzen Tag lang saßen wir müßig herum, redeten wenig und grübelten um so mehr. Eine zweite trübsinnige Nacht, die nicht enden wollte – und Hunger.

Noch ein Morgengrauen – noch ein Tag voller Schweigen, Bedrückung, bohrendem Hunger, hoffnungsloser Ausschau nach Hilfe, die nicht kommen konnte. Eine Nacht unruhigen Schlafs, voller Träume von Festgelagen, und Tagstunden voll nagenden Hungers.

Der vierte Tag kam und ging – und der fünfte! Fünf Tage schrecklicher Gefangenschaft! Wilder Hunger blickte aus allen Augen. Etwas Furchtbares deutete sich darin an – Ahnungen von etwas, das in jedem Herzen allmählich Gestalt annahm – etwas, das vorläufig keine Zunge in Worte zu kleiden wagte.

Der sechste Tag verging – der siebente zog herauf und sah eine Gruppe von ausgemergelten, hohläugigen, hoffnungslosen Männern, die ihrem sicheren Tod entgegenblickten. Jetzt mußte es heraus! Was da in den Herzen herangereift war, sollte sich endlich Luft verschaffen. Die Natur war bis zum äußersten beansprucht worden, jetzt mußte sie nachgeben! Richard H. Gaston aus Minnesota, groß, abgemagert und blaß, erhob sich. Alle wußten, was jetzt kommen würde. Alle waren gefaßt – jede Gefühlsregung, auch die geringste Andeutung von Erregung wurde unterdrückt – in den Augen, die in letzter Zeit so wild geblickt hatten, lag jetzt ein Ausdruck von Ruhe und ernster Nachdenklichkeit.

»Gentlemen: Es läßt sich nicht länger hinauszögern! Die Zeit ist gekommen! Wir müssen uns entscheiden, wer von uns sterben soll, um die übrigen mit Nahrung zu versorgen!«

Mr. John J. Williams aus Illinois stand auf und sagte: »Gentlemen – ich schlage Pastor James Sawyer aus Tennessee vor.«

Mr. William R. Adams aus Indiana sagte: »Ich schlage Mr. Daniel Slote aus New York vor.«

Mr. Charles J. Langdon: »Ich schlage Mr. Samuel A. Bowen aus St. Louis vor.«

Mr. Slote: »Gentlemen – ich verzichte zugunsten von Mr. John A. Van Nostrand, jr., aus New Jersey.«

Mr. Gaston: »Wenn es keine Gegenrede gibt, wird dem Antrag des Gentleman stattgegeben.«

Mr. Van Nostrand erhob Widerspruch, so daß der Verzicht von Mr. Slote zurückgewiesen wurde. Auch die Herren Sawyer und Bowen boten ihren Verzicht an, was aber aus denselben Gründen abgewiesen wurde.

Mr. A. L. Bascom aus Ohio: »Ich beantrage Schluß der offenen Nominierung und Beschlußfassung in geheimer Abstimmung.«

Mr. Sawyer: »Gentlemen – ich protestiere energisch gegen diese Verfahrensweise. Sie ist in jeder Hinsicht ordnungswidrig und unangemessen. Ich beantrage deshalb Schluß der Debatte und sofortige Wahl eines Versammlungsleiters sowie von Beisitzern, die ihn unterstützen. Erst dann können wir den Tagesordnungspunkt in geeigneter Weise behandeln.«

Mr. Bell aus Iowa: »Gentlemen – ich erhebe Einspruch! Dies ist nicht die richtige Zeit für Geschäftsordnungsfragen und Finessen. Wir haben seit mehr als sieben Tagen nichts mehr gegessen. Jede Minute, die wir mit unnützen Diskussionen vergeuden, vergrößert unsere Not. Ich halte die Namen, die vorgeschlagen worden sind, für ausreichend – und die anderen Anwesenden zweifellos auch – und ich sehe deshalb nicht ein, weshalb wir nicht unverzüglich einen oder mehrere wählen sollten. Mein Antrag lautet –«

Mr. Gaston: »Er würde sofort abgelehnt und könnte dann nach der Geschäftsordnung erst am nächsten Tag wieder zur Abstimmung gestellt werden, wodurch genau die Verzögerung einträte, die Sie zu vermeiden wünschen. Der Gentleman aus New Jersey –«

Mr. Van Nostrand: »Gentlemen – ich bin hier ein

Fremder; ich habe die Auszeichnung, die Sie mir zugedacht haben, nie angestrebt, und es wäre anmaßend von mir –«

Mr. Morgan aus Alabama (unterbricht ihn): »Ich beantrage Abstimmung über den zuletzt gestellten Antrag.«

Diesem Antrag wurde zugestimmt, was eine weitere Debatte natürlich ausschloß. Die Wahl einer Versammlungsleitung wurde beantragt, und Mr. Gaston wurde als Vorsitzender gewählt, Mr. Blake als Schriftführer, die Herren Holcomb, Dyer und Baldwin als Mitglieder des Nominierungsausschusses und Mr. R. M. Howland als Beauftragter zur Unterstützung des Ausschusses bei der Namensfindung.

Es folgte sodann eine halbstündige Beratungspause, an die sich kleinere Koalitionsgespräche anschlossen. Sobald das Pochen des Hammers ertönte, trat die Versammlung wieder zusammen, und der Ausschuß benannte als Kandidaten die Herren George Ferguson aus Kentucky, Lucien Herrman aus Louisiana und W. Messick aus Colorado. Die Vorschlagsliste wurde angenommen.

Mr. Rogers aus Missouri: »Herr Vorsitzender – da dem Hohen Haus nunmehr eine Kandidatenlisten vorliegt, möchte ich eine Änderung vorschlagen und beantragen, den Namen von Mr. Herrman durch den von Mr. Lucius Harris aus St. Louis zu ersetzen, der uns allen wohlbekannt ist. Bitte verstehen Sie das nicht so, als wollte ich auch nur den geringsten Zweifel an der Ehrenhaftigkeit des Gentleman aus Louisiana wecken – nichts liegt mir ferner. Ich achte und schätze ihn genauso wie alle der hier Anwesenden; aber niemand kann die Augen davor verschließen, daß er in der Woche, die wir hier haben zubringen müssen, mehr Gewicht verloren hat als je-

der andere von uns – niemand kann die Augen davor verschließen, daß der Ausschuß seiner Aufgabe nicht ge-
recht geworden ist, als er uns, sei es aus Nachlässigkeit
oder einem schwerwiegenden Versagen, einen Gentleman zur Wahl vorgeschlagen hat, der, so selbstlos seine
Motive auch sein mögen, in Wahrheit weniger Nährwert
besitzt –«

DER VORSITZENDE: »Ich entziehe dem Gentleman aus
Missouri das Wort. Es kann nicht angehen, daß die Inte-
grität des Ausschusses ohne vorherige Untersuchung
entsprechend der Parlamentsordung in Frage gestellt
wird. Wie gedenkt das Hohe Haus mit dem Antrag des
Gentleman zu verfahren?«

MR. HALLIDAY aus Virginia: »Ich beantrage eine weitere Änderung der Liste dahingehend, daß Mr. Harvey
Davis aus Oregon an die Stelle von Mr. Messick tritt. Der
eine oder andere Gentleman mag nun einwenden, daß
die Entbehrungen und das harte Leben des Westens Mr.
Davis zäh gemacht haben, aber ist dies der richtige Augenblick, meine Herren, um kleinliche Einwände gegen
Zähigkeit zu erheben? Ist dies der richtige Augenblick,
um an Nebensächlichkeiten Anstoß zu nehmen. Nein,
meine Herren, Gewicht ist es, was wir brauchen, Fülle,
Masse, Gewicht – das ist es, was jetzt Vorrang hat, und
nicht Begabung, nicht Genie, nicht Bildung. Ich bitte daher um Zustimmung für meinen Antrag.«

MR. MORGAN (sehr erregt): »Herr Vorsitzender – ich
muß diesem Änderungsantrag aufs energischste wider-
sprechen! Der Gentleman aus Oregon ist schon alt, und
*wenn* etwas Gewicht hat, so doch höchstens seine Knochen, nicht sein Fleisch. Erlauben Sie mir, den Gentleman aus Virginia zu fragen, ob wir denn Suppe zu uns
nehmen sollen anstatt fester Nahrung? ob er uns mit
Trugbildern abspeisen will? ob er unseren Leiden mit Il-

lusionen aus Oregon Hohn sprechen will? Ich frage ihn, ob er es wirklich fertigbringt, in die angstvollen Gesichter rings umher zu blicken, in unsere traurigen Augen zu sehen, dem Klopfen unserer erwartungsvollen Herzen zu lauschen und uns dennoch diese ausgehungerte Schimäre aufzuschwatzen? Ich frage ihn, ob er an unsere verzweifelte Lage denken kann, an die Qual, die hinter uns, und an die Düsternis, die vor uns liegt, und ob er uns gleichwohl ohne jedes Mitleid dieses Wrack andienen will, diese Ruine, dieses wankende Gespenst, diesen kümmerlichen, verwachsenen, saft- und kraftlosen Vagabunden von Oregons unwirtlichen Gestaden? Niemals!« (Beifall.)

Der Änderungsantrag wurde nach hitziger Debatte zur Abstimmung gestellt und abgelehnt. Dafür wurde der Name von Mr. Harris entsprechend dem ersten Änderungsantrag eingesetzt. Nun begann die geheime Abstimmung. Die ersten fünf Wahlgänge brachten kein Ergebnis. Im sechsten fiel die Wahl auf Mr. Harris, der alle Stimmen außer seiner eigenen auf sich vereinigen konnte. Sodann wurde beantragt, daß seiner Wahl per Akklamation zugestimmt werden solle, wofür sich aber keine Mehrheit fand, da er wiederum gegen sich selbst stimmte.

Mr. Radway stellte den Antrag, das Hohe Haus möge sich nun mit den übrigen Kandidaten befassen und eine Wahl für das Frühstück durchführen. Dem wurde zugestimmt.

Im ersten Durchgang kam es zu einer Stimmengleichheit, bei der die Hälfte der Mitglieder dem einen Kandidaten seiner Jugend wegen den Vorzug gab, die andere Hälfte dem zweiten wegen seiner größeren Körperfülle. Der Vorsitzende gab mit seiner Stimme den Ausschlag für letzteren, nämlich Mr. Messick. Diese Entscheidung rief große Unzufriedenheit bei den Anhängern des unterlegenen Kandidaten, Mr. Ferguson, hervor, und man sprach schon davon, die Wahl wiederholen zu lassen; aber mitten in dieser Debatte wurde ein Geschäftsordnungsantrag zur Vertagung der Sitzung angenommen, worauf sich die Versammlung sogleich auflöste.

Die Vorbereitung für das Abendessen lenkte die Ferguson-Fraktion für längere Zeit von der Erörterung ihrer Beschwerde ab, und gerade als sie sich wieder zu Wort melden wollten, bereitete die erfreuliche Mitteilung, Mr. Harris sei angerichtet, jedem Gedanken daran ein Ende.

Wir richteten mit Hilfe der Rückenlehnen einiger Sitze provisorische Tische her und ließen uns mit Dankbarkeit im Herzen zum köstlichsten Abendessen nieder, das uns seit sieben qualvollen Tagen vor Augen gekommen war. Wie verändert waren wir, verglichen mit unserem Zustand vor einigen wenigen Stunden! Gerade noch: Hoffnungslosigkeit, Augen voll Jammer, Hunger, Rastlosigkeit, Verzweiflung; und jetzt: dankbare Heiterkeit, unaussprechliches Glück. Dies war, wie ich heute weiß, die schönste Stunde meines ereignisreichen Lebens. Der Sturm heulte und blies den Schnee um unser Gefängnis, aber er konnte uns nichts mehr anhaben. Ich mochte Harris. Vielleicht hätte er etwas zarter sein können, aber ich gestehe gern, daß ich an keinem Mann je einen solchen Geschmack gefunden habe und mit keinem so durch und durch zufrieden war wie mit Harris. Messick war zwar auch nicht schlecht, wenngleich etwas überwürzt, aber in puncto Nahrhaftigkeit und Geschmack gebe ich Harris unbedingt den Vorzug. Messick hatte auch seine Qualitäten – das kann und will ich gar nicht bestreiten – aber für ein Frühstück, mein Herr, war er nicht besser geeignet als eine Mumie, – keinen Deut besser. Mager? Gar kein Ausdruck! zäh? Ach, er war mehr als zäh! Sie können sich das gar nicht vorstellen – so etwas können Sie sich ganz einfach nicht vorstellen.

»Wollen Sie damit etwa sagen –?«

»Bitte unterbrechen Sie mich nicht. Nach dem Frühstück wählten wir einen Mann namens Walker aus Detroit für das Abendessen. Er war sehr gut, das habe ich seiner Frau später auch geschrieben. Er verdiente großes Lob. Ich werde Walker nie vergessen. Er war nicht ganz durch, aber sonst sehr gut. Und am nächsten Tag gab es dann Morgan aus Alabama zum Frühstück. Er war einer der besten Männer, die mir je vorgesetzt wurden – gutaussehend, gebildet, von tadellosem Benehmen, sprach mehrere Sprachen fließend – er war ein vollkommener Gentleman – ein vollkommener Gentleman, und sehr saftig. Am Abend hatten wir diesen Patriarchen aus Oregon, und er taugte *wirklich* nichts, gar keine Frage – alt, faserig, zäh, davon macht sich niemand eine Vorstellung. Ich sagte schließlich: Meine Herren, Sie können das halten wie Sie wollen, aber ich für mein Teil warte lieber die nächste Wahl ab. Und darauf sagte Grimes aus Illinois: »Meine Herren, ich werde ebenfalls warten. Wenn Ihre Wahl auf einen Mann fällt, der sich durch irgendwelche Qualitäten empfiehlt, werde ich mich gerne wieder zu Ihnen setzen.« Es wurde nun sehr schnell klar, daß alle mit Davis aus Oregon unzufrieden waren, und um die gute Stimmung nicht zu verderben, die seit dem Verzehr von Harris geherrscht hatte, wurde eine Wahl anberaumt, bei der Baker aus Georgia gewählt wurde. Er war vorzüglich! Ja, ja – später gab es dann Doolittle und Hawkins und McElroy (einige beschwerten sich über McElroy, weil er außergewöhnlich klein und hager war) und Penrod und zwei Smiths und Bailey (Bailey hatte ein

Holzbein, so daß die Portionen kleiner ausfielen, aber sonst war er gut) und einen jungen Indianer und einen Drehorgelspieler und einen Herrn namens Buckminster – ein armseliger Landstreicher, der wenig zur Unterhaltung beitrug und zum Frühstück nichts taugte. Wir waren froh, daß er noch gewählt wurde, bevor Rettung kam.«

»Also kam am Ende doch noch Rettung?«

»Ja, sie traf eines schönen, sonnigen Morgens ein, kurz nachdem wir gewählt hatten. Die Wahl war auf Johnny Murphy gefallen, einen der besten, wie ich gerne gestehe; aber Johnny Murphy kehrte mit uns heim, in dem Zug, der zu unserer Rettung eingetroffen war, und heiratete später die Witwe Harris –«

»Die Hinterbliebene –«

»Die Hinterbliebene des zuerst von uns Gewählten. Er heiratete sie und lebt seither glücklich und angesehen und im Wohlstand. Wissen Sie, Sir, es war wie ein Roman – wie ein Roman. Hier muß ich aussteigen; leben Sie wohl. Wenn Sie es einmal einrichten können, für ein oder zwei Tage zu mir zu kommen, würde ich mich freuen. Sie gefallen mir; ich mag Sie wirklich. Ich hätte an Ihnen genausoviel Freude wie an Harris persönlich, Sir. Auf Wiedersehen, Sir, und noch eine gute Reise.«

Er war weg. Noch nie in meinem Leben war ich so entgeistert, so fassungslos, so verwirrt. Und ich war heilfroh, daß er weg war. Trotz seiner tadellosen Manieren und seiner sanften Stimme hatte es mich jedesmal geschaudert, wenn sein hungriger Blick auf mich fiel; und als ich hörte, daß ich mir seine gefährliche Zuneigung erworben hatte und ich mich bei ihm fast derselben Wertschätzung erfreute wie der verewigte Harris, blieb mir fast das Herz stehen!

Ich kann gar nicht sagen, wie durcheinander ich war. An seinen Worten zweifelte ich keinen Augenblick; einem Bericht, der wie seiner den Stempel ernster Aufrichtigkeit trug, mußte ich in jedem Punkt Glauben schenken; aber die grausigen Einzelheiten überwältigten mich und stifteten in meinem Herzen heillose Verwirrung. Ich sah, daß der Schaffner mich anblickte. Ich fragte ihn: »Wer war dieser Mann?«

»Er war mal Kongreß-Abgeordneter, und zwar ein guter. Aber er blieb eines Tages mit dem Zug in einer Schneewehe stecken und wär fast verhungert. Er hat Erfrierungen gehabt und hat überhaupt sehr gelitten unter der Kälte und dem Hunger, so daß er danach zwei oder drei Monate lang krank und ganz wirr im Kopf war. Jetzt geht's ihm wieder gut, aber er ist wie besessen, wenn er auf diese alte Sache zu sprechen kommt, und dann hört er nicht auf, bis er sämtliche Mitreisenden aus dem Zug von damals verspeist hat. Wenn er hier nicht hätte aussteigen müssen, dann hätte er sie inzwischen alle verputzt. Er kann ihre Namen alle aufsagen, wie das ABC. Wenn er sie alle aufgegessen hat und allein übrig ist, sagt er immer: ›Als die Zeit für die übliche Wahl zum Frühstück gekommen war und kein Gegenkandidat nominiert wurde, fiel die Wahl erwartungsgemäß auf mich, worauf ich, da es keine Einwände gab, verzichtete. Und so bin ich hier.‹«

Ich war unbeschreiblich erleichtert zu erfahren, daß ich mir lediglich die harmlosen Hirngespinste eines Irren angehört hatte und nicht den wahrheitsgemäßen Bericht eines blutrünstigen Kannibalen.

## Ein Tag an den Niagara-Fällen

Niagara Falls ist ein sehr schöner Ausflugsort. Die Hotels sind hervorragend und die Preise nicht übertrieben hoch. Was dieser Ort dem Angler zu bieten hat, ist weit und breit einzigartig. Anderswo gibt es nämlich an den Gewässern immer gewisse Plätze, die besser sind als andere; in Niagara aber sind alle Plätze gleich gut, das heißt, die Fische beißen nirgends an, so daß man nicht erst fünf Meilen weit zu laufen braucht, weil man sicher sein kann, daß man gleich vor der Tür genausowenig Erfolg haben wird. Die Vorteile, die sich daraus ergeben, sind in der Öffentlichkeit noch nie hinreichend dargestellt worden.

Im Sommer ist das Wetter kühl, und Spaziergänge und Ausflugsfahrten sind stets angenehm und nie ermüdend. Wenn man aufbricht, um die Fälle zu besichtigen, fährt man zunächst einmal eine Meile und erwirbt dann für eine geringe Gebühr die Berechtigung, tief unter sich die engste Stelle des Niagara River zu besichtigen. Jeder beliebige Durchstich einer Eisenbahnlinie durch einen Bergrücken wäre genauso interessant, wenn ein Fluß schäumend und tosend hindurchbrauste. Man kann an dieser Stelle über Stufen einhundertfünfzig Fuß bis dicht ans Wasser hinuntersteigen. Wenn man unten ist, fragt man sich, warum man das eigentlich getan hat, aber zu spät ist zu spät.

Nun erzählt der Touristenführer, daß einem schier der Atem stockt, wie er zusah, als der kleine Raddampfer ›Maid of the Mist‹ die schrecklichen Wasserfälle hinunterfuhr – wie zuerst der eine Radkasten in den wütenden

Wogen verschwand und dann der andere, und an welchem Punkt der hohe Schornstein über Bord ging, und
wo ihre Planken zu bersten begannen – und wie sie
schließlich doch diese Fahrt überstand, nachdem sie –
man stelle sich vor! – siebzehn Meilen in sechs Minuten
zurückgelegt hatte, oder sechs Meilen in siebzehn Minuten, ich kann mich wirklich nicht mehr genau erinnern.
Jedenfalls war es ganz erstaunlich. Es ist allein schon das
Eintrittsgeld wert zuzuhören, wenn der Führer diese
Geschichte verschiedenen Gruppen neunmal hintereinander erzählt, ohne dabei ein einziges Wort auszulassen
oder einen Satz oder eine Handbewegung zu verändern.

Anschließend fährt man dann über die Hängebrücke,
wo man gleichermaßen davor Angst haben darf, daß man
zweihundert Fuß tief in den Fluß stürzt oder davor, daß
ein Eisenbahnzug von oben auf einen herabstürzt. Jede
dieser Aussichten ist bereits für sich genommen beunru-
higend genug, aber gemeinsam lösen sie fraglos ein Gefühl vollkommenen Unbehagens aus.

Auf der kanadischen Seite fährt man dicht an dem Ab-
grund entlang, flankiert von Fotografen, die hinter ihren
Kameras nur darauf warten, uns und unser klappriges
Vehikel in ein pompöses Frontispiz zu verwandeln, mit
einem Fell auf unserer altehrwürdigen Kiste, das für ein
Pferd anzusehen wir angehalten sind; und im Hinter-
grund, klein und unbedeutend, die erhabenen Niagara-
Fälle; man soll es nicht glauben, wie viele Leute die Stirn
oder die Skrupellosigkeit besitzen, diese kriminellen
Umtriebe billigend zu unterstützen.

Bei diesen Fotografen kann man jederzeit prächtige
Bilder bewundern, mit Papa und Mama und Johnny und
dem Kleinen und seinem Schwesterchen oder den Vet-
tern vom Land, wie sie töricht lächelnd und steif in ihren
Pferdewagen posieren und in ihrer grandiosen Dämlich-

keit die klein und popelig in Szene gesetzte majestätische Erscheinung überragen, eine Erscheinung, dessen dienende Geister die Regenbogen sind, dessen Stimme der Donner ist, dessen ehrfurchtgebietendes Antlitz von Wolken verhüllt wird, die hier schon herrschte, lange bevor es diesem Pulk kleinerer Reptilien vergönnt war, sich für einen kurzen Augenblick ins anonyme Gewimmel des Lebens zu stürzen, und die hier noch in Äonen herrschen wird, wenn jene sich längst wieder zu ihren Blutsverwandten, den anderen Würmern gesellt und sich mit dem Staub vermischt haben, der keine Erinnerung kennt.

Es richtet natürlich keinen Schaden an, wenn jemand die Niagara-Fälle wählt, um vor diesem Hintergrund seine völlige Bedeutungslosigkeit so recht zur Schau zu stellen, aber es gehört doch ein fast übermenschliches Maß von Selbstüberschätzung dazu, es tatsächlich zu tun.

Wenn man die überwältigenden Hufeisenfälle lange genug betrachtet und festgestellt hat, daß sich nichts daran verbessern läßt, kehrt man über die neue Hängebrücke nach Amerika zurück und folgt dann dem Uferweg dorthin, wo einem die Höhle der Winde gezeigt wird.

Hier folgte ich den Anweisungen und legte meine Kleidung ab und zog eine wasserdichte Jacke und Latzhose an. Dieses Kostüm mag interessant aussehen, aber schön ist es nicht. Ein ähnlich gekleideter Führer stieg uns voran eine steile Wendeltreppe hinab, die sich wendelte und wendelte und auch noch weiter wendelte, als das schon längst den Reiz der Neuheit verloren hatte, und dann endete, bevor man Gefallen an der Sache finden konnte. An diesem Punkt waren wir weit unterhalb der Klippe, aber immer noch ein ganzes Stück über dem Fluß.

Nun machten wir uns daran, uns auf wackeligen, aus einer einzigen Planke bestehenden Stegen vorwärtszubewegen, vom sicheren Tod nur durch ein schwankendes Holzgeländer getrennt, an das ich mich mit beiden Händen klammerte – nicht etwa, weil ich Angst hatte, sondern weil ich es so wollte. Schon bald wurde der Abstieg steiler und der Steg wackliger, und die Wasserschleier der Amerikanischen Fälle fielen in immer dichteren Vorhängen auf uns herab und nahmen uns die Sicht, so daß wir uns fast nur noch tastend vorwärtsbewegten. Nun setzte hinter dem Wasserfall ein heftiger Wind ein, der uns von dem Steg zu pusten und auf die Felsen und in die Strudel unter uns zu fegen drohte. Ich äußerte, daß ich nach Hause gehen wollte; aber es war zu spät. Wir befanden uns fast genau hinter der kolossalen Wasserwand, die von oben herabgedonnert kam, und in diesem gnadenlosen Getöse war alles Reden vergebens.

Im nächsten Augenblick verschwand der Führer hinter dieser Sintflut, und ich, von dem Lärm wie betäubt, hilflos vom Wind getrieben, den pfeilspitzen Regengüssen ausgesetzt, folgte ihm. Ringsum war es finster. Wind und Wasser überboten einander in einem so aberwitzigen Tosen, Brausen und Heulen, wie es meine schmerzenden Ohren noch nie zuvor vernommen hatten. Ich beugte den Kopf vor und hatte das Gefühl, mir prasselte der Atlantik auf den Rücken. Die Welt schien auseinanderzubersten. Ich sah gar nichts mehr, so heftig stürzten die Fluten hernieder. Ich hob den Kopf mit aufgesperrtem Mund und mußte fast den gesamten amerikanischen Katarakt schlucken. Hätte ich irgendwo eine undichte Stelle gehabt, ich wäre verloren gewesen. In diesem Augenblick bemerkte ich, daß der Steg zu Ende war und wir uns an den steilen, schlüpfrigen Felsen Halt suchen mußten. Noch nie in meinem Leben hatte ich solche Angst ausgestanden. Aber endlich hatten wir uns durchgearbeitet und kamen wieder ans Tageslicht, wo wir uns vor diese sich selbst verschlingenden, brodelnden, schäumenden Wassermassen hinstellen und sie betrachten konnten. Als ich diese Mengen sah und wie lebensbedrohlich sie tatsächlich waren, bereute ich, mich je dahintergewagt zu haben.

Für die edle Rothaut habe ich schon immer eine besondere Vorliebe gehabt. Ich liebe es, Berichte, Geschichten und Romane über Indianer zu lesen. Ich liebe es, von seiner intuitiven Klugheit zu lesen und von seiner Liebe zum wilden freien Leben in Berg und Wald und seinem edlen Charakter und seiner ernsten bilderreichen Sprache und seiner ritterlichen Liebe zu der dunkeläugigen Maid und seiner prächtigen, farbenfrohen Kleidung und Ausrüstung. Vor allem von seiner prächtigen, farbenfrohen Kleidung und Ausrüstung. Als ich sah, daß die Läden rund um die Wasserfälle angefüllt sind mit zierlichem indianischen Perlenschmuck und einmalig schönen Mokassins und ebenso einmalig schönen Spielzeugfiguren von Männern, die in Armen und Körper Löcher hatten, in denen ihre Waffen steckten, und Füße, die aussahen wie Fleischpasteten, da war ich tief bewegt. Ich wußte, daß ich nun endlich der edlen Rothaut von Angesicht zu Angesicht gegenübertreten würde.

Eine Verkäuferin bestätigte mir, daß alle die zahllosen Souvenirs in ihrem Laden tatsächlich von Indianern hergestellt seien, daß es in der Gegend um die Wasserfälle sehr viele von ihnen gebe, und daß sie freundlich seien, und man könne gefahrlos mit ihnen sprechen. Und tatsächlich, als ich mich der Brücke näherte, die nach Luna Island hinüberführt, stieß ich auf einen edlen Sohn der Wälder, der unter einem Baum saß und geschickt an einem Perlenridikül arbeitete. Er trug einen breitkrempigen Hut und derbe Schuhe, und im Mund hatte er eine kurze schwarze Pfeife. Da konnte man mal sehen, was durch den verderblichen Kontakt mit unserer dekadenten Zivilisation aus der farbenfrohen Pracht wird, die den Indianer auszeichnet, solange er fern von uns in seinen angestammten Jagdgründen lebt. Ich sprach den edlen Nachfahren mit folgenden Worten an:

»Ist Wahoo-Wang-Wang vom Stamm der Aphacken glücklich? Sehnt sich das Herz des Gefleckten Donners nach dem Kriegspfad, oder genügt es ihm, von der dunkeläugigen Maid, dem Stolz der Wälder, zu träumen? Hegt der mächtige Häuptling den Wunsch, das Blut seiner Feinde zu trinken, oder ist er damit zufrieden, Perlentäschchen für die Abkömmlinge des weißen Mannes anzufertigen? O sprich, erhabener Nachfahr vergangener Größe – ehrenwerter Schatten, sprich!«

Der Nachfahre sprach:

»Hältst du mich, Dennis Holligan, etwa für ne drekkige Rothaut, du näselnder krummbeiniger Witzbold? Bei allen Heiligen, dich verfrühstück ich!«

Ich begab mich von dannen.

Nach einer Weile stieß ich in der Nähe des Terrapin Tower auf eine sanfte Tochter der Ureinwohner, die saß, in hirschlederne, mit Perlen und Fransen verzierten Mokassins und Leggins gewandet, auf einer Bank, umgeben von ihren guten Waren. Gerade hatte sie aus Holz einen Häuptling geschnitzt, der große Familienähnlichkeit mit einer Wäscheklammer besaß, und war nun dabei, ein Loch in seinen Unterleib zu bohren, um einen Flitzebogen hineinzustecken. Ich zögerte einen Augenblick, bevor ich sie ansprach:

»Ist das Herz der Jungfrau aus den Wäldern schwer? Fühlt sich die Lächelnde Kaulquappe einsam? Betrübt es sie, daß die Lagerfeuer ihres Stammes erloschen und der Ruhm ihrer Ahnen verblaßt ist? Oder denkt sie voller Schmerzen an die ewigen Jagdgründe, wohin ihr tapferer

Krieger Der-den-Blitz-verspeist entschwunden ist? Warum schweigt meine Tochter? Ist sie dem Bleichgesicht gram?«

Da sprach die Maid:

»Alle Teufel, was bildest du dir ein, mich, Biddy Malone, dumm anzuquatschen? Verdrück dich, du halbe Portion, oder ich scheuch dich in'n Wasserfall, elender Strauchdieb!«

Und abermals begab ich mich von dannen.

»Hol der Teufel diese Indianer!« dachte ich. »Man hat mir doch gesagt, sie seien friedfertig, aber wenn man sie so hört, könnte man meinen, sie wären alle auf dem Kriegspfad.«

Ich unternahm noch einen weiteren Versuch, mich mit ihnen zu verbrüdern – aber nur noch einen! Im Schatten eines großen Baumes traf ich auf mehrere von ihnen, die dort lagerten und Wampums und Mokassins anfertigten, und ich sprach in der Sprache der Freundschaft zu ihnen:

»Edle Rothäute, tapfere Krieger, große Häuptlinge, Squaws und Oberbonzen, das Bleichgesicht aus dem Land der untergehenden Sonne grüßt euch! Dich, Gütiger Iltis – dich, Der-Berge-verschluckt – dich, Donnernder Wind – dich, Kämpfender Hahn mit dem Glasauge – das Bleichgesicht von jenseits des großen Wassers grüßt euch alle! Krieg und Seuchen haben viele von euch dahingerafft und euer einst so stolzes Volk vernichtet. Poker und Würfelspiel und der teure Luxus der Seife, die euern ruhmreichen Vorfahren alle unbekannt waren, haben eure Börsen geleert. Ihr habt euch das Eigentum anderer angeeignet, ohne euch etwas dabei zu denken, und dadurch seid ihr in Schwierigkeiten geraten. Ihr habt Tatsachen entstellt, ohne böse Hintergedanken, und das hat euch bei den verständnislosen Eroberern in Mißkredit gebracht. Ihr habt billigen Fusel gekauft, um euch zu betrinken und zu betäuben und eure Familien mit dem Tomahawk zu erschlagen, und darunter hat eure prächtige, farbenfrohe Kleidung gelitten; und seht euch an, im grellen Licht des neunzehnten Jahrhunderts sitzt ihr da und seht aus wie Hinz und Kunz aus den Vororten New Yorks. Ihr solltet euch schämen! Denkt an eure Vorfahren! Erinnert euch an ihre Heldentaten! Denkt an Uncas! – an Rote Jacke! – an Der-Loch-im-Tag! – an Whoopdedoodledo! Werdet wie sie! Folgt meinem flatternden Banner, ihr edlen Wilden, illustre Kinder der Gosse ...«

»Nieder mit ihm!« »Schnappt euch den Strauchdieb!« »Zündet ihm den Kittel an!« »Aufknüpfen!« »Ersäuft ihn!«

Dann ging alles sehr schnell. Im einen Moment war die Luft um mich herum voller Stöcke, Steine, Fäuste, Handarbeitskörbe und Mokassins, und im nächsten Moment prasselten sie schon auf mich nieder, und keine zwei trafen an derselben Stelle. Dann fiel der ganze Stamm über mich her. Sie rissen mir die halben Kleider vom Leib, sie brachen mir Arme und Beine; sie gaben mir einen solchen Schlag auf den Kopf, daß man aus der Delle, die dabei entstand, hätte Kaffee trinken können wie aus einer Untertasse; und um ihrem schändlichen Treiben die Krone aufzusetzen und mir den Rest zu geben, warfen sie mich in die Niagara-Fälle, so daß ich auch noch naß wurde.

Nach einem Sturz von neunzig oder hundert Fuß blieb ich mit den Überresten meiner Weste an einem Felsvorsprung hängen und wäre fast ertrunken, wenn ich mich nicht noch gerade rechtzeitig hätte befreien können. Dann stürzte ich in die Tiefe und tauchte in einem Gebirge weißen Schaums am Fuß des Wasserfalls wieder auf. Natürlich geriet ich nun in den Strudel. Vierundvierzigmal drehte ich mich rundherum im Kreis – immer hinter einem Holzstück her, das ich fast eingeholt hätte – und jede Rundreise war eine halbe Meile lang – und vierundvierzigmal griff ich nach demselben Busch am Ufer, um mich festzuhalten, aber jedesmal verfehlte ich ihn genau um Haaresbreite.

Schließlich kam ein Mann vorbei und setzte sich neben dem Busch auf die Erde und steckte sich eine Pfeife in den Mund und zündete ein Streichholz an und beobachtete mich mit einem Auge und richtete das andere auf das Streichholz, das er mit beiden Händen gegen den Wind schützte. Ein Windstoß blies es dann aber doch aus. Als ich das nächste Mal vorbeitrieb, fragte er:

»Haben Sie Feuer?«

»Ja; in meiner anderen Jacke. Helfen Sie mir bitte heraus.«

»Ich denke gar nicht dran.«

Als ich wieder vorbeikam, sagte ich:

»Bitte entschuldigen Sie die ungebührliche Neugierde eines Ertrinkenden, aber könnten Sie mir vielleicht Ihr äußerst sonderbares Verhalten erklären?«

»Mit Vergnügen. Ich bin hier der Coroner. Lassen Sie sich von mir aus ruhig Zeit. Ich kann warten. Aber ich wünschte, ich hätte ein Streichholz.«

Ich sagte: »Wenn Sie so lange meinen Platz übernehmen, dann besorge ich Ihnen eins.«

Er lehnte ab. Sein mangelndes Vertrauen mir gegenüber sorgte für eine gewisse Kälte zwischen uns, und ich ignorierte ihn von da an. Ich nahm mir vor, daß ich, sollte mir etwas zustoßen, dies so einrichten würde, daß meine Leiche dem Coroner von der Konkurrenz auf der amerikanischen Seite vorgelegt würde.

Endlich kam ein Polizist und verhaftete mich wegen Ruhestörung, weil ich Passanten laut um Hilfe gebeten hatte. Der Richter brummte mir eine Geldstrafe auf, aber da hatte er bei mir kein Glück. Mein Geld befand sich in meiner Hose, und meine Hose befand sich bei den Indianern.

So kam ich also noch mal davon. Jetzt liege ich in einem äußerst kritischen Zustand im Bett. Zumindest liege ich im Bett, ob kritisch oder unkritisch. Überall tut es mir weh, aber das volle Ausmaß des Schadens überblicke ich noch nicht, da der Doktor seine Bestandsaufnahme noch nicht abgeschlossen hat. Heute abend wird er seinen Abschlußbericht vorlegen. Zur Zeit ist er der Ansicht, daß nur sechzehn meiner Verletzungen lebensgefährlich sind. Die anderen sind mir egal.

Als ich wieder zu Sinnen kam, sagte ich:

»Das ist ja ein schrecklich gefährlicher Indianerstamm, der die Perlenarbeiten und Mokassins an den Niagara-Fällen macht, Herr Doktor. Wo kommen die her?«

»Aus Limerick, junger Mann.«

## Die Wahrheit über den
## großen Rindfleischvertrag

Ich möchte der Nation an dieser Stelle in kurzen Worten darlegen, welche – zugegeben bescheidene – Rolle ich bei dieser Angelegenheit gespielt habe – einer Angelegenheit, die die Öffentlichkeit so sehr beschäftigt, soviel böses Blut verursacht und die Zeitungen zweier Kontinente mit derart übertriebenen Darstellungen und abwegigen Kommentaren gefüllt hat.

Diese leidige Angelegenheit fing folgendermaßen an – und ich betone ausdrücklich, daß die nachfolgende Darstellung in allen Einzelheiten durch die amtlichen Unterlagen der Regierung reichlich belegt ist:

John Wilson Mackenzie aus Rotterdam in Chemung County, New Jersey, inzwischen verstorben, schloß am oder um den 10. Oktober des Jahres 1861 mit der Regierung einen Vertrag, wonach er General Sherman mit insgesamt dreißig Fässern Rindfleisch beliefern sollte.

So weit, so gut.

Er machte sich mit dem Rindfleisch auf den Weg zu Sherman, aber als er in Washington ankam, hatte sich Sherman schon nach Manassas begeben; also nahm er sein Rindfleisch und folgte ihm, kam aber wieder zu spät; er folgte ihm nach Nashville und von Nashville nach Chattanooga und von Chattanooga nach Atlanta – aber er schaffte es nie, ihn einzuholen. In Atlanta nahm er noch einen Anlauf und folgte ihm auf seinem Marsch bis zum Meer. Wieder traf er um wenige Tage zu spät ein; aber als er hörte, daß Sherman sich mit der ›Quaker

City‹ auf eine Reise ins Heilige Land begeben wollte, nahm er ein Schiff nach Beirut in der Absicht, das andere Schiff zu überholen. Kaum war er mit seinem Rindfleisch in Jerusalem eingetroffen, da sagte man ihm, Sherman habe die ›Quaker City‹ gar nicht bestiegen, sondern sei in die Prärie gezogen, um gegen die Indianer zu kämpfen. Er kehrte nach Amerika zurück und machte sich auf den Weg zu den Rocky Mountains. Nach achtundsechzig Tagen beschwerlicher Reise durch die Prärie, als er sich Shermans Hauptquartier schon bis auf vier Meilen genähert hatte, wurde er mit dem Tomahawk erschlagen und skalpiert, und die Indianer nahmen sich das Rindfleisch. Sie nahmen sich alles bis auf ein Faß. Das wurde von Shermans Armee erbeutet, und so erfüllte der kühne Weltreisende, noch im Tod, zumindest teilweise seinen Vertrag. In seinem Testament, das er wie ein Tagebuch geführt hatte, vermachte er den Vertrag seinem Sohn Bartholomew W. Bartholomew W. stellte die folgende Rechnung auf und starb dann:

DIE VEREINIGTEN STAATEN
*schulden dem verstorbenen* JOHN WILSON
MACKENZIE *aus New Jersey*
Für dreißig Fässer Rindfleisch für General
   Sherman à $ 100                       $   3 000
Für Reise- und Transportkosten        $ 14 000
                                ———————

                Summa    $ 17 000

            Betrag erhalten

Er starb, hinterließ aber den Vertrag einem William J. Martin, der das Geld einzutreiben versuchte, aber starb, bevor er was erreichen konnte. Dieser wiederum hinterließ den Vertrag Barker J. Allen, der ebenfalls versuchte, das Geld einzutreiben. Er erlebte es nicht mehr. Barker J. Allen hinterließ den Vertrag Anson G. Roberts, der seine Forderung geltend zu machen versuchte und dabei schon bis zum Büro des Neunten Rechnungsprüfers vorgedrungen war, als der Tod, der große Gleichmacher, ungebeten eintrat und *seine* Forderung geltend machte. Er hinterließ die Rechnung einem Verwandten in Connecticut namens Vengeance Hopkins, der in der kurzen Zeit von vier Wochen und zwei Tagen, die ihm noch blieben, bis zum Zwölften Rechnungsprüfer kam, was ein Rekord war. In seinem Testament vermachte er die Vertragsrechnung einem Onkel namens O-be-joyful Johnson. Für Joyful war das zuviel. Seine letzten Worte waren: »Weint nicht um mich – ich scheide gern.« Und das tat er dann auch, der Arme. Nach ihm erbten sieben weitere Personen den Vertrag, aber sie alle starben. So gelangte er schließlich in meine Hände. Er fiel mir durch einen Verwandten namens Hubbard zu – Bethlehem Hubbard aus Indiana. Er hegte lange Zeit einen Groll gegen mich, aber in seiner letzten Stunde ließ er mich holen und verzieh mir alles und übergab mir unter Tränen den Rindfleischvertrag.

Soweit also die Geschichte bis zu dem Zeitpunkt, an dem ich das Erbe antrat. Ich will nun versuchen, der Nation darüber Rechenschaft zu geben, was mein Anteil an dieser Affäre war. Ich nahm diesen Rindfleischvertrag und die Rechnung für Weggeld und Transportkosten und ging damit zum Präsidenten der Vereinigten Staaten.

Er sagte: »Nun, Sir, was kann ich für Sie tun?«

Ich sagte: »Majestät, am oder um den 10. Oktober des Jahres 1861 schloß John Wilson Mackenzie aus Rotterdam in Chemung County, New Jersey, inzwischen verstorben, mit der Regierung einen Vertrag, wonach er General Sherman mit insgesamt dreißig Fässern Rindfleisch beliefern sollte –«

An dieser Stelle gebot er mir Einhalt und entließ mich – freundlich, aber bestimmt. Am nächsten Tag wurde ich beim Außenminister vorstellig.

Er sagte: »Nun, Sir?«

Ich sagte: »Königliche Hoheit, am oder um den 10. Oktober des Jahres 1861 schloß John Wilson Mackenzie aus Rotterdam in Chemung County, New Jersey, inzwischen verstorben, mit der Regierung einen Vertrag, wonach er General Sherman mit insgesamt dreißig Fässern Rindfleisch beliefern sollte –«

»Genug davon, Sir – genug davon, mit Rindfleischverträgen hat mein Ministerium nichts zu schaffen.«

Man komplimentierte mich hinaus. Ich dachte gründlich über die Sache nach und suchte dann am folgenden Tag den Marineminister auf, der zu mir sagte: »Schnell, Sir, reden Sie, halten Sie mich nicht auf!«

Ich sagte: »Königliche Hoheit, am oder um den 10. Oktober des Jahres 1861 schloß John Wilson Mackenzie aus Rotterdam in Chemung County, New Jersey, inzwischen verstorben, mit der Regierung einen Vertrag, wonach er General Sherman mit insgesamt dreißig Fässern Rindfleisch beliefern sollte –«

Nun, weiter kam ich nicht. Auch er hatte nichts mit Verträgen über Rindfleisch für General Sherman zu tun. Ich fand allmählich, daß dies eine sonderbare Regierung sei. Es sah fast so aus, als wollten sie sich davor drücken, für dieses Rindfleisch zu zahlen. Am Tag darauf ging ich zum Innenminister.

Ich sagte: »Kaiserliche Hoheit, am oder um den 10. Oktober –«

»Das reicht, Sir. Ich habe schon von Ihnen gehört.

Scheren Sie sich hinaus mit Ihrem verflixten Vertrag. Das Innenministerium hat mit der Verpflegung der Armee überhaupt nichts zu tun.«

Ich ging. Aber inzwischen kochte es in mir. Ich schwor mir, keine Ruhe zu geben; ich würde jedes einzelne Ministerium dieser pflichtvergessenen Regierung heimsuchen, bis diese Vertragsangelegenheit geregelt war. Ich würde die Forderung geltend machen oder zugrunde gehen, wie meine Vorgänger zugrunde gegangen waren. Ich bestürmte den Generalpostmeister; ich belagerte das Landwirtschaftsministerium; ich stellte mich dem Sprecher des Repräsentantenhauses in den Weg. Alle hatten sie mit Rindfleischverträgen für die Armee nichts zu tun. Ich rückte dem Direktor des Patentamtes zu Leibe.

Ich sagte: »Euer Durchlaucht, am oder um den ...«

»Verdammt, sind Sie jetzt also mit Ihrem verfluchten Rindfleischvertrag schon bei mir angekommen? Werter Herr, wir haben mit Rindfleischverträgen für die Armee rein gar nichts zu tun!«

»Das mag ja sein, aber irgendwer muß schließlich für dieses Rindfleisch bezahlen. Und zwar auf der Stelle, oder ich werde dieses jämmerliche Patentamt mit allem, was darin ist, beschlagnahmen.«

»Aber, mein lieber Herr –«

»Reden Sie, was Sie wollen. Meiner Ansicht nach ist das Patentamt für dieses Rindfleisch zuständig; und das Patentamt – ob zuständig oder nicht – *wird* dafür bezahlen.«

Die weiteren Einzelheiten können wir uns schenken. Es kam zu einer Prügelei. Das Patentamt gewann. Dabei erfuhr ich aber etwas Nützliches. Man sagte mir nämlich, ich solle mich an das Finanzministerium wenden, das sei die richtige Stelle. Also ging ich hin. Ich mußte zweieinhalb Stunden warten; dann wurde ich zu Seiner Lordschaft, dem Finanzminister vorgelassen.

Ich sagte: »Hochzuverehrender, edler, gnädiger Signor, am oder um den 10. Oktober des Jahres 1861 schloß John Wilson Macken –«

»Das genügt, Sir. Ich habe schon von Ihnen gehört. Gehen Sie zum Ersten Rechnungsprüfer des Finanzministeriums.«

Das tat ich, und der schickte mich zum Zweiten Rechnungsprüfer. Der Zweite Rechnungsprüfer schickte mich zum Dritten, und der Dritte schickte mich zum Ersten Revisor der Pökelfleisch-Abteilung. Allmählich sah es so aus, als würde es ernst. Der Mann sah seine Bücher und sämtliche Papiere durch, konnte aber keinen Vermerk über den Rindfleischvertrag finden. Also ging ich zum Zweiten Revisor der Pökelfleisch-Abteilung. Der sah seine Bücher und Papiere durch, aber ohne Ergebnis. Das gab mir Zuversicht. In dieser Woche drang ich bis zum Sechsten Revisor dieser Abteilung vor; in der folgenden Woche arbeitete ich mich durch die Abteilung für Reklamationen; in der dritten Woche nahm ich mir die Abteilung für Verlorengegangene Verträge vor und verschaffte mir Zugang zu der Abteilung für Milchmädchenrechnungen. Mit der war ich innerhalb von drei Tagen fertig. Nun blieb nur noch eine einzige Stelle übrig. Ich belagerte den Staatskommissar für Bagatellen und Nebensachen. Genauer gesagt, seinen Sekretär – er selbst war nicht da. In dem Raum befanden sich sechzehn hübsche junge Damen, die in Bücher schrieben, und sieben gutaussehende junge Kanzlisten, die ihnen zeigten, wie man das macht. Die jungen Damen lächelten ihnen über die Schulter zu, und die Kanzlisten lächelten zurück, und alle waren vergnügt wie die Turteltauben. Zwei oder drei Kanzlisten, die gerade die Zeitung lasen, warfen mir ziemlich strenge Blicke zu, lasen dann aber weiter, und niemand sagte etwas. An diese zuvorkommende Art von

Hilfsbediensteten auf Probe hatte ich mich auf meinem langen Weg durch die Instanzen schon gewöhnt, angefangen an dem Tag, als ich das erste Büro der Pökelfleisch-Abteilung betrat, bis zu dem Augenblick, als ich das letzte Büro der Abteilung für Milchmädchenrechnungen verließ. Ich war mittlerweile so routiniert, daß ich, wenn ich eine Amtsstube betrat, auf einem Bein stehen konnte, ohne mehr als zwei-, höchstens dreimal den Fuß zu wechseln, bis mich ein Beamter ansprach.

So blieb ich also stehen, bis ich zum viertenmal auf den anderen Fuß trat. Dann fragte ich einen der Kanzlisten, der die Zeitung las:

»Wo, hochmögender Strolch, ist der Großwesir?«

»Wovon reden Sie, Sir? wen meinen Sie? Falls Sie den Amtsleiter meinen, der ist nicht da.«

»Wird er den Harem heute noch einmal aufsuchen?«

Der junge Mann sah mich eine Weile strafend an, und dann vertiefte er sich wieder in seine Zeitung. Aber ich kannte mich mit diesen Kanzlisten aus. Ich wußte, daß ich gerettet war, wenn er mit der Lektüre fertig war, bevor die nächste Post aus New York eintraf. Er hatte nur noch zwei Zeitungen durchzusehen. Nach einer Weile hatte er auch die gelesen, und dann gähnte er und fragte mich, was ich wolle.

»Ruhmreicher, ehrenwerter Schwachkopf, am oder um den ...«

»Sie sind der Mann mit dem Rindfleischvertrag. Geben Sie mir Ihre Papiere.«

Er nahm sie, und dann stöberte er lange in seinen Bagatellen und Nebensachen. Schließlich fand er die Nordwestpassage, so kam es *mir* jedenfalls vor – er fand die so verzweifelt gesuchte Urkunde des Rindfleischvertrages, er fand jenen Felsen, an dem so viele meiner Vorgänger zerschollen waren, noch ehe sie ihr Ziel erreicht hatten.

Ich war tief erschüttert. Und zugleich erfreut – daß ich das noch erleben durfte. Mit bebender Stimme sagte ich: »Geben Sie her. Jetzt wird die Regierung zahlen.« Er aber wies mich zurück und erklärte, vorher müsse noch etwas erledigt werden.

»Wo ist dieser John Wilson Mackenzie?« fragte er.

»Tot.«

»Und wann ist er verstorben?«

»Er ist nicht einfach gestorben, er wurde ermordet.«

»Auf welche Weise?«

»Mit einem Tomahawk.«

»Wer war der Täter?«

»Na, ein Indianer natürlich. Oder dachten Sie, es wäre der Prediger einer Sonntagsschule gewesen?«

»Nein. Also ein Indianer, wie?«

»Richtig.«

»Name des Indianers?«

»Sein Name? Woher soll *ich* den wissen?«

»Ich brauche den Namen. Gibt es Zeugen für die Tat mit dem Tomahawk?«

»Keine Ahnung.«

»Sie waren also nicht selbst zugegen?«

»Wie Sie sehen, habe ich meinen Skalp noch. Ich war nicht anwesend.«

»Woher wissen Sie dann, daß Mackenzie tot ist?«

»Weil er mit Sicherheit damals ums Leben kam, und ich habe gute Gründe für die Annahme, daß sich seither daran nichts geändert hat. Ich *weiß* nun einmal, daß er tot ist.«

»Wir brauchen Beweise. Haben Sie den Indianer?«

»Selbstverständlich nicht.«

»Dann schaffen Sie ihn herbei. Haben Sie den Tomahawk?«

»Auf den Gedanken bin ich nie gekommen.«

»Beschaffen Sie den Tomahawk. Sie müssen den Indianer und den Tomahawk vorweisen. Wenn Mackenzies Tod durch diese beiden nachgewiesen werden kann, dann können Sie sich an die Kommission zur Prüfung von Ansprüchen wenden mit guten Aussichten, daß Ihre Rechnung bearbeitet wird und Ihre Kinder möglicherweise die Auszahlung des Geldes noch erleben. Aber der Tod dieses Mannes muß nachgewiesen werden. Ich kann Ihnen aber jetzt schon sagen, daß die Regierung für die Transport- und Reisekosten dieses unglücklichen Mackenzie auf keinen Fall aufkommen wird. Es ist möglich, daß sie unter Umständen das Faß Rindfleisch bezahlt, das die Soldaten General Shermans erbeutet haben, vorausgesetzt, der Kongreß erläßt eine Sonderverordnung, in der Ihr Rechtsanspruch bestätigt wird, aber sie wird nicht für die neunundzwanzig Fässer bezahlen, die die Indianer gegessen haben.«

»Dann stehen mir ja nur noch hundert Dollar zu, und selbst das ist nicht sicher! Und das nach all den Reisen Mackenzies, die er in Europa, Asien und Amerika mit dem Rindfleisch gemacht hat; nach all den Leiden und Entbehrungen und Transporten; nachdem so viele Unschuldige ihr Leben lassen mußten bei dem Versuch, das Geld einzutreiben! Junger Mann, warum hat mir das nicht schon der Erste Revisor der Pökelfleisch-Abteilung gesagt?«

»Er wußte ja nicht, ob Ihr Anspruch überhaupt begründet ist.«

»Und warum hat der Zweite mir nichts gesagt? oder der Dritte? warum hat mir keine dieser Abteilungen und kein Ministerium etwas gesagt?«

»Weil keiner etwas wußte. Wir arbeiten hier nach einem festen Schema. Sie sind diesem Schema gefolgt und haben dabei erfahren, was Sie wissen wollten. Das ist der beste

Weg. Das ist der einzige Weg. Er ist sehr schematisch und sehr langwierig, aber er ist sehr sicher.«

»Ja, der sichere Tod. Das war er für die meisten von uns. Und auch ich fühle, daß meine Zeit gekommen ist. Junger Mann, Sie sind verliebt in das hübsche Wesen dort drüben mit den sanften blauen Augen und den Stahlfedern hinterm Ohr – das sehe ich an Ihren zärtlichen Blicken; Sie möchten sie heiraten – aber Sie sind arm. Reichen Sie mir Ihre Hand – hier haben Sie den Rindfleischvertrag; gehen Sie, nehmen Sie sie und werden Sie glücklich! Der Himmel segne euch, meine Kinder!«

Das ist alles, was ich über den großen Rindfleischvertrag weiß, über den in der Öffentlichkeit soviel geredet worden ist. Der Kanzlist, dem ich ihn schenkte, ist gestorben. Mehr weiß ich nicht über den Vertrag oder über irgend jemanden, der damit zu tun hatte. Ich weiß nur, daß ein Mann, falls er lange genug lebt, eine Sache durch das Umständlichkeitsamt von Washington verfolgen kann, um nach langer Zeit und mit Müh' und Not zu erfahren, was er schon am ersten Tag hätte erfahren können, wenn die Geschäfte im Umständlichkeitsamt so klug und systematisch betrieben würden, wie es der Fall wäre, handelte es sich um ein großes privates Geschäftsunternehmen.

## Wie ich einmal eine landwirtschaftliche Zeitung herausgab

Ich übernahm den Posten des Herausgebers einer landwirtschaftlichen Zeitung nicht ohne gewisse Bedenken. Eine Landratte hätte das Kommando eines Schiffes auch nicht ohne gewisse Bedenken übernommen. Aber in meiner damaligen Lage war das Gehalt für mich sehr verlockend. Der feste Redakteur wollte in Urlaub gehen, ich stimmte seinen Bedingungen zu und übernahm für diese Zeit seinen Posten.

Das Gefühl, endlich wieder Arbeit zu haben, war herrlich, und ich arbeitete die ganze Woche lang mit unverminderter Freude. Wir gingen in Druck, und ich wartete einen Tag lang besorgt, ob meine Anstrengungen irgendwelche Beachtung finden würden. Als ich gegen Abend mein Büro verließ, teilte sich eine Gruppe von Männern und Jungen am Fuß der Treppe wie auf Kommando und machte mir Platz, und ich hörte den einen oder andern sagen: »Das ist er!« Über diesen kleinen Vorfall freute ich mich natürlich. Am nächsten Morgen traf ich eine ähnliche Gruppe am Fuß der Treppe an, und vereinzelte Paare und Individuen standen hier und da auf der Straße oder auf der anderen Seite und beobachteten mich aufmerksam. Die Gruppe teilte sich und wich zurück, als ich näher kam, und ich hörte, wie ein Mann sagte: »Seht euch seine Augen an!« Ich tat so, als bemerkte ich die Aufmerksamkeit gar nicht, die ich erregte, aber im stillen empfand ich Genugtuung darüber und nahm mir vor, meiner Tante davon in einem Brief zu berichten. Ich ging die paar Stufen hinauf, und als ich mich der Tür näherte, hörte ich drinnen fröhliche Stimmen und lautes Lachen, und sah, als ich öffnete, zwei junge, ländlich aussehende Männer, die ganz blaß wurden und verlegene Gesichter machten, als sie mich sahen, und dann sprangen beide unter lautem Geklirr aus dem Fenster. Ich war verdutzt.

Nach etwa einer halben Stunde kam ein älterer Mann mit wallendem Bart und einem ebenmäßigen, aber ziemlich strengen Gesicht herein und nahm auf mein Zeichen hin Platz. Er schien etwas auf dem Herzen zu haben. Er setzte seinen Hut ab, legte ihn auf den Boden und holte daraus ein rotes, seidenes Taschentuch und eine Ausgabe unserer Zeitung hervor.

Er breitete die Zeitung auf seinem Schoß aus, und während er seine Brille mit dem Taschentuch putzte, fragte er: »Sind Sie der neue Redakteur?«

Ich sagte, der sei ich.

»Haben Sie je zuvor eine landwirtschaftliche Zeitung herausgegeben?«

»Nein«, sagte ich; »das ist mein erster Versuch.«

»Das scheint so. Haben Sie irgendwelche praktischen Erfahrungen in der Landwirtschaft?«

»Nein; eigentlich nicht.«

»Das Gefühl hatte ich«, sagte der alte Herr, setzte seine Brille auf und sah mich über deren Rand hinweg durchdringend an, während er die Zeitung auf eine passende Größe zusammenfaltete. »Ich möchte Ihnen etwas vorlesen, das mir dieses Gefühl gegeben hat. Es handelt sich um den Leitartikel. Hören Sie zu und sagen Sie mir, ob Sie das geschrieben haben: ›*Steckrüben sollte man nie von Hand pflücken, weil sie dabei leicht beschädigt werden. Viel besser ist es, einen Jungen in den Baum steigen zu lassen, um sie herunterzuschütteln.*‹ Nun, was sagen

Sie dazu? – denn es stimmt doch wohl, daß Sie das geschrieben haben?«

»Was ich dazu sage? Tja, ich denke, das ist nicht schlecht. Ich denke, das ist vernünftig. Ich bin davon überzeugt, daß allein in dieser Stadt jährlich Millionen und Abermillionen Tonnen Steckrüben allein deshalb verderben, weil man sie halbreif gepflückt hat. Hätte man dagegen einen Jungen zum Schütteln auf den Baum geschickt –«

»Schütteln Sie lieber Ihren Kopf! Steckrüben wachsen nicht auf Bäumen!«

»Ach, wirklich nicht? Aber das hat auch niemand behauptet. Das ist ja nur bildlich gesprochen, rein bildlich. Wer auch nur einen Funken Ahnung hat, weiß doch, daß damit gemeint ist, der Junge solle die Rebe schütteln.«

Daraufhin stand dieser alte Knabe auf und zerriß die Zeitung in lauter kleine Fetzen und trampelte darauf herum und zertrümmerte mehrere Gegenstände mit seinem Stock und sagte dann, ich sei dümmer als das dümmste Rindvieh; und dann ging er und knallte die Tür hinter sich zu und verhielt sich mit einem Wort so, daß ich den Eindruck gewann, er sei mit irgend etwas unzufrieden. Da ich aber keine Ahnung hatte, was ihm so mißfiel, konnte ich ihm auch nicht helfen.

Wenig später kam eine große, ausgemergelte Gestalt mit strähnigen Haaren, die ihm bis auf die Schultern hingen, und einem Stoppelbart, der aus den Hügeln und Tälern seines Gesichts sproß, zur Tür hereingestürzt, und blieb dann reglos stehen, einen Finger auf den Lippen und den Oberkörper lauschend vorgebeugt. Es war nichts zu hören. Er lauschte weiter. Kein Geräusch. Dann schloß er die Tür ab, kam auf Zehenspitzen bis auf Armeslänge heran, blieb dann stehen, zog, nachdem er mein Gesicht längere Zeit sehr aufmerksam betrachtet hatte, eine zusammengefaltete Ausgabe unserer Zeitung aus der Brusttasche und sagte:

»Hier, das haben Sie doch geschrieben. Lesen Sie's mir vor – rasch! Erlösen Sie mich von meiner Qual.«

Ich las das folgende vor, und während die Worte über meine Lippen kamen, sah ich, wie ihm leichter wurde, ich sah, wie seine verkrampften Muskeln sich entspannten, das Gehetzte aus seinem Blick wich und Ruhe und Frieden sich über sein Gesicht breiteten wie milder Mondschein über eine wüste Landschaft:

*»Der Guano ist ein schöner Vogel, aber es erfordert große Sorgfalt, um ihn aufzuziehen. Man sollte ihn nicht vor Juni und nicht später als September importieren. Während des Winters sollte man ihn an einem warmen Ort halten, wo er seine Jungen ausbrüten kann.*

*Alles deutet darauf hin, daß die Getreideernte in diesem Jahr spät liegen wird. Die Bauern sollten deshalb schon im Juli anstatt im August damit beginnen, die Maisstengel aufzurichten und das Weizengebäck anzupflanzen.*

*Und nun zum Kürbis. Diese Beere gehört zu den Lieblingsbeeren der Eingeborenen im Innern Neuenglands, die sie bei der Herstellung von Obsttorten der Stachelbeere vorziehen und sie ebenfalls bei der Rinderfütterung lieber verwenden als die Himbeere, da sie mehr füllt als sättigt. Der Kürbis ist die einzige genießbare Art aus der Familie der Orangen, die im Norden gedeiht, sieht man einmal von der Kürbisflasche und einigen Varianten des Kürbisbreis ab. Aber die Sitte, ihn zwischen die Sträucher im Vorgarten zu pflanzen, kommt jetzt rasch aus der Mode, da man allgemein einsieht, daß der Kürbis als schattenspendender Baum ungeeignet ist.*

*Jetzt, da die wärmere Jahreszeit kommt und die Gänse zu laichen beginnen –«*

Mein Zuhörer sprang erregt auf, schüttelte mir die Hand und sagte:

»Danke, danke – das genügt! Jetzt weiß ich, daß mit mir alles stimmt, denn Sie haben es genauso gelesen wie ich, Wort für Wort. Aber als ich das heute morgen zum ersten Mal las, mein Herr, da dachte ich: Ich wollte es ja nie glauben, obwohl meine Freunde mich so genau beobachtet haben, aber jetzt glaube ich auch, daß ich verrückt bin; und dann stieß ich ein Geheul aus, das man zwei Meilen weit hören konnte, und beschloß, jemanden umzubringen – früher oder später hätte ich das sowieso getan, wissen Sie, und deshalb dachte ich, fang am besten gleich damit an. Ich las einen dieser Absätze ein zweites Mal, und dann zündete ich mein Haus an und machte mich ans Werk. Ich habe mehrere Leute zu Krüppeln geschlagen und einen Kerl auf einen Baum gejagt, wo ich ihn mir jederzeit holen kann, wenn ich ihn brauche. Aber als ich hier vorbeikam, dachte ich, sieh doch mal rein, um ganz sicher zu gehen; und jetzt *bin* ich sicher, und der Kerl kann von Glück sagen, daß er auf dem Baum sitzt. Auf dem Rückweg hätte ich ihn bestimmt umgebracht. Auf Wiedersehen, Sir, auf Wiedersehen; Sie haben mir eine Last von der Seele genommen. Mein Verstand hat einem Ihrer landwirtschaftlichen Artikel standgehalten, und jetzt weiß ich, daß ihn nichts mehr aus dem Gleichgewicht bringen kann. Leben Sie wohl, Sir.«

Ich verspürte ein gewisses Unbehagen wegen der Körperverletzungen und Brandstiftungen, mit denen sich dieser Mensch vergnügt hatte, denn ich hatte das Gefühl, daran nicht ganz unschuldig zu sein. Aber diese Gedanken waren rasch verflogen, als der eigentliche Herausgeber zur Tür hereinkam. (Ich dachte bei mir: Wärst du nach Ägypten gefahren, wie ich es dir geraten habe, dann hätte ich mich richtig einarbeiten können; aber du wolltest nicht, und jetzt stehst du da. Ich hab's kommen sehen.)

Der Herausgeber wirkte traurig, ratlos und niedergeschlagen.

Er betrachtete die Verwüstungen, die dieser Krawallbruder und die beiden jungen Bauern angerichtet hatten, und sagte dann: »Das ist ja eine schöne Bescherung – eine schöne Bescherung! Die Flasche mit Klebstoff ist zerbrochen und sechs Fensterscheiben und der Spucknapf und zwei Kerzenhalter. Aber das ist noch nicht das schlimmste. Der gute Ruf der Zeitung ist dahin – und zwar für immer, wie ich befürchte. Zugegeben, die Nachfrage nach der Zeitung war noch nie so groß, noch nie wurden so viele Exemplare verkauft und nie war das Blatt so bekannt; – aber will man denn für seine Verrücktheit berühmt werden und aus seiner Schwachköpfigkeit Gewinn schlagen? Mein Freund, es ist die reine Wahrheit, wenn ich Ihnen sage, daß zahllose Menschen draußen auf der Straße stehen und auf den Zäunen sitzen und nur darauf warten, Sie zu sehen, weil Sie glauben, daß Sie verrückt sind. Und dazu haben sie auch allen Grund, wenn sie Ihre Artikel gelesen haben, die eine Schande für den Journalismus sind. Wie kommen Sie nur auf den Gedanken, Sie könnten eine Zeitung dieser Art herausgeben? Sie haben von Landwirtschaft anscheinend nicht die geringste Ahnung. ›Furchen‹ und ›Forken‹ sind für Sie offenbar ein und dasselbe; Sie reden von der Mauser der Kühe; und Sie empfehlen, Frettchen zu domestizieren, weil sie so verspielt seien und exzellente Rattenfänger! Ihr Hinweis, daß Miesmuscheln still liegenbleiben, wenn man ihnen Musik vorspielt, war ganz und gar überflüssig. Nichts kann Miesmuscheln aus der Ruhe bringen. Miesmuscheln liegen *immer* still! Musik ist ihnen völlig gleichgültig. Du lieber Himmel, guter Freund! wenn Sie als Forscher Ihr Leben der Anhäufung von Unwissenheit geweiht hätten, dann müßten Ihnen heute die höchsten akademischen Auszeichnungen zuteil werden. So etwas habe ich noch nie erlebt! Allein Ihre Behauptung, die Roßkastanie erlange als Handelsware immer größere Bedeutung, ist geeignet, diese Zeitung zu ruinieren. Ich möchte, daß Sie auf der Stelle meinen Stuhl räumen und verschwinden. Mir liegt nichts mehr an einem Urlaub – ich könnte ihn doch nicht genießen. Jedenfalls nicht solange Sie hier sitzen. Ständig müßte ich mir Sorgen machen, was Sie wohl als nächstes aushecken. Ich könnte jedesmal aus der Haut fahren, wenn ich daran denke, daß Sie sich über Austernbänke unter der Überschrift ›Gartenmöbel‹ verbreitet haben. Bitte gehen Sie! Um keinen Preis nehme ich noch einmal Urlaub. Warum um alles in der Welt haben Sie nicht zugegeben, daß Sie von Landwirtschaft keinen blassen Schimmer haben?«

»Zugegeben, Sie Maiskolben, Sie Kohlkopf, Sie Sohn einer Rapunzel? So eine Unverschämtheit! Ich will Ihnen mal was sagen. Ich bin seit fast vierzehn Jahren im Zeitungsgeschäft, und noch nie hat mir jemand erzählt, daß man von irgend etwas eine Ahnung haben muß, um eine Zeitung herauszugeben. Sie Rübennase! Wer schreibt denn die Theaterkritiken für die zweitklassigen Zeitungen? Das sind doch alles aufgestiegene Flickschuster und Apothekenlehrlinge, die von guter Schauspielkunst soviel verstehen wie ich von guter Landwirtschaft und keinen Deut mehr. Und wer rezensiert die Bücher? Leute, die selber nie eins geschrieben haben. Wer verzapft die tiefsinnigen Leitartikel über Finanzfragen? Menschen, die alles getan haben, um sich ihre Unwissenheit zu bewahren. Wer sind denn die Kritiker der Indianerpolitik? Feine Herren, die *wigwam* für einen Schlachtruf halten, die nie mit einem Tomahawk verfolgt worden sind und die nie aus den Pfeilen, die sie aus ihren Angehörigen ziehen mußten, ihr abendliches Lagerfeuer gemacht haben. Wer schreibt denn die Aufrufe zur Abstinenz und jammert über ›alkoholische Exzesse‹? Burschen, die diesseits des Grabes nie wieder nüchtern sein werden. Und wer schreibt für die Landwirtschaftszeitungen, Sie – Rettich? Das sind im allgemeinen Männer, die weder mit Gedichten Erfolg gehabt haben noch mit Groschenromanen noch mit Schmierenkomödien noch als Zeitungsredakteur in der Stadt, und die sich dann auf die Landwirtschaft verlegen, um fürs erste nicht ins Armenhaus zu müssen. *Sie* wollen *mir* etwas übers Zeitungsgeschäft erzählen? Ich kenne dieses Metier aus dem Effeff, Sir, und ich sage Ihnen: Je weniger einer weiß, um so mehr reißt er den Mund auf und um so höher ist sein Einkommen. Wenn ich anstelle von Bildung mehr Dummheit besäße und anstelle von Zurückhaltung etwas mehr Dreistigkeit, weiß der Himmel, ich hätte es in dieser kaltherzigen, selbstsüchtigen Welt zu Ruhm bringen können. Leben Sie wohl, Sir. Nachdem Sie mich so behandelt haben, nehme ich gern meinen Abschied. Aber ich habe meine Pflicht getan. Ich habe meinen Vertrag im Rahmen des Möglichen erfüllt. Ich hatte versprochen, den Lesern aller Schichten etwas Interessantes zu bieten – und das habe ich getan. Ich hatte versprochen, die Auflage auf zwanzigtausend zu steigern, und wenn ich noch zwei Wochen Zeit gehabt hätte, wäre mir das auch gelungen. Und ich hätte Ihnen die besten Leser verschafft, die eine landwirtschaftliche Zeitung je gehabt hat – kein einziger Bauer wäre darunter gewesen und niemand, der einen Melonenbaum von einer Pfirsichrebe hätte unterscheiden können, und wenn es sein Leben gegolten hätte. Es ist Ihr Schaden, wenn wir uns jetzt trennen, Sie Wirsing, nicht meiner. *Adios.*«

Und ich ging hinaus.

## Ein geheimnisvoller Besuch

Der erste, der von mir Notiz nahm, als ich vor kurzem eine »feste Adresse« wählte, war ein Herr, der erklärte, er sei Taxator und habe zu tun mit der Akzisenverwaltung der Vereinigten Staaten. Ich sagte, von diesem Berufszweig hätte ich zwar noch nie gehört, aber ich freue mich trotzdem über seinen Besuch, – und ob er nicht Platz nehmen wolle. Er nahm Platz. Ich wußte nicht recht, worüber wir reden sollten, fand aber andererseits, daß jemand, der gerade die Würde eines Haushaltsvorstands erworben hat, ungezwungen und gesprächig sein und seine Gäste unterhalten sollte. In Ermangelung eines anderen Themas fragte ich ihn deshalb, ob er sein Geschäft hier in der Nähe zu eröffnen gedenke.

Er bejahte das. (Ich wollte nicht ungebildet erscheinen, aber ich hätte doch zu gerne gewußt, was jemand wie er zu verkaufen hatte.)

Ich erlaubte mir die Frage: »Wie geht das Geschäft?« Und er antwortete: »So lala.«

Ich sagte darauf, wir würden gelegentlich mal vorbeischauen, und falls wir mit seinen Angeboten zufrieden wären, würden wir regelmäßig zu ihm gehen.

Er sagte, er sei sicher, daß wir mit seinem Unternehmen zufrieden sein und es immer wieder beehren würden – er sagte, er habe noch nie erlebt, daß jemand, der es einmal mit ihm zu tun hatte, sich nach einem anderen Vertreter seines Gewerbes umgesehen habe.

Das klang ein bißchen selbstgefällig, aber abgesehen von jenem gewissen Ausdruck von Verschlagenheit, der uns allen von Natur aus eigen ist, hatte der Mann doch ein recht ehrliches Gesicht.

Ich weiß nicht mehr genau, wie es kam, aber allmählich wurden wir warm miteinander, wir gerieten ins Plaudern, und dann lief alles wie von selbst, wie ein behagliches Uhrwerk.

Wir redeten und redeten und redeten – zumindest ich tat das; und wir lachten und lachten und lachten – zumindest er tat das. Dabei war ich aber die ganze Zeit auf dem Quivive – mein angeborener Scharfsinn arbeitete »mit Volldampf«, wie die Maschinisten sagen. Ich war fest entschlossen, trotz seiner schwammigen Antworten, alles über sein Gewerbe herauszubekommen – und ich war fest entschlossen, dies zu tun, ohne daß er merkte, was ich vorhatte. Mit einem ganz gerissenen Trick gedachte ich ihn in die Falle zu locken. Ich wollte ihm zuerst alles über meine eigene Tätigkeit erzählen, und bei so viel sympathischer Vertrauensseligkeit würde er natürlich seine Zurückhaltung vergessen und mir, ehe er Verdacht schöpfen konnte, alles über *seine* Tätigkeit erzählen. Du ahnst ja nicht, mein Sohn, dachte ich im stillen, an was für einen alten Fuchs du geraten bist. Ich sagte:

»Sie werden nie erraten, wieviel ich in diesem Winter und letztes Frühjahr mit meinen Lesungen verdient habe.«

»Nein – wie sollte ich, bewahre. Warten Sie – warten Sie. Vielleicht um die zweitausend Dollar? Aber nein; nein, Sir, ich weiß, soviel können Sie unmöglich verdient haben. Sagen wir siebzehnhundert Dollar vielleicht?«

»Ha!ha! Ich wußte ja, daß Sie's nicht erraten. Die Einnahmen aus meinen Lesungen von diesem Winter und letztem Frühjahr belaufen sich auf vierzehntausendsiebenhundertundfünfzig Dollar. Was sagen Sie jetzt?«

»Na, das ist ja erstaunlich – ganz erstaunlich. Das muß

73

ich mir notieren. Und Sie sagen, das sei noch nicht alles gewesen?«

»Alles! Du meine Güte, da wäre zum Beispiel noch mein Honorar vom ›Daily Warwhoop‹ für vier Monate in Höhe von etwa – etwa – na, was würden Sie zu achttausend Dollar sagen zum Beispiel?«

»Nein! Tja, was soll ich dazu sagen? Ich möchte wohl auch einmal so im Geld schwimmen. Achttausend! Das muß ich mir notieren. Du liebes bißchen! – und wollen Sie mir etwa sagen, daß Sie darüber hinaus noch weitere Einkünfte hatten?«

»Ha!ha!ha! Ach, das sind doch alles nur Randbezirke gewesen, sozusagen. Da wäre zum Beispiel mein Buch ›Die Arglosen im Ausland‹ – Preis drei Dollar fünfzig beziehungsweise fünf Dollar, je nach Einband. Hören Sie zu. Sehen Sie mir in die Augen. In den letzten viereinhalb Monaten – vom Verkauf davor wollen wir gar nicht reden, also nur in den letzten viereinhalb Monaten wurden fünfundneunzigtausend Exemplare dieses Buches verkauft. Fünfundneunzigtausend! Stellen Sie sich das vor. Sagen wir im Schnitt vier Dollar pro Band. Das macht fast vierhunderttausend Dollar, junger Mann. Die Hälfte bekomme ich.«

»Heiliger Strohsack! Ich muß das aufschreiben. Vierzehn-sieben-fünfzig – acht – zweihundert. Macht dann – ach, du liebe Zeit, das wären ja alles in allem etwa zweihundertdreizehn- oder -vierzehntausend Dollar! Ist das denn die Möglichkeit?«

»Möglichkeit? Wenn da was nicht stimmt, dann in die andere Richtung. Zweihundertvierzigtausend habe ich dieses Jahr eingenommen, bar auf die Hand, und ich kann doch rechnen.«

Da stand der Herr auf, um zu gehen. Mich überkam das unbehagliche Gefühl, ich hätte mich ihm vielleicht umsonst offenbart und dabei, beflügelt von den erstaunten Ausrufen des Fremden, stark übertrieben. Aber nein; im letzten Augenblick überreichte mir der Herr einen großen Umschlag und sagte, er enthalte seine Geschäftsanzeige; und ich erführe darin alles, was es über seine Tätigkeit zu wissen gebe; und daß er sich freue, geschäftlich mit mir zu tun zu haben – ja, daß es ihm eine *Ehre* sei, einen Mann mit so großem Einkommen zu seinen Kunden zu zählen; und daß er früher geglaubt habe, es gebe einige reiche Männer in der Stadt, aber wenn er dann geschäftliche Verbindung mit ihnen aufnahm, habe sich immer herausgestellt, daß sie kaum genug zum Leben hatten; und daß es fürwahr schon eine halbe Ewigkeit her sei, daß er einem reichen Mann von Angesicht zu Angesicht gegenübergestanden habe und mit ihm gesprochen und ihn mit seinen eigenen Händen berührt habe, so daß er mich am liebsten umarmen würde – ja, daß er es als außerordentliche Ehre betrachten würde, wenn er mich tatsächlich umarmen dürfe.

Ich war so gerührt, daß ich nicht nein sagen konnte, und so gestattete ich also diesem gutherzigen Fremden, seine Arme um mich zu legen und meinen Nacken mit seinen Tränen der Erleichterung zu benetzen. Dann ging er seiner Wege.

Als er fort war, las ich seine Geschäftsanzeige. Ich studierte sie vier Minuten lang sehr aufmerksam. Dann rief ich die Köchin zu mir und sagte:

»Halten Sie mich, ich falle in Ohnmacht! Marie soll solange die Pfannkuchen wenden.«

Als ich allmählich wieder zu mir kam, schickte ich nach der Kneipe an der Ecke und heuerte einen Experten, der gegen einen Wochenlohn des Nachts aufbleiben und den Fremden verfluchen und mir tagsüber gelegentlich Trost spenden sollte, wenn mich das Elend überwältigte.

O was war das doch für ein Halunke! Bei seiner »Geschäftsanzeige« handelte es sich um nichts anderes als um ein verteufeltes Steuerformular – lauter unverschämte Fragen, die meine Privatangelegenheiten betrafen und, klein gedruckt, vier Folioseiten fast vollständig füllten – Fragen, wie ich hinzufügen möchte, die so spitzfindig und ausgeklügelt waren, daß auch der älteste Mann der Welt nicht dahintergekommen wäre, worauf die meisten von ihnen eigentlich abzielten, – Fragen, die einen obendrein dazu nötigten, ungefähr das Vierfache des wirklichen Einkommens anzugeben, nur um keine falsche eidesstattliche Aussage zu machen. Ich suchte nach Schlupflöchern, aber es schien keine zu geben. Frage No. 1 deckte meinen Fall so umfassend und vollständig ab wie ein Regenschirm, der einen Ameisenhaufen überspannt:

*»Welche Einnahmen hatten Sie im vergangenen Jahr aus Handel, Gewerbe oder Berufstätigkeit, wo immer diese ausgeübt wurden?«*

Dieser Frage folgten dreizehn weitere, nicht minder neugierige, von denen die harmloseste Auskunft darüber verlangte, ob ich irgendeinen Diebstahl oder Straßenraub begangen oder mir durch Brandstiftung oder andere geheime Einnahmequellen Besitz angeeignet hätte, der nicht unter Frage No. 1 meiner Steuererklärung aufgelistet sei.

Mir war klar, daß der Fremde mich dazu gebracht hatte, mich selbst zum Narren zu machen. Das war mir sonnenklar; und deshalb ging ich los und heuerte noch einen Experten an. Indem er mich bei meiner Eitelkeit packte, hatte mich der Fremde dazu verleitet, ein Jahreseinkommen von $214 000 anzugeben. Davon waren nach dem Gesetz $1 000 steuerfrei – der einzige Trost, den ich entdecken konnte, und der war nur ein Tropfen auf dem heißen Stein. Bei einer gesetzlichen Steuerrate von fünf Prozent schuldete ich der Regierung zehntausendsechshundertfünfzig Dollar Einkommensteuer!

(Ich darf an dieser Stelle anmerken, daß ich sie nie bezahlt habe.)

Ich kenne einen sehr reichen Mann, der in einem Palast wohnt, an dessen Tafel fürstlich gespeist wird, der ungeheure Summen ausgibt und der dennoch kein Einkommen hat, wie ich bei Durchsicht der öffentlichen Steuerlisten feststellen konnte; und zu ihm ging ich in meiner Not, um Rat zu holen. Er ließ sich meine erschreckende Sammlung mit Belegen geben, er setzte seine Brille auf, er nahm seinen Federhalter, und schwupp! – war ich arm! Es war die einfachste Sache von der Welt. Er brachte das einfach zustande durch geschickte Manipulation in der Sparte »Abzugsfähige Beträge«. Er bestimmte meine »Staats-, Bundes- und Kommunalsteuern«; meine »Einbußen durch Schiffbruch, Feuer usw.«; meine »Verluste bei Verkauf von Grundbesitz« – bei »Verkauf von Lebendvieh« – Kosten für »Wohnungsmiete« – für »Reparatur- und Instandhaltungsmaßnahmen sowie Zinsen« – meine »steuerlich schon abgegoltenen Einkünfte als Offizier der Armee oder Marine der Vereinigten Staaten oder als Steuerbeamter« – und noch vieles andere. Er machte ganz erstaunliche Beträge geltend für diese Punkte, für jeden einzelnen von ihnen. Und als er damit fertig war, reichte er mir das Schriftstück, und ich sah sofort, daß mein Einkommen, im Sinne von Profit, im letzten Jahr nicht mehr als *eintausendzweihundertfünfzig Dollar und vierzig Cent* betrug.

»So«, sagte er, »tausend Dollar sind steuerfrei. Sie brauchen jetzt nichts weiter zu tun als hinzugehen, die-

ses Dokument zu beeiden und für die zweihundertfünfzig Dollar Steuer zu zahlen.«

(Während er mir diesen kleinen Vortrag hielt, stibitzte
ihm sein kleiner Sohn Willie einen Zweidollarschein aus
der Westentasche und verschwand damit, und ich gehe
jede Wette ein, daß dieser Junge, wenn mein Besucher
morgen zu ihm käme, unwahre Angaben über seine Einnahmen machen würde.)

»Und Sie, Sir«, fragte ich, »setzen Sie bei Ihrer eigenen
Steuererklärung auch immer so hohe Abzüge ein?«

»Na, das will ich meinen! Wenn es diese elf rettenden
Klauseln unter der Überschrift ›Abzugsfähige Beträge‹
nicht gäbe, dann würde ich jedes Jahr zum Bettler gemacht, nur um diese abscheuliche und bösartige, diese
habgierige und tyrannische Regierung zu unterstützen.«

Dieser Herr gehört zu den angesehensten Männern an
der Spitze unserer Stadt – Männern von moralischem
Einfluß, geschäftlicher Lauterkeit und makellosem ge-
sellschaftlichen Ruf –, und deshalb beugte ich mich seinem Beispiel. Ich ging zum Finanzamt, und unter den
anklagenden Blicken meines einstigen Besuchers stellte
ich mich hin und beeidete eine Lüge nach der andern,
einen Schwindel nach dem andern, eine Schandtat nach
der andern, bis meine Seele mit Meineiden wie mit Back-
steinen beladen und meine Selbstachtung ein für allemal
dahin war.

Aber was soll's? Es ist nur das, was Tausende der
reichsten und stolzesten, der ehrbarsten, geachtetsten und
von allen hofierten Männer Amerikas jedes Jahr auch
tun. Und deshalb mache ich mir nichts daraus. Ich
schäme mich nicht. Bis auf weiteres werde ich einfach
wenig reden und mich vor feuerfesten Handschuhen in
acht nehmen, damit ich nicht unwiderruflich in gewisse
schreckliche Gewohnheiten verfalle.

## *Meine Uhr*
### EINE LEHRREICHE KLEINE GESCHICHTE

Meine schöne neue Taschenuhr war achtzehn Monate ge-
laufen, ohne nach- oder vorzugehen, nichts war in ihrem
Werk kaputtgegangen, nie war sie stehengeblieben. Ich
hielt schließlich ihr Urteil über die Tageszeit für unfehl-
bar und glaubte, sie sei, was ihre Konstitution und Ana-
tomie betraf, unverwüstlich. Aber dann vergaß ich eines
Abends, sie aufzuziehen, und sie blieb stehen. Ich war
untröstlich, so als wäre dies ein sicheres Vorzeichen für
kommendes Unheil. Aber nach und nach faßte ich wieder Mut, stellte die Uhr nach Gefühl und schlug mir die
bösen Ahnungen und abergläubischen Befürchtungen
aus dem Kopf. Am nächsten Tag betrat ich das Geschäft
des besten Juweliers am Ort, um die Uhr nach der genauen Zeit stellen zu lassen, und der Inhaber nahm sie
mir aus der Hand, um sie persönlich für mich zu justie-
ren. Dann sagte er: »Sie geht vier Minuten nach – der
Regulator muß nach oben verstellt werden.« Ich versuchte ihn davon abzuhalten – versuchte ihm klarzuma-
chen, daß die Uhr ganz genau ginge. Aber nein; dieser
Einfaltspinsel sah nur, daß die Uhr vier Minuten nach-
ging, und folglich mußte der Regulator nach oben verstellt werden; und während ich in meiner Not um ihn
herumtanzte und ihn anflehte, doch bitte die Uhr in
Ruhe zu lassen, vollbrachte er seelenruhig und erbar-
mungslos die grausame Tat. Meine Uhr fing nun an vorzugehen. Von Tag zu Tag ging sie mehr vor. Binnen einer
Woche entwickelte sie hohes Fieber und erreichte einen

Puls von hundertfünfzig im Schatten. Nach zwei Monaten hatte sie sämtliche Zeitmesser in der Stadt weit hinter sich gelassen und war dem Kalenderdatum um etwas mehr als dreizehn Tage voraus. Sie hatte schon den November erreicht und freute sich auf Schnee, während sich die Oktoberblätter noch verfärbten. Sie ließ die Fälligkeitstermine für Hausmiete, verschiedene Rechnungen und so weiter mit einer solch ruinösen Geschwindigkeit heranrücken, daß ich es schließlich nicht mehr aushielt. Ich ging mit ihr zum Uhrmacher, um sie regulieren zu lassen. Er erkundigte sich, ob sie schon einmal repariert worden sei. Ich sagte nein, das sei bisher nicht nötig gewesen. Ein Ausdruck teuflischer Freude kam über sein Gesicht, und gierig öffnete er die Uhr, klemmte sich einen kleinen Würfelbecher ins Auge und spähte in ihr Inneres. Er sagte, sie müsse gereinigt und geölt werden und außerdem reguliert – kommen Sie in einer Woche wieder. Als sie gereinigt und geölt, und reguliert, worden war, ging meine Uhr nach, und ihr Ticken war so langsam wie das Läuten eines Totenglöckchens. Immer öfter fuhren mir Züge davon, ich verpaßte meine Verabredungen, ich kam regelmäßig zu spät zum Abendessen; meine Uhr machte aus einer Zahlungsfrist von drei Tagen vier und ließ meine Wechsel platzen; ich selbst blieb allmählich zurück im Gestern, dann im Vorgestern, dann in der vorigen Woche, und nach und nach wurde mir bewußt, daß ganz allein für mich noch vorletzte Woche war, während die übrige Welt sich längst davongemacht hatte. Im stillen entwickelte ich kameradschaftliche Gefühle für die Mumie im Museum und hätte gerne Neuigkeiten mit ihr ausgetauscht. Ich ging wieder zu einem Uhrmacher. Er nahm die Uhr, während ich dabeistand, völlig auseinander und erklärte dann, das Federgehäuse habe sich »verzogen«. Er sagte, er könne es in drei Tagen wieder richten. Danach ging meine Uhr im Tagesdurchschnitt richtig, aber mehr auch nicht. Den halben Tag ging sie wie der Teufel und gab ein derartiges Japsen und Pfeifen und Keuchen und Schneuzen und Schnaufen von sich, daß ich vor lauter Krach meine eigenen Gedanken nicht verstehen konnte; und solange sie so in Fahrt war, konnte keine andere Uhr im Land mit ihr mithalten. Aber während des restlichen Tages wurde sie immer langsamer und bummelte so lange herum, bis sämtliche Uhren, denen sie weit voraus gewesen war, sie wieder eingeholt hatten. Nach Ablauf der vierundzwanzig Stunden erreichte sie daher schließlich im gemächlichen Trott und gerade noch rechtzeitig die Ziellinie. Ihre Durchschnittsgeschwindigkeit war einwandfrei, und wenn man so will, hatte sie damit ihre Pflicht und Schuldigkeit getan. Ein korrekter Durchschnitt allein ist aber nur von geringem Wert bei einer Uhr, und ich brachte sie deshalb zu einem anderen Uhrmacher. Er sagte, der Achsschenkelbolzen sei gebrochen, worauf ich erwiderte, ich sei froh, daß es nichts Ernsteres sei. Ich hatte, offen gestanden, keine Ahnung, was der Achsschenkelbolzen war, aber vor einem Fremden wollte ich nicht als Ignorant dastehen. Er reparierte den Achsschenkelbolzen, aber was meine Uhr dadurch auf der einen Seite gewann, verlor sie auf der anderen. Sie ging jetzt eine Zeitlang, und dann blieb sie eine Zeitlang stehen, und dann ging sie wieder, und so fort, wobei sie die Intervalle ganz willkürlich wählte. Und jedesmal, wenn sie sich wieder in Gang setzte, gab es einen Rückstoß wie bei einer Muskete. Ein paar Tage lang versuchte ich mich dagegen zu polstern, dann trug ich sie zu einem neuen Uhrmacher. Er nahm sie vollständig auseinander und drehte und wendete die Trümmer unter seiner Lupe, und schließlich meinte er, es liege wohl am Stecher. Er brachte das in Ordnung, setzte die Uhr wieder in Gang. Jetzt ging sie vorzüglich, außer daß sich die Zeiger jedesmal um zehn vor zehn zusammenschlossen wie eine Schere und von da an gemeinsam weiterreisten. Auf einer solchen Uhr hätte auch der älteste Mensch der Welt nicht die Zeit ablesen können, und darum ging ich noch einmal los und ließ sie nachsehen. Dieser Mann sagte, der Kristall sei verbogen und die Hauptfeder liege schief. Außerdem meinte er, Teile des Uhrwerks müßten neu besohlt werden. Er behob diese Mängel, und von da ging meine Taschenuhr einwandfrei, außer daß gelegentlich, nachdem sie an die acht Stunden still getickt hatte, in ihrem Innern plötzlich alles außer Kontrolle zu geraten schien; sie fing dann an zu summen wie eine Biene, und ihre Zeiger rotierten so schnell, daß man sie gar nicht mehr einzeln sah, sondern nur noch wie feine Spinnenweben über dem Zifferblatt. So spulte sie dann die nächsten vierundzwanzig Stunden innerhalb von sechs oder sieben Minuten ab und blieb schließlich mit einem Knall stehen. Schweren Herzens begab ich mich zu einem weiteren Uhrmacher und sah zu, wie er sie in ihre Bestandteile zerlegte. Ich gedachte, ihn ordentlich ins Kreuzverhör zu nehmen, denn allmählich wurde die Sache ernst. Für diese Uhr hatte ich zweihundert Dollar bezahlt, und die Reparaturkosten beliefen sich inzwischen bestimmt auf zwei- bis dreitausend. Während ich also zusah und wartete, erkannte ich plötzlich in diesem Uhrmacher einen alten Bekannten – er war früher einmal Maschinist auf einem Dampfer gewesen, und zwar kein besonders guter. Er untersuchte alle Teile mit derselben Sorgfalt wie die andern Uhrmacher, und dann verkündete er sein Urteil mit demselben Brustton der Überzeugung.

Er sagte:

»Sie macht zuviel Dampf – wir müssen einen Schraubenschlüssel an das Sicherheitsventil hängen!«

Ich erschlug ihn auf der Stelle und ließ ihn auf meine Kosten beerdigen.

Mein (inzwischen leider verstorbener) Onkel William pflegte zu sagen, ein gutes Pferd sei ein gutes Pferd, solange es einem nicht davonlaufe, und eine gute Uhr sei eine gute Uhr, solange man sie nicht einem Fachmann zur Reparatur gebe. Und er fragte sich oft, was nur aus all den Kesselflickern und Büchsenmachern und Schustern und Maschinisten und Schmieden geworden war, die in ihrem Beruf keinen Erfolg hatten; aber keiner konnte es ihm sagen.

## Die Geschichte des Vertreters

Armer Fremdling mit dem traurigen Blick! Irgend etwas
war da in seiner demütigen Haltung, seinem müden Aussehen, seiner ehemals eleganten, jetzt abgewetzten Kleidung, das beinahe das einsame Senfkorn der Mildtätig-
keit erreichte, welches sich irgendwo in der riesigen
Leere meines Herzens befinden mußte, obwohl ich die
Aktentasche unter seinem Arm bemerkt hatte und mir
dachte: Siehe, der Herr hat seinen Diener wieder einmal
einem Vertreter ausgeliefert.

Irgendwie schaffen es diese Leute doch immer, einen
neugierig zu machen. Ehe ich mich versah, erzählte mir
dieser da seine Lebensgeschichte, und ich war ganz Aufmerksamkeit und Anteilnahme. Er erzählte mir ungefähr das folgende:

»Meine Eltern starben unglücklicherweise, als ich noch
ein kleines, unschuldiges Kind war. Mein Onkel Ithuriel
nahm mich zu sich und zog mich auf wie sein eigen
Fleisch und Blut. Er war mein einziger Verwandter auf
der ganzen Welt; aber er war gut und reich und großzügig. Ich wuchs im Luxus auf und hatte alles, was man für
Geld kaufen kann.

Als die Zeit gekommen war, legte ich meine Examen
ab und brach sodann in Begleitung meiner Bedienste-
ten – meines Kammerdieners und meines Lakaien – in
fremde Länder auf. Vier Jahre schwebte ich auf sorglo-
sen Fittichen durch liebliche Haine fremder Gestade,
wenn Sie diese Ausdrucksweise einem Menschen ge-

statten wollen, dessen Zunge von jeher der Poesie zugetan war; und ich spreche zu Ihnen um so zuversicht-
licher wie zu meinesgleichen, da ich an Ihren Augen
ablese, daß auch Sie, Sir, die göttliche Gabe besitzen. In
jenen fernen Landen labte ich mich an Ambrosia, welche Seele, Geist und Herz erquicken. Was aber meinen
angeborenen Sinn für Ästhetik am meisten ansprach, war
die dort unter den Wohlhabenden verbreitete Sitte,
Sammlungen schöner und seltener Kostbarkeiten, zierli-
cher *objets de vertu* anzulegen, und in einer unglücklichen Stunde unternahm ich den Versuch, das Interesse
meines Onkels Ithuriel an diesem exquisiten Zeitvertreib zu wecken.

Ich berichtete ihm in Briefen von einem Herrn, der
eine umfangreiche Sammlung von Muscheln zusammen-
getragen hatte; von der stattlichen Sammlung von Meer-
schaumpfeifen eines anderen; von der erbaulichen und
lehrreichen Kollektion nicht zu entziffernder Origi-
nalhandschriften eines dritten; von der unschätzbaren
Sammlung alten Porzellans eines vierten; von der bezaubernden Briefmarkensammlung eines fünften – und so
weiter und so fort. Schon bald trugen meine Briefe
Früchte. Mein Onkel begann sich nach geeigneten Dingen für eine Sammlung umzusehen. Sie wissen vermutlich, wie schnell eine solche Liebhaberei zur Besessenheit
werden kann. Die seine steigerte sich binnen kurzem zu
einem wahren Fieber, von dem ich aber nichts ahnte. Er
vernachlässigte sein Großhandelsgeschäft für Schweine-
fleisch; schließlich zog er sich ganz daraus zurück, und
anstatt sich gepflegter Muße hinzugeben, jagte er rastlos
hinter Raritäten her. Dabei schonte er seine immensen
Reichtümer nicht. Zuerst versuchte er es mit Kuhglok-
ken. Er legte eine Sammlung an, die fünf große Salons
füllte und sämtliche Arten von Kuhglocken umfaßte, die

je gefertigt wurden, mit einer Ausnahme. Diese eine – ein antikes Stück, von dem es nur ein Exemplar gab – war im Besitz eines anderen Sammlers. Mein Onkel bot dem Gentleman dafür enorme Summen, aber dieser wollte nicht verkaufen. Die Folgen können Sie sich vermutlich denken. Für einen wahren Sammler ist seine Sammlung wertlos, solange sie nicht vollständig ist. Ihm bricht das generöse Herz, er verkauft seine Kollektion und wendet sich einem anderen, vermeintlich noch unentdeckten Gebiet zu.

So auch mein Onkel. Er versuchte es als nächstes mit Ziegelsteinen. Als er eine riesige und hochinteressante Sammlung aufgebaut hatte, stellte sich dieselbe Schwierigkeit ein; ihm brach erneut das generöse Herz, und er verkaufte seine abgöttisch geliebten Schätze an den ehemaligen Brauereibesitzer, der den noch fehlenden Ziegelstein besaß. Danach versuchte er es mit Steinäxten und anderen Werkzeugen der prähistorischen Menschen, bis er dahinterkam, daß die Fabrik, die dergleichen herstellte, auch andere Sammler belieferte. Er versuchte es mit aztekischen Inschriften und ausgestopften Walfischen – auch dies ein Fehlschlag, der ihn kolossale Mühen und Geldbeträge kostete. Als seine Sammlung endlich komplett schien, trafen ein ausgestopfter Wal aus Grönland und eine aztekische Inschrift aus der Gegend von Cundurango in Zentralamerika ein, neben denen alle früheren Stücke verblaßten. Mein Onkel beeilte sich, diese beiden Kostbarkeiten zu erwerben. Den ausgestopften Walfisch bekam er, aber die Inschrift erhielt ein anderer Sammler. Eine echte Cundurango ist, wie Sie vielleicht wissen, von unermeßlichem Wert, und ein Sammler, der sie erst einmal besitzt, würde sich eher von seiner Familie trennen als von ihr. Mein Onkel verkaufte daher alles und mußte mit ansehen, wie seine

Lieblinge auf Nimmerwiedersehen verschwanden; und sein einstmals pechschwarzes Haar ward über Nacht schlohweiß.

Nun wartete er ab und überlegte. Eine weitere Enttäuschung, das wußte er, konnte ihn das Leben kosten. Er beschloß, das nächste Mal etwas zu wählen, das kein anderer sammelte. Nach reiflicher Überlegung trat er noch einmal in die Arena – diesmal, um eine Sammlung von Echos anzulegen.«

»Von was bitte?« fragte ich.

»Echos, Sir. Seine erste Erwerbung war ein Echo in Georgia mit vierfachem Widerhall; die nächste war ein sechsfaches Echo in Maryland; die nächste war ein dreizehnfaches in Maine; die nächste ein neunfaches in Kansas; die nächste war ein zwölffaches Echo in Tennessee, das er vergleichsweise billig bekam, da es in schlechtem Zustand war, ein Teil des Felsens, von dem es zurückgeworfen wurde, war abgestürzt. Er glaubte das für ein paar tausend Dollar wieder herrichten und das Echo verdreifachen zu können, indem er die Felswand durch Mauerwerk erhöhen ließ; aber der Architekt, der diese Aufgabe übernahm, hatte noch nie ein Echo gebaut und vermasselte die Sache gründlich. Bevor er daran herumpfuschte, hatte es einem Widerworte gegeben wie eine Schwiegermutter, aber hinterher taugte es nur noch für eine Taubstummenanstalt. Nun, danach kaufte er einen ganzen Haufen billiger zweiläufiger Echos, die über verschiedene Staaten und Territorien verstreut waren und die er mit zwanzig Prozent Mengenrabatt bekam. Als nächstes erwarb er in Oregon das reinste Maschinengewehr-Echo, und ich kann Ihnen sagen, es kostete ein Vermögen. Wie Sie vielleicht wissen, Sir, wachsen die Preise auf dem Echo-Markt kumulativ, ähnlich wie bei der Karat-Skala für Diamanten; tatsächlich benutzt man sogar dieselben Ausdrücke. Ein einkarätiges Echo kostet nur zehn Dollar zuzüglich des Preises für den Grund und Boden, auf dem es sich befindet; ein zweikarätiges oder zweiläufiges Echo ist dreißig Dollar wert; ein Fünfkaräter ist neunhundertfünfzig wert; ein Zehnkaräter ist dreizehntausend wert. Das Echo meines Onkels in Oregon, das er das ›Echo des großen Pitt‹ nannte, war ein Prachtexemplar von zweiundzwanzig Karat und kostete zweihundertsechzehntausend Dollar – das Land gaben sie ihm gratis dazu, weil es vierhundert Meilen von der nächsten Siedlung entfernt war.

Nun, mein Weg war derweil mit Rosen bestreut. Ich war der Auserwählte der bezaubernden, einzigen Tochter eines englischen Grafen, die mich über alle Maßen liebte. In der Nähe dieses himmlischen Wesens schwelgte mein Herz in Seligkeit. Ihre Familie war es zufrieden, da ich, wie man wußte, der Alleinerbe meines Onkels war, der auf fünf Millionen Dollar geschätzt wurde. Niemand von uns ahnte jedoch, daß aus meinem Onkel ein Mensch geworden war, der das Sammeln nicht als eine Nebensache betrachtete, sondern als hohe Kunst.

Jetzt brauten sich über meinem nichtsahnenden Haupt dunkle Wolken zusammen. Jenes göttliche Echo, das in aller Welt als ›Der große Koh-i-noor‹ oder ›Berg des Widerhalls‹ bekannt ist, wurde entdeckt. Es war eine Kostbarkeit von fünfundsechzig Karat. Bei ruhigem Wetter brauchte man nur ein einziges Wort zu äußern, und schon antwortete es einem fünfzehn Minuten lang. Aber siehe da, zur gleichen Zeit wurde noch etwas bekannt: ein zweiter Sammler von Echos war unterwegs. Beide beeilten sich, um den einmaligen Kauf zu tätigen. Das Terrain bestand aus zwei kleinen Bergen, zwischen denen ein flaches Tal lag, weit draußen zwischen den Siedlungen im Hinterland des Staates New York. Beide Männer trafen dort gleichzeitig ein, und keiner wußte etwas von dem anderen. Nun gehörte das Echo nicht einem einzelnen; ein gewisser Williamson Bolivar Jarvis war der Eigentümer des östlichen Berges, und ein gewisser Harbison J. Bledso war der Besitzer des westlichen Berges, die Grenze verlief in dem flachen Tal dazwischen. Mein Onkel erwarb also den Berg von Jarvis für drei Millionen zweihundertfünfundachtzigtausend Dollar, wohingegen die andere Partei Bledsos Berg für knapp über drei Millionen kaufte.

Ist Ihnen klar, wohin das zwangsläufig führte? Richtig: Die prächtigste Echosammlung auf Erden mußte für alle Zeit unvollständig bleiben, weil ihr nur die eine Hälfte des königlichsten aller Echos gehörte. Keiner der Männer gab sich mit der Hälfte des Besitzes zufrieden, doch wollte auch keiner an den anderen verkaufen. Es kam zu Beschimpfungen, Zank, Eifersüchteleien. Schließlich ging der andere mit einer Gemeinheit, zu der nur ein Sammler gegenüber einem anderen Sammler fähig ist, daran, seinen Berg abzutragen!

Da er das Echo nicht für sich allein haben konnte, so dachte er sich wohl, sollte niemand es haben. Wenn er seinen Berg beseitigte, dann wäre da nichts mehr, um das Echo meines Onkels zurückzuwerfen. Mein Onkel machte ihm Vorhaltungen, aber der Mann sagte nur: ›Mir gehört das eine Ende des Echos; ich bin entschlossen, dieses Ende zu zerstören; kümmern Sie sich gefälligst um Ihr Ende des Echos.‹

Nun, mein Onkel erwirkte eine gerichtliche Verfügung gegen ihn. Der andere legte Berufung ein und ging in die nächste Instanz. So trugen sie den Streit bis hinauf zum Obersten Gerichtshof der Vereinigten Staaten. Dort sorgte er für heilloses Durcheinander. Zwei der Richter waren der Meinung, ein Echo sei eine bewegliche

Habe, weil es zwar unsichtbar und ungreifbar, gleichwohl aber käuflich und verkäuflich und folglich steuerpflichtig sei; zwei weitere waren der Auffassung, ein Echo gehöre zum Grundbesitz, da es ganz offenkundig ortsgebunden und nicht transportabel sei; andere Richter neigten zu der Ansicht, Echos könnten gar kein Eigentum sein.

Schließlich wurde entschieden, daß das Echo Eigentum sei; daß die Berge ebenfalls Eigentum seien; daß die beiden Männer einzeln und jeder für sich Eigentümer der beiden Berge, jedoch gemeinsam Besitzer des Echos seien; dem Beklagten stehe es deshalb frei, seinen Berg abzutragen, da dieser ihm allein gehöre, er müsse aber eine Kaution in Höhe von drei Millionen Dollar für den Fall hinterlegen, daß meinem Onkel ein Schaden an seiner Hälfte des Echos entstehe. Mit demselben Urteilsspruch wurde es meinem Onkel untersagt, den Berg des Beklagten ohne dessen Einwilligung dafür zu benutzen, seine Hälfte des Echos zurückwerfen zu lassen; er habe sich dafür ausschließlich seines eigenen Berges zu bedienen; sollte sein Teil des Echos unter diesen Voraussetzungen nicht zustande kommen, so sei das zwar bedauerlich, doch könne das Gericht hier keine Abhilfe schaffen. Zugleich untersagte es das Gericht dem Beklagten, den Berg meines Onkels dafür zu benutzen, *seinen* Teil des Echos ohne Erlaubnis zurückwerfen zu lassen. Was dabei herauskam, ist klar. Keiner der beiden gab sein Einverständnis, so daß die erstaunlichen Fähigkeiten dieses großartigen und einmaligen Echos ungenutzt bleiben mußten. Seither besteht eine Pattsituation, und dieser prachtvolle Grundbesitz ist unverkäuflich.

Eine Woche vor meiner Hochzeit, während ich im siebenten Himmel schwebte und Angehörige des Adels von

nah und fern eintrafen, um unserer Vermählung beizu-
wohnen, erreichte mich die Nachricht vom Tode meines
Onkels sowie eine Abschrift seines Testaments, in dem
er mich zu seinem Alleinerben einsetzte. Er war also von
uns gegangen; mein edler Wohltäter weilte nicht mehr
unter den Lebenden. Auch jetzt noch, nach so langer
Zeit, wird mir bei dem Gedanken daran das Herz
schwer. Ich überreichte das Testament dem Grafen; ich
konnte es vor Tränen nicht lesen. Dieser las es; dann
sagte er finster: ›Das nennen Sie Reichtümer, Sir? – nun
ja, in Ihrem aufgeblasenen Amerika mag man das so
sehen. Sir, Sie sind alleiniger Erbe einer umfänglichen
Sammlung von Echos – falls man etwas, das über die
Weiten des nordamerikanischen Kontinents verstreut ist,
als Sammlung bezeichnen kann; und das ist noch nicht
alles, Sir; Sie stecken bis über beide Ohren in Schulden,
Sir, denn sämtliche dieser Echos sind mit einer Hypo-
thek belastet; ich bin nicht hartherzig, Sir, aber ich muß
an die Zukunft meiner Tochter denken; wenn Sie wenigstens ein einziges Echo mit Fug und Recht Ihr eigen nennen könnten, wenn auch nur eins dieser Echos schuldenfrei wäre, so daß Sie sich mit meinem Kinde dorthin
zurückziehen könnten, um es in bescheidener, fleißiger
Arbeit zu hegen und zu pflegen und ein kleines Einkommen daraus zu ziehen, dann würde ich einwilligen; aber
ich kann mein Kind nicht mit einem Bettler verheiraten.
Geh von seiner Seite, mein Liebling; machen Sie, daß Sie
fortkommen, Sir, packen Sie Ihre hypothekenbeladenen
Echos ein und kommen Sie mir nie wieder unter die Augen!‹

Meine edle Celestine schlang tränenüberströmt ihre
Arme liebevoll um mich und beteuerte, sie wolle sich
gern, ja, mit Freuden mit mir vermählen, obgleich ich
nicht ein einziges Echo auf dieser Welt besaß. Aber es

sollte nicht sein. Man riß uns auseinander; sie ver-
schmachtete und starb binnen Jahresfrist, und ich schlep-
pe mich seither mühsam auf des Lebens staubiger Bahn
dahin, einsam und verlassen, und bete täglich, stündlich
um die Erlösung, die uns dereinst an jenem seligen Ort
vereinen soll, wo Frevler aufgehört zu toben, wo Krafter-
schöpfte ruhen aus. Haben Sie nun bitte die Freundlich-
keit, Sir, sich einmal diese Karten und Pläne in meiner
Mappe anzusehen; ich kann Ihnen ein Echo ganz gewiß
zu einem günstigeren Preis anbieten als jeder andere in
dieser Branche. Dieses hier zum Beispiel, das meinen
Onkel vor dreißig Jahren zehn Dollar gekostet hat, und
es ist eins der reizendsten Objekte in ganz Texas, lasse
ich Ihnen für –«

»Erlauben Sie, daß ich Sie unterbreche, mein Freund«,
sagte ich. »Ich habe heute noch keine Minute Ruhe vor
Vertretern gehabt. Ich habe eine Nähmaschine gekauft,
die ich gar nicht brauche; ich habe eine Landkarte gekauft, an der nichts stimmt; ich habe eine Uhr gekauft,
die nicht geht; ich habe ein Mottengift gekauft, das die
Motten mit Wonne fressen; ich habe eine Unzahl nutz-
loser Erfindungen gekauft, aber ich habe diesen Unsinn
jetzt satt. Ihr Echo möchte ich nicht einmal geschenkt
haben. Ich habe Leute, die mir Echos verkaufen wollten,
noch nie ausstehen können. Sehen Sie dieses Gewehr
dort? So, und nun packen Sie Ihre Kollektion ein und
verschwinden Sie, sonst fließt noch Blut.«

Er aber lächelte nur betrübt und milde und holte noch
mehr Lageskizzen hervor. Wie die Sache ausging, können Sie sich ja denken, denn Sie wissen, wenn man einem
Vertreter erst mal die Tür öffnet, dann ist es schon geschehen, und man muß sich geschlagen geben.

Nach einer endlos langen Stunde einigte ich mich
schließlich mit dem Mann und kaufte ihm zwei gut er-

haltene doppelläufige Echos ab, und er gab mir noch eins gratis dazu, das sich, wie er sagte, nicht verkaufen lasse, da es nur Deutsch spreche. Er sagte: »Früher war es perfekt mehrsprachig, aber irgendwie hat seine Artikulationsfähigkeit gelitten.«

# Der gestohlene weiße Elefant

Die folgende seltsame Geschichte hat mir jemand erzählt, den ich zufällig in der Eisenbahn kennenlernte. Es
war ein Gentleman von über siebzig, dessen überaus fei-
nes und gütiges Gesicht und dessen ernstes und aufrich-
tiges Wesen jedem seiner Worte ganz zweifelsfrei das
Siegel der Wahrheit aufdrückte. Er sagte: –

Sie wissen ja, welche Verehrung die Siamesen dem königlichen weißen Elefanten ihres Landes entgegenbrin-
gen. Sie wissen, er ist den Königen geweiht, nur Könige
dürfen ihn besitzen, und in gewisser Weise steht er sogar
über den Königen, denn er wird nicht nur verehrt, sondern angebetet. Nun gut; vor fünf Jahren, als die Grenz-
streitigkeiten zwischen Großbritannien und Siam aus-
brachen, zeigte es sich bald, daß Siam im Unrecht war. Es
wurde also schnell alles getan, um die Sache wiedergutzumachen, und der diplomatische Vertreter Großbritan-
niens erklärte, er sei zufrieden und man wolle das Ge-
schehene vergessen. Der König von Siam war darüber
sehr erleichtert, und teils als Zeichen seiner Dankbarkeit, teils aber vielleicht auch, um auch noch die letzten
Reste von Mißfallen zu beseitigen, die England ihm
gegenüber empfinden mochte, kam er auf den Gedanken, der englischen Königin ein Geschenk zu machen, –
in den Augen der Asiaten das einzig sichere Mittel, um
einen Gegner zu versöhnen. Dieses Geschenk sollte nicht
nur königlich, sondern mehr als königlich sein. Welche

Gabe hätte sich dazu wohl besser geeignet als ein weißer Elefant? Aufgrund meiner Stellung in der indischen Zivilverwaltung wurde ich als der geeignete Mann für die ehrenvolle Aufgabe ausersehen, Ihrer Majestät dieses Geschenk zu überbringen. Man rüstete für mich und meine Diener und die Offiziere und Elefantenwärter ein Schiff aus, und schon bald erreichte ich den Hafen von New York und brachte meine königliche Fracht in einem sehr angenehmen Quartier in Jersey City unter. Ein kleiner Aufenthalt war nötig, um dem Tier Gelegenheit zu geben, sich zu erholen, ehe wir die Reise fortsetzten.

Vierzehn Tage lang ging alles gut, – dann begann das Verhängnis. Der weiße Elefant war gestohlen worden! Man weckte mich mitten in der Nacht, um mir dieses schreckliche Unglück zu melden. Einen Augenblick lang war ich vor Angst und Schrecken ganz außer mir; ich war wie gelähmt. Dann wurde ich ruhiger und besann mich. Schon bald wußte ich, was zu tun war, – denn für einen intelligenten Mann gab es nur eine Möglichkeit. Obwohl es schon spät war, eilte ich nach New York und ließ mich von einem Polizisten zum Hauptquartier der Kriminalpolizei bringen. Glücklicherweise kam ich gerade noch rechtzeitig, denn der Leiter dieser Abteilung, der berühmte Inspektor Blunt, war schon im Begriff, nach Hause zu gehen. Er war ein untersetzter Mann von mittlerer Größe, und die Art, wie er die Brauen zusammenzog und sich an die Stirn tippte, wenn er nachdachte, verriet einem sofort, daß man es hier mit einem ganz ungewöhnlichen Menschen zu tun hatte. Allein sein Anblick gab mir Zuversicht und ließ mich Hoffnung schöpfen. Ich schilderte ihm den Fall. Er schien davon nicht im mindesten beeindruckt; seinem stoischen Äußeren war nicht mehr anzumerken, als wenn ich ihm gesagt hätte, jemand habe meinen Hund gestohlen. Er wies mir einen Stuhl zu und sagte ruhig:

»Erlauben Sie bitte, daß ich einen Augenblick nachdenke.«

Damit setzte er sich an seinen Schreibtisch und stützte den Kopf auf die Hand. Am anderen Ende des Raumes waren einige Schreiber bei der Arbeit; das Kratzen ihrer Federn war das einzige Geräusch, das ich während der nächsten sechs oder sieben Minuten vernahm. Währenddessen saß der Inspektor in Gedanken versunken da. Endlich hob er den Kopf, und in den scharfen Zügen seines Gesichts lag ein gewisser Ausdruck, der mir verriet, daß sein Gehirn seine Arbeit getan und er einen Plan gefaßt hatte. Er sagte, – und seine leise Stimme beeindruckte mich tief:

»Dies ist kein gewöhnlicher Fall. Jeder Schritt muß gut überlegt sein; jeder Schritt muß genau geprüft werden, ehe der nächste getan wird. Und die Angelegenheit muß geheim bleiben, – absolut und streng geheim. Sprechen Sie mit niemandem darüber, nicht einmal mit den Reportern. Um die kümmere ich mich. Ich werde dafür sorgen, daß sie nur soviel erfahren, wie für meine Zwecke nützlich ist.« Er drückte auf eine Klingel; ein junger Mann erschien. »Alaric, sag den Reportern, sie möchten vorerst noch bleiben.« Der Jüngling verschwand. »Kommen wir zur Sache, – und zwar systematisch. In meinem Metier kommt man nicht weit ohne ein strikt methodisches Vorgehen.«

Er nahm eine Feder und Papier. »Also – Name des Elefanten?«

»Hassan Ben Ali Ben Selim Abdullah Mohammed Moisé Alhammal Jamsetjejeebhoy Dhuleep Sultan Ebu Bhudpoor.«

»Gut. Rufname?«

»Jumbo.«

»Gut. Wo geboren?«

»In der Hauptstadt von Siam.«

»Eltern leben noch?«

»Nein, – tot.«

»Gibt es noch andere Nachkommen neben diesem?«

»Keine. Er ist ein Einzelkind.«

»Gut. Soviel dazu. Nun geben Sie mir bitte eine Beschreibung des Elefanten und lassen Sie nichts aus, auch keine Geringfügigkeiten, – das heißt, was *Ihnen* als geringfügig erscheinen mag. Für jemanden in meinem Beruf *gibt* es keine Geringfügigkeiten.«

Ich erzählte, – er schrieb. Als ich fertig war, sagte er:

»Hören Sie zu. Wenn etwas nicht stimmt, berichtigen Sie mich.«

Er las wie folgt: –

»Höhe 19 Fuß; Länge vom Stirnbein bis zum Schwanzansatz 26 Fuß; Länge des Rüssels 16 Fuß; Länge des Schwanzes 6 Fuß; Gesamtlänge einschließlich Rüssel und Schwanz 48 Fuß; Länge der Stoßzähne 9 $\frac{1}{2}$ Fuß; Ohren proportional entsprechend; Fußspur gleicht dem Abdruck, der entsteht, wenn man ein Faß im Schnee aufrichtet; Farbe des Elefanten ein stumpfes Weiß; weist in jedem Ohr ein tellergroßes Loch zum Anbringen von Schmuck auf und hat die ausgeprägte Angewohnheit, Umstehende mit Wasser naß zu spritzen und mit seinem Rüssel nicht nur Personen zu traktieren, die er kennt, sondern auch völlig Fremde; hinkt leicht auf dem rechten Hinterbein und hat in der linken Achselhöhle eine kleine Narbe von einem Furunkel; trug zum Zeitpunkt des Diebstahls einen Turm mit Sitzen für fünfzehn Personen und eine goldgewirkte Satteldecke von der Größe eines gewöhnlichen Teppichs.«

Es stimmte alles. Der Inspektor drückte die Klingel, gab Alaric den Steckbrief und sagte:

»Laß davon sofort fünfzigtausend Exemplare drucken und an alle Kriminalpolizisten und Pfandleiher des Kontinents verschicken.« Alaric zog sich zurück. »Schön, – so weit, so gut. Als nächstes brauche ich eine Fotografie des gestohlenen Objekts.«

Ich gab ihm eine. Er betrachtete sie kritisch und sagte: –

»Da wir keine bessere haben, werden wir uns wohl mit dieser begnügen müssen; aber er hat hier seinen Rüssel eingerollt und in sein Maul gesteckt. Das ist bedauerlich und könnte in die Irre führen, denn normalerweise trägt er ihn ja nicht in dieser Stellung.« Er drückte auf die Klingel.

»Alaric, laß von diesem Foto gleich morgen früh fünfzigtausend Abzüge machen und verschick sie mit dem Steckbrief.«

Alaric ging, um seinen Auftrag auszuführen. Der Inspektor sagte: –

»Natürlich ist es erforderlich, eine Belohnung auszusetzen. Also, welcher Betrag?«

»Was würden Sie vorschlagen?«

»Für den *Anfang* denke ich an, – sagen wir, fünfundzwanzigtausend Dollar. Es handelt sich um eine sehr komplizierte und schwierige Angelegenheit; es gibt Tausende von möglichen Fluchtwegen und Verstecken. Diese Diebe haben überall ihre Freunde und Helfershelfer...«

»Du meine Güte, Sie kennen sie?«

Sein unbewegliches Gesicht, geübt im Verbergen seiner innersten Gedanken und Gefühle, verriet mir ebensowenig wie seine ruhig gesprochenen Worte: –

»Lassen Sie das meine Sache sein. Vielleicht, vielleicht auch nicht. Die Art des Vorgehens und die Größe der Beute gibt uns im allgemeinen eine ziemlich gute Vorstellung davon, mit wem wir es zu tun haben. Hier handelt es sich nicht um einen Taschen- oder Hoteldieb, da können Sie sicher sein. Und es war auch kein Anfänger, der sich dieses Objekt ›geklemmt‹ hat. Wie ich schon sagte, in Anbetracht der langen Reisen, die notwendig sein werden, und der Geschicklichkeit, mit der die Diebe auf der Flucht ihre Spuren verwischen, sind fünfundzwanzigtausend vielleicht kein ausreichendes Angebot, aber für den Anfang wird es genügen, denke ich.«

So einigten wir uns fürs erste auf diese Summe. Darauf sagte dieser Mann, dem nichts entging, was auch nur den geringsten Anhaltspunkt bieten konnte:

»Es hat in der Geschichte der Kriminalistik Fälle gegeben, in denen man einen Verbrecher aufgrund seiner eigentümlichen Eßgewohnheiten aufgespürt hat. Also, was frißt dieser Elefant, und wieviel?«

»Nun, bezüglich des *Was,* – er frißt einfach *alles.* Er würde einen Menschen genauso verspeisen wie eine Bibel, – er frißt eben alles vom Menschen *bis zur* Bibel.«

»Gut, – sehr gut sogar, aber zu allgemein. Ich brauche Einzelheiten, – Einzelheiten sind das einzige, was in meinem Beruf zählt. Also, – zu den Menschen: Wie viele Menschen frißt er während einer Mahlzeit oder, wenn Ihnen das lieber ist, während eines Tages, wenn sie frisch sind?«

»Ihm wäre es gleich, ob sie frisch sind oder nicht; im allgemeinen frißt er pro Mahlzeit fünf normale Menschen.«

»Sehr gut; fünf Menschen; das wollen wir festhalten. Welche Nationalitäten bevorzugt er?«

»Die Nationalität ist ihm gleichgültig. Er bevorzugt Leute, die er kennt, ist aber Fremden gegenüber nicht voreingenommen.«

»Sehr gut. Nun also zu den Bibeln. Wie viele Bibeln frißt er bei einer Mahlzeit?«

»Er kann eine komplette Auflage verspeisen.«

»Das ist mir nicht genau genug. Meinen Sie die übliche Oktavausgabe oder die illustrierte Familienbibel?«

»Illustrationen sind ihm, glaube ich, gleichgültig; ich meine damit, daß er sie nicht höher schätzt als den gedruckten Text.«

»Nein, Sie haben mich falsch verstanden. Ich dachte eher an die Menge. Die normale Oktavbibel wiegt etwa zweieinhalb Pfund, während die große illustrierte Quartbibel zehn oder zwölf wiegt. Wie viele Doré-Bibeln frißt er bei einer Mahlzeit?«

»Wenn Sie diesem Elefanten je begegnet wären, würden Sie das nicht fragen. Er nimmt, was da ist.«

»Na schön, dann drücken wir's mal in Dollar und Cent aus. Irgendwie müssen wir der Sache näher kommen. Eine Doré-Bibel kostet hundert Dollar, Juchtenleder mit abgeschrägten Ecken.«

»Er braucht Futter für ungefähr fünfzigtausend Dollar, – sagen wir eine Auflage von fünfhundert Exemplaren.«

»Das ist schon genauer. Ich werde das notieren. Schön, er mag also Menschen und Bibeln; so weit, so gut. Was frißt er sonst noch? Ich brauche Einzelheiten.«

»Für Backsteine läßt er jede Bibel liegen, für Flaschen läßt er jeden Backstein liegen, für Kleidungsstücke läßt er jede Flasche liegen, für Katzen läßt er jedes Kleidungsstück liegen, für Austern läßt er jede Katze liegen, für Schinken läßt er jede Auster liegen, für Zucker läßt er jeden Schinken liegen, für Pasteten läßt er sämtlichen Zucker liegen, für Kartoffeln läßt er jede Pastete liegen, für Kleie läßt er jede Kartoffel liegen, für Heu läßt er sämtliche Kleie liegen, für Hafer läßt er sämtliches Heu liegen, für Reis läßt er sämtlichen Hafer liegen, denn er ist vor allem mit Reis aufgezogen worden. Es gibt einfach nichts, was er nicht frißt, ausgenommen europäische

Butter, und selbst die würde er fressen, wenn er sie zu kosten bekäme.«

»Sehr gut. Durchschnittliche Menge pro Mahlzeit – ungefähr –«

»Na, so etwa eine viertel bis eine halbe Tonne.«

»Und er trinkt –«

»Alles Flüssige. Milch, Wasser, Whisky, Sirup, Rizinusöl, Kampfergeist, Karbolsäure – es ist sinnlos, Einzelheiten aufzuzählen. Notieren Sie jede Flüssigkeit, die Ihnen einfällt. Er trinkt alles, ausgenommen europäischen Kaffee.«

»Sehr gut. Und in welchen Mengen?«

»Schreiben Sie fünf bis fünfzehn Faß – sein Durst variiert; sein Hunger nicht.«

»Außergewöhnlich! Damit dürften wir einige sehr gute Anhaltspunkte haben, um ihn aufzuspüren.«

Er betätigte die Klingel.

»Alaric, holen Sie Hauptmann Burns.«

Burns erschien. Inspektor Blunt setzte ihm den Fall in allen Einzelheiten auseinander. Dann sagte er in dem klaren, entschiedenen Ton eines Mannes, der einen genauen Plan im Kopf hat und gewohnt ist, Befehle zu erteilen:

»Hauptmann Burns, beauftragen Sie die Detektive Jones, Davis, Halsey, Bates und Hackett, der Spur des Elefanten zu folgen.«

»Jawohl, Sir.«

»Und beauftragen Sie die Detektive Moses, Dakin, Murphy, Rogers, Tupper, Higgins und Bartholomew, der Spur der Diebe zu folgen.«

»Jawohl, Sir.«

»Stellen Sie eine starke Wache – eine Wache von dreißig ausgewählten Männern und weiteren dreißig zur Ablösung – an der Stelle auf, wo der Elefant gestohlen wurde; sie sollen Tag und Nacht scharf aufpassen und niemanden – außer Reportern – ohne meine schriftliche Erlaubnis in die Nähe lassen.«

»Jawohl, Sir.«

»Postieren Sie Detektive in Zivil an allen Bahnhöfen sowie Dampfer- und Fähranlegestellen und an allen Ausfallstraßen von Jersey City mit dem Auftrag, alle verdächtigen Personen zu durchsuchen.«

»Jawohl, Sir.«

»Geben Sie diesen Männern das Foto und die Beschreibung des Elefanten und sagen Sie ihnen, sie sollen sämtliche Züge, auslaufende Fähren sowie alle anderen Schiffe durchsuchen.«

»Jawohl, Sir.«

»Falls der Elefant gefunden wird, soll man ihn in Gewahrsam nehmen und mich telegraphisch verständigen.«

»Jawohl, Sir.«

»Lassen Sie mich sofort benachrichtigen, wenn Hinweise gefunden werden – Fußspuren des Tieres oder etwas dergleichen.«

»Jawohl, Sir.«

»Erteilen Sie der Hafenpolizei Befehl, die Uferwege aufmerksam zu patrouillieren.«

»Jawohl, Sir.«

»Verteilen Sie Detektive in Zivil auf sämtliche Eisenbahnstrecken, im Norden bis nach Kanada, im Westen bis Ohio, im Süden bis nach Washington.«

»Jawohl, Sir.«

»Beordern Sie Spezialisten zu allen Telegraphenämtern, die sämtliche Mitteilungen abhören und chiffrierte Depeschen entschlüsseln lassen sollen.«

»Jawohl, Sir.«

»Das alles muß unter strenger Geheimhaltung geschehen, – verstehen Sie, unter äußerster Geheimhaltung!«

»Jawohl, Sir.«

»Berichten Sie mir pünktlich zur gewohnten Stunde.«

»Jawohl, Sir.«

»Gehen Sie!«

»Jawohl, Sir.«

Und fort war er.

Inspektor Blunt blieb für einen Augenblick stumm in Gedanken versunken, während das Feuer in seinen Augen schwächer wurde und schließlich erlosch. Dann wandte er sich mir zu und sagte mit ruhiger Stimme: –

»Ich will nicht prahlen, das ist nicht meine Art; aber – wir werden den Elefanten finden.«

Ich schüttelte ihm herzlich die Hand und dankte ihm; und mein Dank war aufrichtig. Je länger ich diesen Mann beobachtete, um so mehr schätzte und bewunderte ich ihn und um so größer war mein Staunen über die wunderbaren Geheimnisse seines Berufs. Dann trennten wir uns für die Nacht, und als ich nach Hause ging, war mir viel leichter ums Herz als bei meiner Ankunft in seinem Büro.

II

Am nächsten Morgen stand alles in den Zeitungen, bis ins kleinste Detail. Es gab sogar Ergänzungen – in Form von »Theorien« der Detektive X, Y und Z zu den Fragen, wie der Diebstahl begangen wurde, um wen es sich bei den Räubern handelte und wohin sie mit ihrer Beute geflohen waren. Insgesamt waren es elf solcher Theorien, die sämtliche Möglichkeiten abdeckten; und allein daran erkennt man schon, was für eigenwillige Köpfe Detektive sind. Keine zwei Theorien waren deckungsgleich oder auch nur ähnlich, außer in einem bemerkenswerten Detail, aber in diesem Punkt waren sich alle elf völlig einig. Darin nämlich, daß, obwohl die Rückwand meines Hauses durchbrochen wurde und das einzige Tor verschlossen war, man den Elefanten nicht durch dieses Loch, sondern durch eine andere, noch unentdeckte Öffnung entführt hatte. Alle stimmten darin überein, daß die Räuber dieses Loch nur gemacht hatten, um die Detektive in die Irre zu führen. Laien wie ich wären darauf wahrscheinlich nie gekommen, aber die Detektive hatten sich keinen Augenblick täuschen lassen. So stellte sich also heraus, daß ich mich in genau dem Sachverhalt, der mir ganz klar auf der Hand zu liegen schien, am gründlichsten geirrt hatte. Alle elf Theorien nannten die Namen der mutmaßlichen Räuber, aber keine zwei nannten dieselben; insgesamt belief sich die Zahl der Verdächtigen auf siebenunddreißig. Die verschiedenen Zeitungsberichte schlossen alle mit der wichtigsten Meinung, – der des Chefinspektors Blunt. Ein Ausschnitt daraus lautete wie folgt: –

*»Der Chef weiß, wer die beiden Haupttäter sind, nämlich ›Brick‹ Duffy und ›Red‹ McFadden. Schon zehn Tage bevor der Diebstahl begangen wurde, war ihm von diesem Vorhaben bekannt, woraufhin er die beiden berüchtigten Verbrecher heimlich beschatten ließ; unglücklicherweise aber verlor sich in der fraglichen Nacht ihre Spur, und ehe man sie wieder aufnehmen konnte, war der Vogel schon ausgeflogen – will sagen, der Elefant.*

*Duffy und McFadden sind die verwegensten Spitzbuben ihrer Zunft; der Chef hat Grund zu der Annahme, daß sie es waren, die im vergangenen Winter in einer bitterkalten Nacht den Ofen aus dem Hauptquartier der Kriminalpolizei stahlen, – woraufhin sich der Chef und alle Detektive, die anwesend waren, noch vor Morgen-*

*grauen in ärztliche Behandlung begeben mußten, man-
che mit Erfrierungen an den Füßen, andere mit Erfrierungen an den Fingern, Ohren und anderen Körpertei-
len.«*

Als ich den ersten Absatz gelesen hatte, war ich mehr
denn je beeindruckt von dem unglaublichen Scharfsinn
dieses eigenartigen Mannes. Er nahm nicht nur das Ge-
genwärtige mit klarem Blick wahr, auch die Zukunft war
ihm nicht verschlossen. Wenig später war ich in seinem
Büro und sagte, ich bedauerte es, daß er diese Männer
nicht gleich verhaftet habe, was alle Scherereien verhin-
dert hätte; doch seine Antwort war ebenso einfach wie
unwiderlegbar: –

»Unsere Aufgabe ist es nicht, Verbrechen zu verhin-
dern, sondern sie zu sühnen. Wir können sie erst sühnen,
wenn sie begangen worden sind.«

Ich merkte an, daß seine anfängliche Geheimhaltung
durch die Zeitungen zunichte gemacht worden sei; sie
hätten alles verraten, nicht nur alle unsere Fakten, sondern auch unsere Pläne und Absichten; sogar die Namen
der Verdächtigen seien veröffentlicht worden; diese würden sich nun sicherlich maskieren oder verstecken.

»Sollen sie. Sie werden schon merken, daß meine Hand
sie im richtigen Moment in ihren Schlupfwinkeln so un-
fehlbar ergreifen wird wie die Hand des Schicksals. Und
was die Zeitungen betrifft, mit denen *müssen* wir uns
gut stellen. Ruhm, Ansehen, ständige Erwähnung in der
Presse – das ist des Detektivs tägliches Brot. Er muß sein
Wissen veröffentlichen, sonst glaubt man, er wisse gar
nichts; er muß seine Theorien veröffentlichen, denn
nichts erregt mehr Staunen oder Aufmerksamkeit als die
Theorie eines Detektivs, und nichts verschafft ihm mehr
bewundernde Anerkennung; wir müssen unsere Pläne

veröffentlichen, denn die Journale bestehen darauf, und wir können uns nicht verweigern, ohne sie zu beleidigen. Wir müssen die Öffentlichkeit über das, was wir tun, auf dem laufenden halten, sonst glaubt man, wir täten nichts. Es ist viel angenehmer, wenn eine Zeitung schreibt: ›Inspektor Blunt hat die folgende geniale und verblüffende Theorie‹, als wenn sie irgend etwas Unfreundliches oder, noch schlimmer, Sarkastisches schreibt.«

»Ich gebe zu, das ist überzeugend. Aber mir fiel an einer Stelle in der Morgenpresse auf, daß Sie sich zu einer gewissen Nebensächlichkeit nicht äußern wollten.«

»Ja, das machen wir immer so; die Wirkung ist außerordentlich. Außerdem hatte ich mir zu diesem Punkt noch keine Meinung gebildet.«

Ich übergab dem Inspektor eine beträchtliche Summe zur Deckung der laufenden Kosten und setzte mich dann, um auf Neuigkeiten zu warten. Die ersten Telegramme mußten jetzt jeden Augenblick eintreffen. In der Zwischenzeit las ich noch einmal die Zeitungen und auch unseren Steckbrief, und dabei fiel mir auf, daß unsere Belohnung von fünfundzwanzigtausend Dollar anscheinend nur für Detektive ausgeschrieben war. Ich sagte, meiner Meinung nach sollte sie jeder erhalten, der den Elefanten wiederbeschaffte. Der Inspektor sagte: –

»Es werden die Detektive sein, die den Elefanten aufspüren, und infolgedessen wird die Belohnung in die richtigen Hände gelangen. Sollten andere Personen das Tier entdecken, dann nur deshalb, weil sie den Detektiven gefolgt sind und ihnen Spuren und Hinweise entwendet haben, die sie dann zu ihrem Vorteil benutzten, und damit hätten die Detektive ebenso Anspruch auf die Belohnung. Der Zweck einer Belohnung ist es doch, jenen Männern einen Ansporn zu geben, die ihre Zeit und ihren geschulten Verstand in den Dienst ihrer Arbeit stellen, und nicht, irgendwelchen Leuten ein Geschenk zu machen, denen ganz zufällig ein Fang gelungen ist und die sich das Geld weder durch Können noch Mühe verdient haben.«

Das war natürlich nur allzu einleuchtend. Nun begann der telegraphische Apparat in der Ecke zu ticken, und die folgende Depesche kam zum Vorschein: –

FLOWER STATION, NEW YORK, 7.30 UHR
Habe etwas gefunden. Reihe tiefer Spuren auf Farm in der Nähe. Folgte ihnen zwei Meilen ostwärts ohne Ergebnis; vermute, Elefant ist westwärts gegangen. Werde ihn in dieser Richtung verfolgen.

DARLEY, *Detektiv*

»Darley ist einer unserer besten Männer«, sagte der Inspektor. »Wir werden bald mehr von ihm hören.«

Telegramm Nummer zwei traf ein: –

BARKER'S, NEW JERSEY, 7.40 UHR
Soeben eingetroffen. Letzte Nacht Einbruch in hiesiger Glasfabrik, 800 Flaschen gestohlen. Einziges Wasserreservoir in Nähe etwa fünf Meilen entfernt. Werde hingehen. Elefant vermutlich durstig. Flaschen waren leer.

BAKER, *Detektiv*

»Das klingt auch vielversprechend«, sagte der Inspektor. »Ich sagte Ihnen ja, daß Eßgewohnheiten oft wichtige Anhaltspunkte liefern.«

Telegramm Nummer drei: –

TAYLORVILLE, LONG ISLAND, 8.15 UHR
Ein Heuschober in Umgebung über Nacht verschwunden. Vermutlich gefressen. Habe Spur, bleibe
dran.

HUBBARD, *Detektiv*

»Wo dieser Elefant sich alles herumtreibt!« sagte der Inspektor. »Ich wußte, daß wir hier einen schwiegen Fall
haben, aber wir werden ihn trotzdem kriegen.«

FLOWER STATION, NEW YORK, 9.00 UHR
Spuren drei Meilen westwärts verfolgt. Groß, tief
und unregelmäßig. Habe gerade Bauer getroffen, der
sagt, es seien keine Elefantenspuren. Seien Löcher
von kleinen Bäumen, die er letzten Winter ausgrub,
als Boden gefroren. Erbitte weitere Anweisungen.

DARLEY, *Detektiv*

»Aha! ein Komplize der Diebe! Jetzt kommen wir der
Sache näher«, sagte der Inspektor.
Er diktierte das folgende Telegramm an Darley: –

Verhaften Sie den Mann und zwingen Sie ihn, Namen seiner Kumpane zu nennen. Spuren weiter verfolgen – bis Pazifik, wenn nötig.

*Chefinspektor* BLUNT

Das nächste Telegramm: –

CONEY POINT, PENNSYLVANIA, 8.45 UHR
Einbruch in Büro von hiesigem Gaswerk letzte
Nacht. Unbezahlte Gasrechnungen von drei Mona-
ten gestohlen. Habe Spur und bleibe dran.

MURPHY, *Detektiv*

»Du lieber Himmel!« sagte der Inspektor, »frißt er denn auch Gasrechnungen?«

»Aus Dummheit, – ja; aber davon kann er sich nicht ernähren. Jedenfalls nicht auf Dauer.«

Nun traf dieses aufregende Telegramm ein: –

IRONVILLE, NEW YORK, 9.30 UHR
Soeben angekommen. Verwirrung im Ort. Elefant kam fünf Uhr früh hier durch. Einige sagen, er ging nach Osten, andere sagen nach Westen, andere Norden, andere Süden, – aber alle sagen, sie hätten nicht genau aufgepaßt. Er tötete ein Pferd; habe mir Stück davon besorgt wegen Indizien. Tötete es mit Rüssel; schließe aus Art des Schlages, daß es linker Haken war. Schließe aus Lage des Pferdes, daß Elefant nordwärts entlang der Eisenbahnstrecke nach Berkley gegangen ist. Hat viereinhalb Stunden Vorsprung, nehme aber Verfolgung sofort auf.

HAWES, *Detektiv*

Ich stieß Freudenschreie aus. Das Gesicht des Inspektors blieb unbeeindruckt wie eine Maske. Mit ruhiger Hand betätigte er die Klingel.

»Alaric, schicken Sie mir Hauptmann Burns.«

Burns erschien.

»Wieviel Mann sind sofort einsatzbereit?«

»Sechsundneunzig, Sir.«

»Schicken Sie sie umgehend nach Norden. Sie sollen sich nördlich von Ironville an der Bahnlinie nach Berkley postieren.«

»Jawohl, Sir.«

»Sie sollen mit strengster Geheimhaltung vorgehen. Sobald andere frei sind, halten Sie sie zur Verfügung.«

»Jawohl, Sir.«

»Gehen Sie!«

»Jawohl, Sir.«

Gleich darauf traf ein weiteres Telegramm ein: –

SAGE CORNERS, NEW YORK, 10.30 UHR
Soeben angekommen. Elefant kam hier um 8.15
Uhr durch. Alle flohen aus Stadt außer einem Polizisten. Elefant schlug offenbar nicht nach Polizisten, sondern nach Laternenpfahl. Traf beide. Habe
mir Stück von Polizisten besorgt wegen Indizien.

STUMM, *Detektiv*

»Der Elefant hat sich also nach Westen gewandt«, sagte
der Inspektor. »Aber er wird uns trotzdem nicht entwischen, denn meine Männer sind über die ganze Region
verteilt.«

Das nächste Telegramm lautete: –

GLOVER'S, 11.15 UHR
Soeben angekommen. Ort menschenleer, Alte und
Kranke ausgenommen. Elefant kam vor dreiviertel
Stunde hier durch. Großversammlung der Absti-
nenzler war gerade im Gange; Elefant steckte Rüssel
zum Fenster hinein und bepritzte sie mit Wasser
aus Zisterne. Einige schluckten es – inzwischen verstorben; mehrere ertrunken. Detektive Cross und
O'Shaughnessy passierten den Ort, waren aber auf
Weg nach Süden, – verfehlten deshalb Elefanten.
Region meilenweit in Schrecken, – Menschen flie-
hen aus Häusern. Stoßen auf den Elefanten, wohin
sie auch gehen, und viele werden getötet.

BRANT, *Detektiv*

Ich hätte weinen können, so nahe ging mir dieses Blut-vergießen. Aber der Inspektor sagte nur: –

»Sehen Sie, – wir rücken ihm näher. Er merkt, daß wir ihm auf den Fersen sind, und hat sich wieder nach Osten gewandt.«

Aber uns erwarteten noch mehr beunruhigende Nachrichten. Der Telegraph meldete dies: –

HOGANSPORT, 12.19 UHR
Soeben angekommen. Elefant kam vor einer halben Stunde hier durch, löste Angst und Schrecken aus. Wütete in Straßen; zwei Klempner kamen vorbei, einer getötet – der andere entkam. Allgemeines Be-dauern.

O'FLAHERTY, *Detektiv*

»Jetzt haben ihn meine Männer eingekreist«, sagte der Inspektor. »Es gibt kein Entrinnen für ihn.«

Nun kamen in dichter Folge weitere Telegramme von Detektiven, die über ganz New Jersey und Pennsylvania verstreut waren und die voller Hoffnung Spuren in Form von verwüsteten Scheunen, Fabriken und Pfarrbüche-reien verfolgten, – Hoffnung, die fürwahr oft an Ge-wißheit grenzte. Der Inspektor sagte: –

»Ich wünschte, ich könnte Kontakt mit ihnen aufneh-men und sie nach Norden beordern, aber das ist leider unmöglich. Ein Detektiv sucht ein Telegraphenamt nur auf, um seinen Bericht abzuschicken; dann geht er gleich wieder, und man weiß nie, wie man ihn erwischen soll.«

Jetzt kam diese Depesche: –

BRIDGEPORT, CONNECTICUT, 12.15 UHR
Barnum bietet $ 4000 pro Jahr für Exklusivrecht, Elefanten als Werbeträger zu benutzen, bis Detek-

tive ihn finden. Will ihn mit Zirkusplakaten bekleben. Bittet umgehend um Antwort.

Boggs, Detektiv

»Das ist doch absolut lächerlich!« rief ich.

»Natürlich ist es das«, sagte der Inspektor. »Mr. Barnum hält sich für geschäftstüchtig; ich kenne ihn, – aber anscheinend kennt er mich nicht.«

Dann diktierte er folgende Antwort auf das Telegramm: –

Mr. Barnums Angebot abgelehnt. Entweder 7000 Dollar oder gar nichts.

Chefinspektor Blunt

»So. Auf die Antwort werden wir nicht lange warten müssen. Mr. Barnum sitzt nicht zu Hause; er ist im Telegraphenamt – das macht er immer so, wenn er ein Geschäft an der Hand hat. Innerhalb von drei –«

Einverstanden. – P.T. Barnum

So unterbrach ihn die tickende Telegramm-Maschine. Noch ehe ich irgend etwas zu diesem ungewöhnlichen Vorgang sagen konnte, lenkte die folgende Depesche meine Gedanken in eine andere, sehr betrübliche Richtung: –

Bolivia, New York, 12.50 Uhr
Elefant kam hier um 11.50 Uhr von Süden an und zog in Richtung Waldgebiet weiter; trieb unterwegs Trauerzug auseinander und reduzierte Zahl der Trauergäste um zwei. Bevölkerung schoß mit kleinen Kanonenkugeln auf ihn und flüchtete dann.

Detektiv Burke und ich trafen zehn Minuten später von Norden ein, hielten Erdarbeiten irrtümlich für Fußspuren und verloren dadurch wertvolle Zeit; fanden endlich richtige Spur und folgten ihr bis zum Wald. Behielten Fährte scharf im Auge und krochen auf allen vieren weiter ins Unterholz, Burke voraus. Unglücklicherweise hatte Tier haltgemacht, um sich auszuruhen. Deshalb stieß Burke, tief über Spur gebeugt, an Hinterbeine des Elefanten, der bis dahin Burke nicht bemerkt hatte. Dieser sprang auf, ergriff Elefantenschwanz und rief freudig: »Erhebe Anspruch auf die Be – –«, kam aber nicht weiter, denn der Ärmste wurde vom mächtigen Rüssel mit einem einzigen Schlag zerschmettert. Ich floh zurück zum Waldrand, dicht gefolgt von rasend schnellem Elefanten; wäre unweigerlich des Todes gewesen, hätten nicht Überreste des Trauerzuges nochmals Weg des Elefanten gekreuzt und ihn abgelenkt. Erfahre soeben, daß von Trauerzug nichts übriggeblieben ist; was nicht weiter schlimm ist, denn es gibt jetzt genügend Material für einen neuen. Elefant inzwischen wieder verschwunden.

MULROONEY, Detektiv

Weitere Nachrichten trafen nicht ein, außer jene der emsigen und zuversichtlichen Detektive, die über New Jersey, Pennsylvania, Delaware und Virginia verstreut waren, – die alle neuen und vielversprechenden Spuren folgten, – bis kurz nach vierzehn Uhr, als wir das folgende Telegramm erhielten:

BAXTER CENTER, 14.15 UHR
Elefant war hier, ganz mit Zirkusplakaten beklebt; trieb Erweckungsversammlung auseinander, erschlug

und verstümmelte viele, die gerade besseres Leben beginnen wollten. Bevölkerung fing ihn ein und stellte Wache auf. Als Detektiv Brown und ich etwas später eintrafen, betraten wir Gehege und gingen daran, Elefanten anhand von Foto und Steckbrief zu identifizieren. Alle Merkmale stimmten, außer einem, das wir nicht sehen konnten, – die Furunkel-Narbe in Achselhöhle. Um Gewißheit zu erlangen, ging Brown näher; wollte nachsehen, wurde durch Schlag auf Kopf sofort getötet, – d.h. Schädel vollständig zertrümmert; schien hohl zu sein. Alle flüchteten; Elefant auch; teilte links und rechts Schläge aus, mit großem Effekt. Entkam, hinterließ aber breite Blutspur von Kanonenwunden, Wiederauffindung gewiß. Entfernte sich nach Süden in dichte Wälder.

BRENT, Detektiv

Das war das letzte Telegramm. Bei Einbruch der Dunkelheit breitete sich Nebel aus, der so dicht war, daß man kaum drei Fuß weit sehen konnte. Er hielt die ganze Nacht über an. Alle Fähren und selbst die Omnibusse mußten den Verkehr einstellen.

III

Am nächsten Morgen waren die Zeitungen wieder voll von detektivischen Theorien; außerdem brachten sie die uns bekannten tragischen Vorfälle in ganzer Breite und dazu noch viele andere, die ihre Korrespondenten ihnen telegraphisch gemeldet hatten. Schreiende Überschriften in riesigen Lettern zogen sich über die Seiten, bei deren Lektüre mir ganz übel wurde. Ihr Ton war allgemein wie folgt: –

*»Der weiße Elefant ist los! Er zieht seine tödliche Bahn! Ganze Ortschaften von Einwohnern in Panik verlassen! Blankes Entsetzen eilt ihm voraus. Tod und Zerstörung bleiben zurück! Und hintendrein: die Detektive! Scheunen zerstört, Fabriken verwüstet, Ernten vernichtet, Versammlungen aufgerieben, überall unbeschreibliche Blutbäder! Theorien der vierunddreißig besten Polizeidetektive! Theorie von Chefinspektor Blunt!«*

»Sehen Sie sich das an!« sagte Inspektor Blunt und ließ sich fast zu einer Gemütserregung hinreißen, »großartig! Ein solcher Segen ist noch keiner Polizeiorganisation zuteil geworden. Unser Ruhm wird bis ans hinterste Ende der Welt dringen und die Zeiten überdauern, und mein Name mit ihm.«

Ich aber sah keinen Anlaß zu Freude. Mir war zumute, als hätte ich alle diese blutigen Taten selbst begangen und als wäre der Elefant nur mein williges Werkzeug gewesen. Und wie lang die Liste geworden war! In einer Stadt hatte er »in die Lokalwahlen eingegriffen und fünf Wahlbetrüger erschlagen«. Dem war die Bluttat an zwei armen Kerlen namens O'Donohue und McFlannigan gefolgt, die »erst am Vortag in der Heimat der Unterdrückten aller Länder Zuflucht gefunden hatten und gerade im Begriff standen, zum ersten Mal das vornehmste Recht des amerikanischen Bürgers an der Wahlurne auszuüben, als sie von der Geißel Siams mit unbarmherziger Hand niedergestreckt wurden«. Anderswo war er »auf einen verrückten Sensationsprediger gestoßen, der gerade seine nächste Kampagne gegen Tanz, Theater und andere Dinge, die sich nicht zur Wehr setzen können, vorbereitete, und war auf ihn getreten«. Und wieder woanders hatte er »einen Vertreter für Blitzableiter getötet«. Und so ging es weiter in der Liste, die immer blutiger und immer niederschmetternder wurde. Sechzig Menschen waren getötet und zweihundertvierzig verwundet worden. Alle Berichte legten Zeugnis ab von der Rührigkeit und dem Diensteifer der Detektive, und alle schlossen mit der Bemerkung: »Dreihunderttausend Mitbürger und vier Detektive sahen das Untier, und zwei der letzteren wurden von ihm getötet.«

Ich fürchtete mich schon davor, den Telegraphen-Apparat wieder ticken zu hören. Nach und nach liefen weitere Meldungen ein, aber erfreulicherweise gaben sie keinen Anlaß zu neuer Sorge. Es stellte sich heraus, daß man jede Spur des Elefanten verloren hatte. Der Nebel hatte es ihm ermöglicht, sich unbeobachtet ein sicheres Versteck zu suchen. Telegramme aus schon absurd weit auseinander liegenden Orten meldeten, man habe um die und die Zeit im Nebel eine riesige schemenhafte Gestalt gesichtet, bei der es sich »unzweifelhaft um den Elefanten handelte«. Diese riesige schemenhafte Gestalt war in New Haven, in New Jersey, in Pennsylvania, im Staat New York, in Brooklyn und sogar in den Straßen von New York City gesichtet worden! Aber jedesmal war die riesige schemenhafte Gestalt nach kurzer Zeit spurlos verschwunden. Jeder einzelne der zahllosen Detektive, die über dieses weite Gebiet verteilt waren, sandte stündlich seinen Bericht, und jeder von ihnen hatte eine heiße Spur, verfolgte etwas und war ihm dicht auf den Fersen.

Aber der Tag verging ohne weiteres Ergebnis.

Ebenso der nächste Tag.

Ebenso der nächste.

Die Zeitungen wurden immer eintöniger mit ihren Berichten über belanglose Tatsachen, nichtssagende Hinweise und Theorien, die so gut wie nichts mehr enthielten, was uns zu überraschen, zu faszinieren, zu verblüffen pflegt.

Auf Anraten des Inspektors verdoppelte ich die Belohnung.

Es folgten vier weitere ereignislose Tage. Dann geschah etwas, das den armen, hart arbeitenden Detektiven einen schweren Schlag versetzte, – die Journalisten weigerten sich, ihre Theorien abzudrucken, und sagten eiskalt: »Laßt uns in Ruhe.«

Zwei Wochen nach dem Verschwinden des Elefanten erhöhte ich die Belohnung auf Empfehlung des Inspektors auf fünfundsiebzigtausend Dollar. Das war sehr viel Geld, aber ich wollte lieber mein ganzes Vermögen opfern, als mein Ansehen bei der Regierung verlieren. Jetzt, da die Detektive nicht mehr weiterwußten, fielen die Zeitungen über sie her und fingen an, sie mit Hohn und Spott zu überschütten. Das brachte die Minstrels auf eine Idee; sie kostümierten sich als Detektive und jagten unter allgemeinem Gelächter den Elefanten über die Bühne. Die Karikaturisten zeichneten Detektive, die mit einem Vergrößerungsglas die Gegend absuchten, während der Elefant ihnen von hinten Äpfel aus der Tasche stahl. Und sie brachten allerhand witzige Bilder von der Erkennungsmarke der Polizeidetektive – Sie haben sie sicher schon in Goldprägung hinten auf dem Umschlag von Kriminalromanen gesehen, – sie stellt ein weit geöffnetes Auge dar mit dem Schriftzug »WIR SCHLAFEN NIE«. Wenn ein Detektiv sich einen Drink bestellte, kramte der Möchtegern-Scherzbold von Barkeeper einen alten Kalauer hervor und sagte: »Darf's ein Augenöffner sein?« Überall hing der Sarkasmus schwer in der Luft.

Nur ein einziger Mann ließ sich von all dem nicht beeindrucken und bewahrte die Ruhe, ein Mann von echtem Schrot und Korn: der Chefinspektor. Nie senkte sich sein kühner Blick, nie wurde er wankend in seiner Gelassenheit und Zuversicht. Er sagte nur: –

»Laßt sie spotten; wer zuletzt lacht, lacht am besten.«

Meine Bewunderung für den Mann nahm Formen der Anbetung an. Ich wich nicht von seiner Seite. In seinem Büro sitzen zu müssen, war für mich zu einer Qual geworden, und jetzt nahm sie täglich zu. Doch wenn er es dort aushielt, dann wollte auch ich es tun; jedenfalls so lange wie möglich. Ich ging also regelmäßig hin und harrte aus, – anscheinend der einzige Außenstehende, der das fertigbrachte. Alle fragten sich, wie ich das nur machte; und manchmal dachte ich schon an Flucht, aber dann blickte ich wieder in dieses ruhige, wie abwesende Gesicht und blieb standhaft.

Etwa drei Wochen nach dem Verschwinden des Elefanten war ich eines Morgens drauf und dran zu sagen, nun müsse ich aber wirklich meine Segel streichen und mich zurückziehen, als der Meisterdetektiv einen weiteren äußerst raffinierten Schachzug vorschlug und damit jeden Gedanken dieser Art vertrieb.

Und zwar beabsichtigte er, sich mit den Räubern auf einen Kompromiß zu einigen. Ich habe wahrhaftig die hervorragendsten Köpfe dieser Welt kennengelernt, aber der Einfallsreichtum dieses Mannes übertraf alles, was mir bislang untergekommen war! Er glaube zuversichtlich, sagte er, für hunderttausend Dollar mit den Räubern einen Kompromiß erreichen und den Elefanten wiederbeschaffen zu können. Ich sagte, diesen Betrag könne ich wahrscheinlich auftreiben, aber was werde dann aus den armen Detektiven, die so hart gearbeitet hatten? Er antwortete: –

»Bei Kompromissen bekommen sie immer die Hälfte.«

Damit war mein einziges Bedenken ausgeräumt. Nun schrieb der Inspektor zwei Mitteilungen folgenden Inhalts: –

WERTE MADAM! – Ihr Gatte kann sich viel Geld verdienen (ohne strafrechtliche Folgen), wenn er sich umgehend mit mir in Verbindung setzt.
*Chefinspektor* BLUNT

Die eine schickte er durch seinen Geheimkurier an die »sogenannte Ehefrau« von Brick Duffy, die andere an die sogenannte Ehefrau von Red McFadden.

Es dauerte keine Stunde, da trafen als Antwort die folgenden Schmähungen ein:

DU ALTER IDJOT: brick Duffy is seit zwei Jahre tot.
BRIDGET MAHONEY

HERR SCHAFINSPECKTOR – Red McFadden hamse for 18 monate gehänkt und is im Himel. Jeder esel weis das blos kein Dedektief.
MARY O'HOOLIGAN

»Das habe ich schon lange geahnt«, sagte der Inspektor; »nun haben wir den Beweis dafür, daß mein Instinkt mich nicht betrogen hat.«

Wenn ein Plan versagte, hatte er gleich einen neuen zur Hand. Unverzüglich setzte er ein Inserat für die Morgenzeitungen auf; und ich habe mir eine Abschrift aufbewahrt:

A. – xwblv.242 N. Tjnd – fz328wmlg. Ozpo, – ; 2 m!ogw. Mum.

Er sagte, wenn der Dieb noch am Leben sei, werde er auf diese Botschaft hin zum gewohnten Treffpunkt kommen. Er fügte hinzu, dieser gewohnte Treffpunkt sei der Ort, an dem alle geschäftlichen Angelegenheiten zwischen Polizeidetektiven und Kriminellen abgewickelt würden. Das Treffen werde in der folgenden Nacht um zwölf stattfinden.

Bis dahin konnten wir nichts unternehmen, und ich verließ umgehend das Büro und war heilfroh über dieses Privileg.

Am nächsten Abend um dreiundzwanzig Uhr übergab ich dem Chefinspektor hunderttausend Dollar in Scheinen, und kurz darauf verabschiedete er sich, wie immer mit ungetrübter Zuversicht und Kühnheit im Blick. Eine Stunde verging in quälender Langsamkeit; dann hörte ich seine lang ersehnten Schritte, sprang keuchend auf und wankte ihm entgegen. Wie triumphierend seine edlen Augen leuchteten! Er sagte: –

»Wir haben uns auf einen Kompromiß geeinigt! Morgen wird den Spöttern das Lachen vergehen! Folgen Sie mir!«

Er nahm eine brennende Kerze und stieg hinab in das riesige Kellergewölbe, wo sich stets sechzig Detektive ausruhten und wo zwanzig jetzt Karten spielten, um sich die Zeit zu vertreiben. Ich hielt mich dicht hinter ihm. Mit schnellen Schritten ging er zum anderen, nur schwach beleuchteten Ende dieses Raums, und gerade als Beklemmung und Atemnot mir die Sinne zu rauben drohten, stolperte er über die ausgestreckten Gliedmaßen eines riesigen Körpers, und noch im Fallen hörte ich ihn rufen: –

»Die Ehre unseres Berufsstandes ist gerettet! Hier ist Ihr Elefant!«

Man trug mich nach oben ins Büro und brachte mich

mit Riechsalz wieder zu Bewußtsein. Die gesamte Mann-
schaft der Detektive drängte herein, und es schloß sich
ein solcher Siegesjubel an, wie ich ihn noch nie erlebt
hatte. Die Reporter wurden geholt, man öffnete körbe-
weise Champagnerflaschen, Toasts wurden ausgebracht,
das überschwengliche Händeschütteln und Gratulieren
wollte kein Ende nehmen. Der Inspektor war natürlich
der Held des Tages, und sein Glück war so vollkommen
und er hatte es sich mit seiner Beharrlichkeit und seinem
Mut so redlich verdient, daß ich es ihm von Herzen
gönnte, obwohl ich jetzt als heimatloser Bettler dastand –
das unschätzbare Tier, das man mir anvertraut hatte, war
tot, und da man mir immer vorwerfen würde, das in
mich gesetzte große Vertrauen leichtfertig aufs Spiel gesetzt zu haben, hatte ich meine Stellung im Dienst meines Landes verwirkt. Manch ein vielsagender Blick verriet tiefe Bewunderung für den Inspektor, und manch ein
Detektiv murmelte: »Seht ihn euch an – diesen König aller Detektive – gebt ihm nur einen Fingerzeig, mehr
braucht er nicht, und was immer im Verborgenen ist, er
findet es.« Das Teilen der fünfzigtausend Dollar bereitete allgemeine Freude; als man damit fertig war, hielt der
Inspektor, während er sich seinen Anteil in die Tasche
steckte, eine kleine Ansprache, indem er sagte: »Genießt
das Geld, Jungs, ihr habt es euch verdient; und mehr
noch, ihr habt dem Stand der Polizeidetektive unsterblichen Ruhm eingebracht.«

Ein Telegramm traf ein, das wie folgt lautete: –

Monroe, Michigan, 22 Uhr
Habe nach mehr als drei Wochen endlich Telegraphenamt gefunden. Bin diesen Spuren 1000 Meilen
weit zu Pferd durch Wälder bis hierher gefolgt, und
sie werden täglich deutlicher und größer und fri-

scher. Keine Sorge – noch eine Woche, dann habe ich diesen Elefanten. Bombensicher.

DARLEY, *Detektiv*

Der Inspektor ließ ein dreifaches »Hoch!« auf Darley ausbringen, »einen unserer klügsten Köpfe«, und dann ließ er ihn telegraphisch auffordern, nach Hause zu kommen und sich seinen Anteil an der Belohnung abzuholen.

So endete die wunderbare Geschichte vom gestohlenen Elefanten. Die Zeitungen waren am nächsten Tag wieder voll des Lobes, mit einer schmählichen Ausnahme. Dieses Blatt schrieb: »Wie großartig ist doch der Detektiv! Er mag ein wenig langsam sein, wenn es gilt, etwas so Kleines wie einen verlorengegangenen Elefanten zu finden, – er mag drei Wochen lang bei Tag nach ihm fahnden und bei Nacht neben seinem verrottenden Kadaver schlafen, aber am Ende wird er ihn finden – vorausgesetzt, der Mann, der den Elefanten verloren hat, zeigt ihm, wo er zu finden ist!«

Für mich war der arme Hassan auf ewig verloren. Die Kanonenkugeln hatten ihn schwer verwundet; er hatte sich im Nebel an jenem unwirtlichen Ort verkrochen und schwand dort, umgeben von Feinden und ständig in Gefahr, entdeckt zu werden, qualvoll hungernd dahin, bis ihn der Tod erlöste.

Der Kompromiß kostete mich hunderttausend Dollar; die Auslagen für die Detektive betrugen noch einmal zweiundvierzigtausend Dollar; nie wieder habe ich mich bei meiner Regierung um ein Amt beworben; ich bin ruiniert und ein unsteter Wanderer auf Erden, – doch meine Bewunderung für jenen Mann, der in meinen Augen der größte Detektiv ist, den die Welt je gesehen hat, ist bis zum heutigen Tage unvermindert und wird es bis zu meinem seligen Ende bleiben.

## Die Eine-Million-Pfund-Note

Mit siebenundzwanzig Jahren war ich Buchhalter bei einem Bergbaumakler in San Francisco und kannte mich in allen Einzelheiten des Börsengeschäfts hervorragend aus. Ich war alleinstehend und besaß nichts auf der Welt als meinen Verstand und meinen guten Ruf; aber diese waren dabei, mir den Weg zu künftigem Wohlstand zu ebnen, und mit dieser Aussicht war ich zufrieden.

Samstagnachmittags, wenn die Börse schloß, hatte ich frei und ging gewöhnlich in der Bucht in einem kleinen Boot segeln. Eines Tages wagte ich mich zu weit hinaus und wurde ins offene Meer getrieben. Bei Einbruch der Dunkelheit, als ich die Hoffnung schon fast aufgegeben hatte, nahm mich eine kleine Brigg auf, die sich auf der Fahrt nach London befand. Es war eine lange, stürmische Reise, und ich mußte mir die Überfahrt verdienen, indem ich als einfacher Matrose arbeitete. Als ich in London an Land ging, war meine Kleidung zerlumpt und zerschlissen, und in meiner Tasche hatte ich nur noch einen Dollar. Damit bezahlte ich Nahrung und Unterkunft für vierundzwanzig Stunden. Die folgenden vierundzwanzig hatte ich weder das eine noch das andere.

Am nächsten Morgen gegen zehn Uhr schlich ich unrasiert und hungrig Portland Place entlang, als ein Kind an der Hand eines Kindermädchens vorbeikam und eine große, saftige Birne, von der es nur ein kleines Stück abgebissen hatte, in den Rinnstein warf. Ich blieb natürlich stehen und heftete meinen Blick sehnsüchtig auf diese im Schmutz liegende Kostbarkeit. Das Wasser lief mir im

Mund zusammen, mein Magen knurrte, und alles in mir verlangte nach dieser Birne. Aber jedesmal, wenn ich mich danach bückte, beobachtete mich dabei ein Passant, woraufhin ich mich natürlich mit unbeteiligter Miene wieder aufrichtete und so tat, als sei mir die Birne ganz gleichgültig. Das wiederholte sich wieder und wieder, und ich konnte die Birne einfach nicht erwischen. Schließlich war ich so verzweifelt, daß ich schon allen Stolz in den Wind schlagen und die Birne aufheben wollte, da wurde hinter mir ein Fenster geöffnet, und ein Herr rief mir zu:

»Kommen Sie bitte mal herein!«

Ein prächtig livrierter Diener ließ mich ein und führte mich in ein kostbar eingerichtetes Zimmer, in dem zwei ältere Herren saßen. Sie schickten den Diener fort und bedeuteten mir, Platz zu nehmen. Sie hatten gerade ihr Frühstück beendet, und der Anblick der Reste war fast zuviel für mich. Ich mußte mich sehr beherrschen, um angesichts dieser Speisen meinen Verstand nicht zu verlieren, aber da niemand mir etwas davon anbot, mußte ich zusehen, wie ich mit meiner Not fertig wurde.

Nun war hier kurz zuvor etwas geschehen, von dem ich erst einige Zeit später erfahren sollte, aber ich will Ihnen schon jetzt darüber berichten. Diese beiden betagten Brüder hatten sich nämlich ein paar Tage vorher heftig gestritten und sich dann darauf geeinigt, die Sache durch eine Wette zu entscheiden, wie es die Engländer in solchen Fällen ja stets tun.

Sie werden sich erinnern, daß die Bank von England einmal zwei Banknoten zu je einer Million Pfund ausgab, die einem bestimmten Zweck im Rahmen einer Transaktion zwischen der britischen Regierung und einer fremden Nation dienen sollten. Aus irgendeinem Grund war nur eine dieser Noten benutzt und dann entwertet worden; die andere lag noch immer in den Tresorräumen der Bank. Im Laufe eines Gesprächs hatten sich die Brüder nun die Frage gestellt, wie es wohl einem vollkommen ehrbaren, intelligenten Fremden ergehen würde, den man in London seinem Schicksal überließe, ohne einen Freund und ohne Geld, mit Ausnahme dieser Million-Pfund-Note, über deren Herkunft er nichts zu sagen wüßte. Bruder A meinte, er würde verhungern; Bruder B bestritt das. Bruder A sagte, er würde sie weder bei einer Bank noch sonstwo vorlegen können, ohne sofort verhaftet zu werden. Und so fuhren sie fort, sich zu streiten, bis Bruder B erklärte, er wette zwanzigtausend Pfund, daß der Mann *auf irgendeine Weise* dreißig Tage von der Million leben könnte, ohne ins Gefängnis zu kommen. Bruder A nahm die Wette an. Bruder B ging zur Bank und kaufte die Note. Ein wahrer Engländer, wie Sie sehen, schneidig bis in die Knochen. Dann diktierte er einen Brief, den einer seiner Schreiber in eleganter Schrift ausfertigte, und anschließend setzten sich die beiden Brüder einen ganzen Tag lang ans Fenster und hielten Ausschau nach einem geeigneten Empfänger.

Sie sahen viele ehrliche Gesichter vorübergehen, die ihnen aber nicht intelligent genug waren; viele, die intelligent waren, aber nicht ehrlich genug; viele, die beides waren, deren Besitzer aber nicht arm waren, oder die zwar arm waren, aber keine Fremden. Irgend etwas fehlte immer, bis ich daherkam; bei mir waren sie sich einig, daß ich der Richtige sei, und so stimmten beide für mich. Und da saß ich nun und wartete darauf, zu erfahren, warum man mich hereingerufen hatte. Zuerst stellten sie mir Fragen zu meiner Person, und schon bald kannten sie meine ganze Geschichte. Schließlich erklärten sie mir, daß ich ihren Anforderungen genügte. Ich sagte, das freue mich aufrichtig, und erkundigte mich, worum es sich denn handle. Da überreichte mir einer der beiden einen Umschlag mit dem Hinweis, darin würde ich die Erklärung finden. Ich wollte ihn gleich öffnen, aber er sagte, nein, ich solle ihn mit in meine Unterkunft nehmen und in Ruhe durchlesen und nichts überstürzen. Darüber wunderte ich mich und wollte eingehender mit ihnen über die Angelegenheit sprechen, aber dazu waren sie nicht bereit; also verabschiedete ich mich, verletzt und gekränkt, weil man sich anscheinend einen dummen Scherz mit mir erlaubte, auf den ich aber eingehen muß- te, da meine Umstände es nicht zuließen, daß ich mich gegen die Beleidigungen reicher und mächtiger Leute zur Wehr setzte.

Jetzt hätte ich die Birne aufgehoben und vor aller Augen verzehrt, aber sie war weg; ich hatte also durch diese dumme Geschichte sogar einen Verlust erlitten, und der Gedanke daran stimmte mich gegenüber diesen Männern nicht gerade freundlicher. Kaum war ich außer Sichtweite, da öffnete ich den Umschlag und sah, daß er Geld enthielt! Meine Meinung über diese Leute änderte sich sofort, das können Sie sich denken! Ich zögerte nicht lange, sondern steckte Brief und Geld in meine Westentasche und eilte zum nächstgelegenen billigen Gasthaus. Was habe ich reingehauen! Als ich schließlich nichts mehr hinunterbekam, zog ich meinen Geldschein hervor, faltete ihn auseinander, warf einen Blick darauf und wäre fast ohnmächtig geworden. Fünf Millionen Dollar! Mir drehte sich alles vor den Augen.

Ich muß wohl eine Minute lang wie betäubt dagesessen und die Banknote angestarrt haben, bevor ich wieder zu mir kam. Das erste, was ich dann bemerkte, war der Wirt. Seine Augen waren starr auf die Banknote geheftet, er selbst war wie versteinert. Er betete die Note mit Leib und Seele an, aber er sah aus, als könne er sich nicht von der Stelle rühren. Sekundenschnell erfaßte ich meine Lage und tat das einzig Vernünftige. Ich hielt ihm den Geldschein hin und sagte gleichmütig:

»Bitte wechseln Sie mir den.«

Das brachte ihn wieder zu sich, und er entschuldigte sich tausendmal dafür, daß er mir auf diesen Schein nicht herausgeben könne, und er war auch nicht dazu zu bewegen, ihn anzufassen. Er wollte ihn ansehen und immer nur ansehen; er konnte sich anscheinend gar nicht satt daran sehen, aber vor der Berührung des Scheins schreckte er zurück, so als sei er etwas Heiliges, das gewöhnliche Sterbliche nicht anfassen durften. Ich sagte:

»Es tut mir leid, wenn es Ihnen Umstände macht, aber ich muß darauf bestehen. Bitte wechseln Sie ihn; ich habe kein anderes Geld bei mir.«

Aber er sagte, das mache doch gar nichts; er wolle gerne warten, bis ich diesen Bagatellbetrag bei anderer Gelegenheit begleichen könne. Ich wandte ein, ich käme vielleicht für längere Zeit nicht mehr in diese Gegend; aber er versicherte mir, das sei schon recht, er könne warten, und außerdem könne ich jederzeit alles bekommen, was ich wolle, und brauche die Rechnung erst zu bezahlen, wenn es mir passe. Er wolle nicht hoffen, sagte er, daß er einem reichen Herrn wie mir je mißtraue, nur weil ich zu Scherzen aufgelegt sei und die Leute durch meine Kleidung in die Irre zu führen beliebe. In diesem Augenblick kam ein anderer Gast herein, und der Wirt machte mir ein Zeichen, das Monstrum wegzustecken; dann geleitete er mich unter vielen Verbeugungen zur Tür, und ich ging schnurstracks zu dem Haus der Brüder zurück, um den Irrtum aufzuklären, bevor die Polizei mich aufstöberte und mir dabei half. Ich war ziemlich aufgeregt, ja, ich hatte sogar Angst, obwohl ich mir natürlich gar nichts hatte zuschulden kommen lassen, aber ich kannte die Menschen nur zu gut und wußte, daß sie nicht sich selber Vorwürfe wegen ihrer Unvorsichtigkeit machen, wenn sie merken, daß sie einem Landstreicher aus Versehen anstelle von einem Pfund eine Million Pfund gegeben haben, sondern daß sich ihre ganze Wut gegen den Landstreicher richtet. Als ich mich dem Haus näherte, wurde ich etwas ruhiger, denn dort war alles still, so daß ich annahm, man habe den Irrtum wohl noch nicht bemerkt. Ich läutete. Derselbe Diener erschien wieder. Ich fragte nach den Herren.

»Sie sind nicht hier.« Und das in dem herablassenden Ton, der Burschen seines Schlages eigen ist.

»Nicht hier? Aber wo sind sie?«

»Auf Reisen.«

»Und wohin?«

»Auf den Kontinent, glaube ich.«

»Den Kontinent?«

»Jawohl, Sir.«

»In welche Richtung – auf welchem Weg?«

»Das weiß ich nicht, Sir.«

»Wann kommen sie zurück?«

»In einem Monat, sagten sie.«

»In einem Monat! Das ist ja schrecklich! Geben Sie mir doch einen Rat, wie ich ihnen eine Nachricht schicken kann. Es ist äußerst wichtig.«

»Das kann ich leider nicht. Ich habe keine Ahnung, wohin sie gefahren sind, Sir.«

»Dann muß ich mit jemandem von der Familie sprechen.«

»Die Familie ist ebenfalls verreist, schon vor Monaten – nach Ägypten und Indien, soviel ich weiß.«

»Den Herren ist ein ungeheurer Fehler unterlaufen, Mann! Sie werden noch vor Abend zurück sein. Sagen Sie ihnen bitte, ich sei hier gewesen und werde so lange wiederkommen, bis alles richtiggestellt ist, und sie sollen sich keine Sorgen machen.«

»Ich werde es ihnen ausrichten, falls sie zurückkommen, aber damit rechne ich nicht. Die Herren sagten mir, Sie würden innerhalb einer Stunde wiederkommen und Fragen stellen, aber ich soll Ihnen mitteilen, daß alles seine Richtigkeit habe und die Herren rechtzeitig wieder hier sein werden und Sie dann erwarten.«

Ich mußte also aufgeben und meiner Wege gehen. Wie rätselhaft das alles war! Es war zum Wahnsinnigwerden. Sie würden »rechtzeitig wieder hier sein«. Was das wohl bedeutete? Ach, vielleicht enthielt der Brief eine Erklärung. Den Brief hatte ich ganz vergessen; ich holte ihn hervor und las darin das folgende:

*Sie sind ein intelligenter und ehrlicher Mensch, das sieht man Ihrem Gesicht an. Wir vermuten, daß Sie arm und hier fremd sind. Beigefügt finden Sie eine Geldsumme. Wir leihen Sie Ihnen zinslos für dreißig Tage. Melden Sie sich nach Ablauf dieser Frist wieder in diesem Haus. Ich habe auf Sie eine Wette abgeschlossen. Wenn ich gewinne, sollen Sie jede Stellung erhalten, die ich Ihnen verschaffen kann – das heißt, jede, für die Sie die nötigen Kenntnisse nachweisen und die Sie ausüben können.*

Keine Unterschrift, keine Adresse, kein Datum.

Na, da war ich ja in einer verzwickten Lage! Als Leser wissen Sie natürlich, was dem vorausgegangen war, aber ich wußte es nicht. Für mich war das alles undurchsichtig und rätselhaft. Ich hatte keine Ahnung, was da gespielt wurde und ob man mir helfen oder schaden wollte. Ich ging in einen Park und setzte mich hin, um nachzudenken und zu überlegen, was ich tun sollte.

Nach einer Stunde hatten sich meine Überlegungen zu folgendem Urteil verdichtet:

Vielleicht meinen es diese Leute gut mit mir, vielleicht auch nicht; wie soll ich das wissen – also vergessen wir's. Sie haben sich irgendein Spiel oder einen Plan oder ein Experiment ausgedacht; wie soll ich das herausfinden – also vergessen wir's. Man hat auf mich gewettet; wie soll ich wissen, worum es da geht – also vergessen wir's. Damit wären die unbekannten Größen erledigt; alles andere ist greifbar, handfest und läßt sich mit Sicherheit bestimmen und einordnen. Wenn ich die Bank von England ersuche, diese Geldnote dem Mann gutzuschreiben, dem sie gehört, dann wird man das tun, denn er ist der Bank (aber nicht mir) bekannt; allerdings wird man mich fragen, wie ich in den Besitz dieser Note komme, und wenn ich die Wahrheit sage, werden sie mich natürlich ins Irrenhaus sperren, während eine Lüge mich ins Gefängnis bringt. Das gleiche würde geschehen, wenn ich versuchte, die Note irgendwo anders einzuzahlen oder zu beleihen. Ich muß also diese schwere Last mit mir herumtragen, bis die Männer zurückkommen, ob ich will oder nicht. Sie ist für mich nutzlos, so nutzlos wie eine Handvoll Asche, und doch muß ich sie aufbewahren und behüten, während ich betteln gehe. Ich kann sie nicht einmal verschenken, auch wenn ich es wollte, denn weder ein redlicher Bürger noch ein Gauner würde sie unter irgendwelchen Umständen annehmen oder damit etwas zu tun haben wollen. Den beiden Brüdern kann nichts geschehen. Selbst wenn ich ihre Banknote verliere oder verbrenne, sind sie abgesichert, denn sie können die Auszahlung sperren lassen, und die Bank ersetzt ihnen den vollen Wert; aber inzwischen muß ich einen Monat lang Entbehrungen auf mich nehmen, ohne etwas dafür zu bekommen – es sei denn, ich helfe, die Wette zu gewinnen, worum es dabei auch gehen mag, und erhalte die versprochene Stellung. Die hätte ich wirklich gerne; Leute dieser Art können einem sehr gut bezahlte Anstellungen verschaffen.

Ich dachte nun gründlich über diese Stellung nach. Meine Hoffnungen stiegen. Zweifellos wäre das Gehalt hoch. Das würde vom nächsten Monat an gezahlt; danach würde es mir gutgehen. Schon bald war ich bester Laune. Ich wanderte wieder durch die Straßen. Beim Anblick einer Schneiderwerkstatt sehnte ich mich danach, meine Lumpen loszuwerden und mich endlich wieder anständig zu kleiden. Ob ich mir das wohl leisten könnte? Nein; alles, was ich auf der Welt besaß, war eine Million Pfund. Und so zwang ich mich weiterzugehen. Aber bald zog es mich wieder zurück. Die Verlockung quälte mich grausam. Ich muß, während ich so mit mir kämpfte, wohl sechsmal vor dem Geschäft auf und ab gegangen sein. Schließlich konnte ich nicht mehr anders, ich gab nach. Ich erkundigte mich, ob sie vielleicht einen Anzug hätten, der schlecht geschnitten war und auf dem sie sitzengeblieben seien. Der Bursche, den ich angesprochen hatte, machte eine stumme Kopfbewegung in Richtung eines anderen und gab keine Antwort. Ich ging zu diesem Burschen, und der wies, ebenfalls wortlos, mit dem Kopf auf einen anderen Burschen. Ich ging zu dem, und er sagte:

»Komme gleich.«

Er ließ mich warten, da er gerade beschäftigt war, und dann führte er mich in ein Hinterzimmer, wühlte in einem Stapel zurückgegebener Anzüge und suchte für mich den schlechtesten heraus. Ich zog ihn an. Er paßte mir zwar nicht und wirkte unförmig, aber er war neu, und mir lag sehr daran, ihn zu bekommen; deshalb mäkelte ich nicht daran herum, sondern sagte etwas schüchtern:

»Es wäre mir sehr angenehm, wenn Sie auf das Geld ein paar Tage warten könnten. Ich habe leider kein Kleingeld bei mir.«

Der Schnösel setzte eine sarkastische Miene auf und entgegnete:

»Ach, wirklich? Nun, das hatte ich natürlich auch gar nicht erwartet. Herren wie Sie haben ja nur großes Geld bei sich.«

Etwas verärgert erwiderte ich:

»Mein Freund, Sie sollten einen Fremden nicht allein nach seiner Kleidung beurteilen. Ich bin durchaus in der Lage, für diesen Anzug zu bezahlen; ich wollte Ihnen nur die Mühe ersparen, einen großen Schein zu wechseln.«

Darauf schlug er einen etwas anderen Ton an und sagte, wenn auch immer noch von oben herab:

»Ich wollte Sie nicht kränken, aber wenn Sie mich zurechtweisen, dann muß ich Ihnen sagen, daß es voreilig von Ihnen war anzunehmen, wir könnten auf irgendeinen Schein, den Sie bei sich tragen, nicht herausgeben. Ich versichere Ihnen, wir können!«

Ich reichte ihm die Banknote hin und sagte:

»Na schön, dann entschuldigen Sie bitte.«

Er nahm sie mit einem Lächeln entgegen; es war so ein breites Lächeln, das sich nach allen Richtungen ausdehnt und dabei Fältchen und Runzeln und Schnörkel bildet und aussieht, als hätte man einen großen Stein in einen Teich geworfen; aber dann fiel sein Blick auf den Schein, und sein Lächeln gefror und welkte und sah aus wie die erstarrte Lava, die man in schrumpligen, schrundigen Terrassen an den Hängen des Vesuvs sehen kann. So ein dauerhaft fixiertes Lächeln hatte ich noch nie gesehen. Der Mann stand wie gebannt da und hielt die Banknote in seiner Hand, und der Ladenbesitzer kam herbeigeeilt, um zu sehen, was da los sei. Energisch fragte er:

»Na, was gibt's? was ist los? wo brennt's«

Ich sagte nur: »Gar nichts ist los. Ich warte nur auf mein Wechselgeld.«

»Worauf wartest du; gib ihm sein Wechselgeld, Tod, gib ihm sein Wechselgeld.«

Worauf Tod entgegnete: »Gib ihm sein Wechselgeld! Das sagt sich so leicht, Sir; sehen Sie sich den Geldschein doch mal an.«

Der Ladeninhaber warf einen Blick darauf, stieß einen leisen, vielsagenden Pfiff aus, dann stürzte er sich auf den Berg mit Ladenhütern und fing an, darin zu wühlen, während er aufgeregt und wie zu sich selber redete:

»Einem exzentrischen Millionär so einen unmöglichen Anzug zu verkaufen! Tod ist ein Trottel – ein ausgemachter Trottel. Immer macht er solche Sachen. Vergrault mir jeden Millionär, weil er einfach einen Millionär nicht von einem Landstreicher unterscheiden kann. Ah, da ist es ja, was ich suche. Bitte, Sir, ziehen Sie das da wieder aus und werfen Sie es ins Feuer. Tun Sie mir den Gefallen und ziehen Sie dieses Hemd und diesen Anzug hier an; das ist das richtige, genau das richtige – schlicht, gediegen, unauffällig und sehr vornehm; wurde für einen ausländischen Fürsten angefertigt – vielleicht kennen Sie ihn, Sir, seine Durchlaucht den Hospodar von Halifax; mußte ihn leider zurückgeben und dafür einen Traueranzug nehmen, weil seine Mutter im Sterben lag. Sie ist dann doch nicht gestorben. Aber so ist es nun mal, es geht nicht immer, wie wir uns das – das heißt, wie die Herren es sich – Na bitte! Die Hose paßt, sie sitzt wie angegossen, Sir; jetzt die Weste; ah, paßt auch! jetzt das Jackett – Himmel! nun sieh sich das einer an! Alles tadellos! Soviel Eleganz habe ich noch nie gesehen!«

Ich äußerte meine Zufriedenheit.

»Gewiß, Sir, gewiß; fürs erste wird's wohl gehen. Aber

warten Sie, bis Sie gesehen haben, was wir Ihnen nach Maß anfertigen. Los, Tod: Buch und Stift; fang an. Beinlänge zweiunddreißig Zoll« – und so weiter. Noch ehe ich etwas sagen konnte, hatte er meine Maße genommen und gab Abendanzüge, Straßenanzüge, Hemden und noch mehr in Auftrag. Als ich schließlich zu Wort kam, sagte ich:

»Aber mein Herr, ich kann diese Aufträge unmöglich erteilen, es sei denn, Sie gedulden sich mit der Bezahlung auf unbestimmte Zeit oder wechseln mir die Banknote.«

»Unbestimmte Zeit! Was für ein Ausdruck, Sir, was für ein Ausdruck. *Bis in alle Ewigkeit* sollten Sie sagen, Sir. Tod, laß diese Sachen so schnell wie möglich anfertigen und schicke sie dann unverzüglich dem Herrn ins Haus. Die unwichtigen Kunden können warten. Notiere die Adresse des Herrn und –«

»Ich ziehe gerade um. Ich komme wieder vorbei und hinterlasse meine neue Adresse.«

»Ganz wie Sie wünschen, Sir. Augenblick – ich begleite Sie hinaus, Sir. Bitte sehr – guten Tag, Sir, guten Tag.«

Können Sie sich wohl denken, wie es nun weiterging? Ich gewöhnte mich daran, alles zu kaufen, was ich nur wollte, und Wechselgeld auf meine Banknote zu verlangen. Binnen einer Woche war ich mit allem, was meiner Bequemlichkeit diente, und mit Luxusgütern reichlich ausgestattet und wohnte in einem teuren Privathotel am Hanover Square. Hier nahm ich mein Abendessen ein, aber zum Frühstück blieb ich Harris' bescheidenem Lokal treu, wo ich für meine Million-Pfund-Note die erste Mahlzeit erhalten hatte. Harris war durch mich ein gemachter Mann. Es hatte sich herumgesprochen, daß ein ausländischer Sonderling, der in seiner Westentasche Millionen-Pfund-Noten mit sich herumtrug, dort Stammgast sei. Das genügte. Aus der ärmlichen Imbißstube, die sich nur knapp über Wasser hielt, wurde ein berühmtes, stets überfülltes Gasthaus. Harris war mir so dankbar, daß er mir Darlehen aufdrängte und sich nicht abweisen ließ, und so hatte ich, obwohl bettelarm, Geld in der Tasche und lebte wie die Reichen und Mächtigen. Ich wußte, daß das alles früher oder später wie eine Seifenblase platzen mußte, aber ich hatte mich nun mal darauf eingelassen und mußte weitermachen, wenn ich nicht untergehen wollte. Wissen Sie, es war diese Andeutung drohenden Unheils, die meiner Lage, die andernfalls nur zum Lachen gewesen wäre, einen ernsten, ernüchternden, ja tragischen Anstrich gab. Nachts, im Dunkeln, trat immer die tragische Seite hervor, warnend und drohend; dann wälzte ich mich stöhnend herum und konnte nicht schlafen. Aber beim freundlichen Tageslicht verblaßten die bedrohlichen Gedanken und verschwanden, und ich schwebte wie auf Wolken und war vor Glück schwindelig und geradezu berauscht.

Und das war verständlich, denn ich war in dieser Weltstadt zur bekannten Persönlichkeit geworden, und das stieg mir zu Kopf, und zwar nicht nur ein wenig, sondern gewaltig. Man konnte keine Zeitung mehr zur Hand nehmen, ob englisch, schottisch oder irisch, ohne darin etwas über den »Westentaschen-Millionär« und seine neuesten Taten und Aussprüche zu lesen. Anfangs wurde ich in den Gesellschaftsspalten ganz unten erwähnt; dann rückte ich vor Personen mit dem Titel »Sir«, dann vor die Baronets, dann vor die Barone, und so kletterte ich immer höher und höher, je bekannter ich wurde, bis ich die allerhöchsten Höhen erklommen hatte, wo ich auch dauerhaft blieb – noch vor den Herzögen, ausgenommen solche aus dem Königshaus, und vor allen kirchlichen Würdenträgern mit Ausnahme des Erzbischofs von Canterbury. Wohlgemerkt, das war noch kein Ruhm;

bis dahin war ich nur eine bekannte Persönlichkeit. Aber dann kam die höchste Weihe – gewissermaßen der Ritterschlag –, der in einem einzigen Augenblick den vergänglichen Flitter der Bekanntheit in das dauerhafte Gold der Berühmtheit verwandelte: ›Punch‹ brachte eine Karikatur von mir! Jetzt war ich ein gemachter Mann; meine gesellschaftliche Stellung war gesichert. Man durfte zwar noch Scherze über mich machen, aber nur respektvolle, keine derben, keine verletzenden; man durfte über mich lächeln, aber nicht lachen. Diese Zeiten waren vorbei. Die Zeichnung des ›Punch‹ zeigte mich in flatternden Lumpen, wie ich einem der Beafeater den Londoner Tower abzukaufen versuchte. Nun, Sie können sich ja denken, wie einem jungen Mann zumute ist, von dem früher niemand Notiz genommen hat und der plötzlich kein Wort mehr äußern kann, ohne daß es aufgegriffen und sofort überall verbreitet wird; der nirgends mehr hingehen kann, ohne ständig zu hören, wie man sich zuruft: »Da geht er, das ist er!«; der nicht mehr frühstücken kann, ohne von einer Menschenmenge beobachtet zu werden; der in keiner Opernloge erscheinen kann, ohne daß sich tausend blitzende Gläser auf ihn richten. Mit einem Wort, ich sonnte mich den ganzen Tag in meinem Ruhm.

Wissen Sie, ich behielt sogar meinen alten, zerlumpten Anzug und trat ab und zu darin auf, um mir wieder einmal das Vergnügen zu gönnen, beim Einkauf einer Kleinigkeit abschätzig behandelt zu werden und dann dem Spötter mit meiner Million-Pfund-Note den Mund zu stopfen. Aber das währte nicht lange. Die Illustrierten machten meinen Aufzug so bekannt, daß ich sofort erkannt und von einer Menge verfolgt wurde, wenn ich darin auf die Straße ging, und wenn ich etwas kaufen wollte, bot mir der Mann seinen ganzen Laden auf Kredit an, noch ehe ich ihm meinen Geldschein unter die Nase halten konnte.

Ungefähr am zehnten Tag meines Ruhms entschloß ich mich, meine nationale Pflicht zu erfüllen und dem amerikanischen Gesandten meine Aufwartung zu machen. Er empfing mich mit der mir gebührenden Begeisterung, schalt mich, weil ich meiner Pflicht so spät nachkäme, und erklärte, ich könne das nur dadurch wiedergutmachen, daß ich noch am selben Abend an seiner Dinnertafel den Platz einnähme, der durch die Erkrankung eines anderen Gastes frei geworden war. Ich sagte zu, und wir kamen ins Gespräch. Es stellte sich heraus, daß er und mein Vater Schulkameraden gewesen waren, später zusammen in Yale studiert hatten und bis zum Tod meines Vaters Freunde geblieben waren. Daraufhin lud er mich ein, ihn zu Hause zu besuchen, wann immer es meine Zeit erlaubte, und dazu war ich natürlich gerne bereit.

Genau genommen war ich dazu nicht nur bereit, ich war sehr froh darüber. Denn wenn es einmal zum großen Kladderadatsch kommen sollte, würde er mich vielleicht irgendwie vor dem völligen Untergang bewahren können; ich wußte nicht, wie, aber vielleicht würde ihm etwas einfallen. Um mich ihm jetzt noch zu offenbaren, war es zu spät; zu Beginn meiner erstaunlichen Londoner Laufbahn hätte ich es ohne zu zögern getan. Aber jetzt konnte ich das nicht mehr wagen, ich steckte schon zu tief drin; jedenfalls zu tief, um einem eben erst gefundenen Freund solche Enthüllungen zu machen; ansonsten hatte ich durchaus *nicht* das Gefühl, daß mir das Wasser schon bis zum Hals stand. Denn obgleich ich mir eine Menge geborgt hatte, hielt sich das doch immer in einem vertretbaren Rahmen – nämlich im Rahmen meines Gehalts. Natürlich wußte ich noch nicht genau, wie hoch mein Gehalt einmal sein würde, aber ich konnte es doch insofern ganz gut abschätzen, als ich ja, sofern ich die Wette gewann, mir eine Stellung aussuchen konnte, die der alte Herr zu vergeben hatte – vorausgesetzt, ich erwiese mich als dafür geeignet – und daß ich dafür geeignet sein würde, stand für mich ganz außer Zweifel. Und wegen der Wette machte ich mir keine Sorgen; ich war schon immer ein Glückspilz. Ich schätzte also mein Gehalt auf sechshundert bis tausend pro Jahr; sagen wir sechshundert im ersten Jahr und bei Bewährung eine jährliche Steigerung, bis ich die obere Grenze erreicht hätte. Im Augenblick hatte ich mich erst in Höhe meines ersten Jahresgehalts verschuldet. Zwar hatte mir alle Welt Geld leihen wollen, aber die meisten Angebote hatte ich unter irgendeinem Vorwand abgewimmelt; so daß meine Schulden sich auf dreihundert Pfund beliefen, die ich mir bar geliehen hatte, und weitere dreihundert Pfund für Lebensunterhalt und Anschaffungen. Mein zweites Jahresgehalt, so schätzte ich, würde mir über den Rest des Monats hinweghelfen, falls ich weiter vorsichtig und sparsam wäre, was ich mir fest vornahm. Am Monatsende, wenn mein Arbeitgeber von seiner Reise zurückkäme, wäre dann alles in bester Ordnung, denn ich würde meine beiden Jahresgehälter sofort an meine Gläubiger abtreten und mich selbst unverzüglich in die Arbeit stürzen.

Es war eine reizende Abendgesellschaft von vierzehn Personen. Der Herzog und die Herzogin von Shoreditch und ihre Tochter, Lady Anne Grace Eleanor Celeste und so weiter und so fort de Bohun, der Graf und die Gräfin von Newgate, Viscount Cheapside, Lord und Lady Blatherskite, ein paar nichtadlige Personen beiderlei Geschlechts, der Gesandte mit Frau und Tochter und eine zu Besuch weilende Freundin dieser Tochter, eine junge Engländerin von zweiundzwanzig namens Portia Langham, in die ich schon nach zwei Minuten verliebt war und sie, das sah man ohne Brille, auch in mich. Es war noch ein weiterer Gast da, ein Amerikaner – doch ich greife vor. Während die Gäste sich in Erwartung des Dinners noch im Salon aufhielten und kritisch die Späterkommenden musterten, meldete der Diener:

»Mr. Lloyd Hastings.«

Kaum waren die üblichen Begrüßungsfloskeln ausgetauscht, erblickte mich Hastings und kam mit herzlich ausgestreckter Hand geradewegs auf mich zu; aber in dem Augenblick, als er meine Hand ergreifen wollte, blieb er stehen und sagte verlegen:

»Ich bitte um Verzeihung, Sir, ich hielt Sie für einen Bekannten.«

»Aber du kennst mich doch auch, alter Junge!«

»Nein! Bist *du* etwa das – das –?«

»Das Westentaschen-Monster? Ja, das bin ich. Du kannst mich ruhig bei meinem Spitznamen nennen; ich bin daran gewöhnt.«

»Na, das ist ja eine Überraschung! Ich habe ein paarmal deinen Namen in Verbindung mit diesem Spitznamen gehört, aber ich hätte nie geglaubt, daß *du* dieser Henry Adams sein könntest! Es ist doch noch keine sechs Monate her, da warst du einfacher Buchhalter bei Blake Hopkins in Frisco und hast abends Überstunden gemacht, um mir zu helfen, die Geschäftspapiere von Gould and Curry zu prüfen und zu ordnen. Und jetzt bist du in London, ein steinreicher Mann und eine Berühmtheit – nicht zu fassen! Das ist ja wie ein Märchen aus Tausendundeiner Nacht. Mann, ich kann es gar nicht glauben, ich faß es einfach nicht! Warte einen Augenblick, bis ich wieder zu mir gekommen bin.«

»Da geht es dir genauso wie mir, Lloyd, ich kann es auch nicht glauben.«

»Du meine Güte, ist das nicht umwerfend? Heute ist es genau drei Monate her, seit wir zusammen im ›Miner's‹ waren ...«

»Nein, im ›What Cheer‹.«

»Du hast recht, es *war* das ›What Cheer‹; um zwei Uhr früh sind wir auf ein Kotelett und eine Tasse Kaffee hingegangen, nach sechs Stunden harter Arbeit an diesen Geschäftsunterlagen, und ich hab versucht dich zu überreden, mit mir nach London zu fahren; ich hab dir angeboten, dir Urlaub zu verschaffen, deine Spesen zu übernehmen und dir eine Provision zu zahlen, falls mir der Verkauf gelingen sollte; aber du wolltest nicht auf mich hören und hast gemeint, ich würde es nicht schaffen und du könntest es dir nicht leisten, den Kontakt mit den laufenden Geschäften zu verlieren und nach der Rückkehr viel Zeit darauf zu verwenden, wieder reinzukommen. Und nun bist du doch hier. Ist das nicht sonderbar? Wie bist du nur hergekommen, und was hat dir diesen unglaublichen Start ermöglicht?«

»Ach, reiner Zufall. Es ist eine lange Geschichte – ein Roman, könnte man sagen. Ich werde dir alles erzählen, aber nicht jetzt.«

»Und wann?«

»Ende dieses Monats.«

»Das sind ja noch mehr als vierzehn Tage. Das hält meine Neugier nicht aus. Sagen wir, in einer Woche.«

»Geht nicht. Du wirst schon sehen, warum. Aber was macht das Geschäft?«

Seine Fröhlichkeit war auf einmal wie weggeblasen, und seufzend sagte er:

»Deine Vorhersage war richtig, Hal, völlig richtig. Ich wünschte, ich wäre nicht hergekommen. Ich möchte nicht darüber sprechen.«

»Aber du mußt. Wenn wir nachher hier weggehen,

mußt du mitkommen und bei mir übernachten, und dann erzählst du mir alles.«

»Ach, darf ich? Ist das dein Ernst?« Und seine Augen wurden feucht.

»Ja; ich möchte alles hören, Wort für Wort.«

»Ich bin dir ja so dankbar! Endlich wieder einmal zu hören und zu sehen, daß jemand sich für mich und meine Angelegenheiten interessiert, nach allem, was ich hier durchgemacht habe – mein Gott, ich könnte auf die Knie sinken!«

Er drückte mir fest die Hand und holte tief Luft, und danach war er wieder vergnügt und bereit für das Dinner – das dann nicht stattfand. Nein; es geschah das Übliche, das, was aufgrund der vertrackten englischen Gesellschaftsordnung immer passiert: Man konnte sich nicht über die Rangfolge einigen, und deshalb gab es kein Dinner. Engländer essen immer schon zu Abend, bevor sie zum Abendessen ausgehen, weil sie die drohende Gefahr kennen; aber niemand warnt einen Fremden, und der geht dann nichtsahnend in die Falle. Diesmal kam allerdings niemand zu Schaden, denn wir hatten alle schon gegessen, weil wir bis auf Hastings keine Neulinge mehr waren, und ihm hatte der Gesandte bereits bei der Einladung mitgeteilt, daß er in Rücksicht auf die englischen Bräuche gar kein Dinner vorgesehen habe. Jeder Herr suchte sich eine Partnerin, und dann zogen die Paare zum Speisezimmer hinüber, denn die Form mußte gewahrt werden; doch hier begann der Streit. Der Herzog von Shoreditch beanspruchte das Recht, den Vorsitz an der Tafel zu übernehmen, und behauptete, er stehe im Rang über einem Gesandten, der ja nur eine Nation und keinen Monarchen repräsentiere; doch ich pochte auf mein Recht und dachte nicht daran, zurückzustehen. Ich wies darauf hin, daß ich in den Klatschspalten vor allen

Herzögen rangierte, ausgenommen solchen von königlichem Geblüt, und beanspruchte Vorrang vor dem hier anwesenden. Die Frage ließ sich natürlich nicht entscheiden, obwohl wir uns gegenseitig zu überbieten versuchten und er schließlich (unklugerweise) Vornehmheit und Alter seiner Familie ausspielte, worauf ich seinen »Wilhelm den Eroberer« stach und als Trumpfkarte meinen »Adam« darauflegte, dessen direkter Nachfahr ich sei, wie mein Name belegte, während er nur einer Seitenlinie entstammte, wie *sein* Name und seine noch sehr junge Abkunft von den Normannen bewiese; und so zogen wir alle in den Salon zurück und nahmen einen Imbiß im Stehen ein – einen Teller Sardinen mit einer Erdbeere, die man verzehrt, während man in kleinen Gruppen umhersteht. In diesem Fall sind die heiligen Regeln des Protokolls nicht ganz so streng; die zwei ranghöchsten Personen werfen einen Schilling in die Höhe, und der Gewinner darf zuerst nach der Erdbeere greifen, der Verlierer bekommt den Schilling. Nun werfen die nächsten zwei, dann wieder die nächsten, und so weiter. Nach dem Imbiß wurden Tische aufgestellt, und wir alle spielten Cribbage mit Einsätzen von Sixpence je Spiel. Die Engländer spielen kein Spiel einfach zum Vergnügen. Wenn sie dabei nichts gewinnen oder verlieren können – beides ist ihnen recht –, spielen sie lieber gar nicht.

Wir unterhielten uns wunderbar; jedenfalls zwei von uns, nämlich Miss Langham und ich. Ich war so bezaubert von ihr, daß ich nicht imstande war, mein Blatt zu zählen, wenn es eine Doppelsequenz überstieg; und wenn ich eine Trumpfkarte ausgespielt hatte, merkte ich es gar nicht und fing wieder von vorne an; und hätte so jedes Spiel verloren, wenn es um das Mädchen nicht genauso gestanden hätte und sie nicht ebenso zerstreut gewesen wäre; und deshalb brachte keiner von uns beiden ein

Spiel zustande oder wunderte sich auch nur, warum es uns nicht gelang; wir wußten nur, daß wir glücklich waren, und wollten von nichts anderem etwas wissen und nur ungestört bleiben. Ich sagte ihr – ja, wahrhaftig – ich sagte ihr, daß ich sie liebte; und sie – nun ja, sie errötete bis in die Haarspitzen, aber sie hörte es gern und sagte mir das sogar. Ach, einen schöneren Abend habe ich noch nie erlebt! Jedesmal, wenn ich einen Stich ansagte, fügte ich noch eine Bemerkung für sie hinzu, und jedesmal, wenn sie ansagte, ging sie auf meine Bemerkung ein und zählte gleichzeitig die Punkte. Ich konnte nicht einmal sagen: »Und noch zwei dazu«, ohne hinzuzufügen: »*Ach*, wie hübsch Sie sind!«, und sie sagte dann: »Fünfzehn zwei, fünfzehn vier, fünfzehn sechs, und ein Paar sind acht, und acht sind sechzehn – finden Sie wirklich?« und blickte so schräg unter ihren Wimpern hervor, so – na ja, süß und schelmisch. Ach, es war einfach *zu* schön!

Nun, ich war völlig offen und ehrlich mit ihr; ich gestand ihr, daß ich nicht einen einzigen Cent besäße, nur diese Eine-Million-Pfund-Note, von der sie schon soviel gehört habe, und die gehörte mir gar nicht, und das machte sie neugierig, und nun senkte ich meine Stimme und erzählte ihr die ganze Geschichte von Anfang an, und sie lachte sich halbtot. Was in aller Welt sie daran so komisch fand, verstand ich zwar nicht, aber so war es; alle anderthalb Minuten mußte sie über irgendeine Einzelheit lachen, und dann mußte ich wieder anderthalb Minuten warten, bis sie sich beruhigt hatte. Sie krümmte sich buchstäblich vor Lachen – ungelogen; so etwas hatte ich noch nicht erlebt. Ich meine, daß eine so schmerzliche Geschichte – eine Geschichte von den Sorgen und Nöten und Ängsten eines Menschen – *so* eine Reaktion hervorrief, das hatte ich noch nie erlebt. Aber ich liebte sie nur noch mehr dafür, daß sie so heiter sein konnte, wenn es dafür eigentlich gar keinen Grund gab; denn, nicht wahr, so wie die Dinge lagen, würde ich eine Frau wie diese bald brauchen. Ich erklärte ihr natürlich, daß wir zwei Jahre würden warten müssen, bis ich mein volles Gehalt bekäme; aber das machte ihr nichts aus, sie hoffte nur, daß ich bei Ausgaben künftig sehr vorsichtig sein würde, um zu vermeiden, daß wir auch unser drittes Jahresgehalt im voraus ausgaben. Dann wurde sie ein wenig besorgt und fragte, ob wir vielleicht einen Fehler machten und mein Gehalt für das erste Jahr höher schätzten, als es dann ausfallen würde. Da hatte sie recht, und ich war nicht mehr ganz so zuversichtlich, wie noch einen Moment zuvor; aber es brachte mich auf einen guten Gedanken, und ich sprach ihn offen aus:

»Portia, Liebste, würdest du mich begleiten, wenn ich zu den beiden alten Herren gehe?«

Sie zuckte leicht zusammen und sagte dann:

»N-nun ja: wenn ich dir damit Mut machen kann. Aber – meinst du, das wäre schicklich?«

»Nein, ich glaube, das wäre es nicht – sogar ganz gewiß nicht; aber weißt du, es hängt soviel davon ab –«

»Dann gehe ich auf jeden Fall mit, ob schicklich oder nicht schicklich!« rief sie mit kühner Entschlossenheit. »Ach, ich freue mich ja so, wenn ich dir helfen kann!«

»Helfen, Liebste? Nein, du spielst dabei die Hauptrolle. Du bist so hübsch und liebenswert und einnehmend – wenn du dabei bist, kann ich mit unserer Gehaltsforderung bis zum Äußersten gehen, und diese beiden guten alten Knaben werden es nicht übers Herz bringen, sich dagegen zu wehren.«

Na, Sie hätten mal sehen sollen, wie ihr da die Röte ins Gesicht stieg und wie ihre Augen glücklich leuchteten.

»Du alter Schmeichler! Es ist natürlich kein Wort wahr

von dem, was du da sagst, aber ich gehe trotzdem mit. Vielleicht lernst du dabei, daß andere Leute die Dinge nicht immer so sehen wie du.«

Waren meine Bedenken nun zerstreut? War meine Zuversicht wiederhergestellt? Nun, das mögen Sie daran ermessen, daß ich mein Anfangsgehalt auf der Stelle auf zwölfhundert pro Jahr erhöhte. Aber ihr sagte ich nichts davon, denn ich wollte sie damit überraschen.

Auf dem Heimweg fühlte ich mich wie im siebenten Himmel. Hastings redete, und ich hörte kein einziges Wort davon. Erst als wir meine Wohnung betraten und er überschwenglich den Komfort und Luxus lobte, kam ich wieder zu mir.

»Laß mich einen Augenblick hier stehen und das alles ansehen. Du lieber Himmel! das ist ja der reinste Palast! Es ist einfach *alles* da, was man sich nur wünschen kann, sogar ein gemütlichen Feuer im Kamin und ein gedeckter Tisch. Henry, jetzt wird mir nicht nur bewußt, wie reich du bist; jetzt wird mir auch sehr schmerzlich bewußt, wie arm ich bin – wie arm und nichtswürdig, geschlagen, am Boden zerstört, vernichtet.«

Teufel auch! bei diesen Worten lief es mir kalt über den Rücken. Der Schock rüttelte mich auf, machte mir klar, daß ich auf einer hauchdünnen Decke stand, unter der ein Abgrund gähnte. Ich hatte bis dahin gar nicht gemerkt, daß ich in einer Traumwelt lebte – oder besser gesagt, ich hatte das seit geraumer Zeit nicht mehr wahrhaben wollen; aber jetzt – oha! Hoch verschuldet, keinen Cent in der Tasche, verantwortlich für das Glück oder Unglück eines bezaubernden Mädchens und nichts, worauf ich hoffen konnte, außer einem Gehalt, das ich vielleicht – nein, das ich ganz sicher – *nie* bekommen würde. Oh, oh, oh! Ich bin für alle Zeiten ruiniert! nichts kann mich mehr retten!

»Henry, schon ein winziger Bruchteil deines Tages-
einkommens wäre –«

»Ach, mein Tageseinkommen! Hier, trink diesen heißen Scotch, der wird dich aufmuntern. Auf dein Wohl!
Aber halt – du bist hungrig; setz dich und –«

»Nein, danke, ich brauche nichts; ich esse in letzter
Zeit gar nichts mehr, aber beim Trinken leiste ich dir Gesellschaft, bis ich umfalle. Prost!«

»Ich bin dabei. Glas für Glas, es kann losgehen! So,
und nun, Lloyd, fang an mit deiner Geschichte, während
ich uns nachgieße.«

»Anfangen? Noch mal von vorne?«

»Von vorne? Wie meinst du das?«

»Ich meine, willst du das alles *noch einmal* hören?«

»Noch einmal hören? Ich verstehe gar nichts mehr.
Halt, trink nichts mehr davon. Du brauchst es nicht.«

»Hör zu, Henry, ich mache mir Sorgen um dich. Ich
habe dir doch meine ganze Geschichte auf dem Weg hierher erzählt.«

»Du?«

»Ja, ich.«

»Hol's der Teufel, ich habe kein einziges Wort davon
mitbekommen.«

»Das ist wirklich sehr ernst, Henry. Ich bin beunruhigt. Welchem Gebräu bist du bei dem Gesandten bloß
zum Opfer gefallen?«

Jetzt fiel es mir wie Schuppen von den Augen, und ich
legte ein Geständnis ab.

»Keinem Gebräu – ich bin dem reizendsten Mädchen
der Welt zum Opfer gefallen.«

Sofort ergriff er meine Hand, um mir zu gratulieren,
und schüttelte sie und schüttelte sie und schüttelte sie,
bis uns beiden die Hände weh taten; und er nahm es mir
nicht übel, daß ich mich an kein Wort seiner Geschichte,

die er mir während der drei Meilen unseres Nachhause-
wegs erzählt hatte, erinnern konnte. Bereitwillig setzte
er sich hin und erzählte mir, geduldig wie er war, alles
noch einmal. Kurz zusammengefaßt, lief es auf folgendes
hinaus: er war nach England gekommen, weil sich ihm,
wie er glaubte, die Gelegenheit zu einem großen Geschäft bot; er hatte von den »Eignern« von Gould and
Curry die »Option« auf den Verkauf der Firma mit der
Zusage, daß er alles, was über eine Million Dollar hinaus-
ging, für sich behalten könne. Er hatte hart gearbeitet,
hatte alle seine Kontakte genutzt, hatte nichts, was nicht
illegal war, unversucht gelassen; hatte fast sein gesamtes
Geld ausgegeben, hatte aber keinen einzigen Investor gefunden, der ihm hatte zuhören wollen, und am Ende des
Monats lief seine Option aus. Mit einem Wort: er war
ruiniert. Dann sprang er auf und rief:

»Henry, du kannst mich retten! Du bist der einzige
Mensch auf der Welt, der mich retten kann. Tust du das?
Würdest du das tun?«

»Aber wie denn, Junge?«

»Zahl mir eine Million und meine Heimreise für
meine ›Option‹! Sag nicht nein – bitte!«

Ich litt Qualen. Es lag mir schon auf der Zunge zu sagen: »Ich bin doch selber ein Habenichts, Lloyd; ich
besitze keinen Penny und habe sogar *Schulden*.« Aber
dann kam mir plötzlich eine Erleuchtung, und ich biß
mir auf die Lippen und wartete, bis ich so ruhig und be-
herrscht war wie ein richtiger Kapitalist. Dann sagte ich
ganz geschäftsmäßig und selbstbewußt:

»Ich werde dich retten, Lloyd –«

»Dann bin ich jetzt schon gerettet! Der Himmel möge
es dir vergelten! Wenn ich jemals ...«

»Laß mich ausreden, Lloyd. Ich werde dich retten,
aber nicht in dieser Weise, denn das wäre ungerecht dir

gegenüber, nach all der Arbeit und den Risiken, die du eingegangen bist. Ich will keine Bergwerke kaufen; in einem Finanzzentrum wie London kann ich mein Kapital auch anders für mich arbeiten lassen; und das tue ich natürlich schon die ganze Zeit; aber ich will dir sagen, was ich tun werde. Ich weiß natürlich genau Bescheid über dieses Bergbauunternehmen; ich kenne seinen enormen Wert und kann ihn, wenn nötig, jederzeit beeiden. Du wirst es innerhalb der nächsten vierzehn Tage für drei Millionen in bar verkaufen, wobei du dich immer auf mich berufen kannst, und hinterher teilen wir uns den Gewinn.«

Ich kann Ihnen sagen, vor besinnungsloser Freude tanzte er über Tisch und Stühle und hätte alles zu Kleinholz verarbeitet, wenn ich ihm nicht ein Bein gestellt und ihn gefesselt hätte.

Dann lag er da, rundum glücklich, und rief:

»Ich darf mich auf dich berufen! Auf dich – man stelle sich nur vor! Mann, sie werden in Scharen ankommen, diese reichen Londoner; sie werden sich um das Vorkaufsrecht *prügeln*! Ich bin ein gemachter Mann, ich habe ausgesorgt, und ich werde dir das niemals vergessen, so lang wie ich lebe!«

In weniger als vierundzwanzig Stunden war ganz London wie elektrisiert! Ich brauchte nichts weiter zu tun, als zu Hause zu sitzen und Tag für Tag den Besuchern zu sagen:

»Ja; ich kenne den Mann sehr gut. Und ich kenne auch die Bergbaugesellschaft. Er ist ein absolut vertrauenswürdiger Geschäftsmann, und die Bergwerke sind weit mehr wert, als er dafür verlangt.«

Währenddessen verbrachte ich meine Abende im Haus des Gesandten mit Portia. Von der Bergbaugesellschaft sagte ich ihr kein Wort, da ich sie damit überraschen wollte. Wir sprachen über Gehälter; nichts als Gehälter und die Liebe; manchmal über die Liebe, manchmal über Gehälter, manchmal über Liebe und Gehalt gleichzeitig. Und die Frau des Gesandten und die Tochter – wie sie sich für unsere Beziehung interessierten! und wie sie sich immer etwas Neues einfallen ließen, damit wir ungestört blieben und der Gesandte nichts davon erfuhr und keinen Verdacht schöpfte! es war wirklich ganz reizend von ihnen.

Als der Monat schließlich herum war, hatte ich eine Million Dollar auf meinem Konto bei der London and County Bank, und Hastings ebenfalls. Ich machte mich fein, fuhr an dem Haus am Portland Place vorbei, um mich zu vergewissern, daß die beiden Zugvögel wieder zurückgekehrt waren, und fuhr dann weiter zur Gesandtschaft, um meine Liebste abzuholen, und auf dem Weg zurück redeten wir angeregt über Gehälter. Sie war so aufgeregt und schüchtern, daß sie beinahe unerträglich hübsch aussah.

»Mein Schatz«, sagte ich, »so wie du aussiehst, wäre es das reinste Verbrechen, ein Gehalt von weniger als dreitausend im Jahr zu verlangen.«

»Henry, Henry, du wirst uns ruinieren!«

»Keine Angst! Sieh nur weiter so hübsch aus und überlaß den Rest mir. Es wird alles gut werden.«

Wie man sieht, war am Ende *ich* es, der *ihr* Mut machen mußte, sie ermahnte mich die ganze Zeit und sagte:

»Bitte denk daran, wenn wir zuviel verlangen, bekommen wir vielleicht gar kein Gehalt; und was soll dann aus uns werden, wenn wir kein Geld verdienen?«

Derselbe Diener führte uns ins Haus, und da saßen sie, die beiden alten Herren. Natürlich waren sie erstaunt, mich in Begleitung dieses wundervollen Wesens zu sehen, aber ich sagte:

»Keine Sorge, Gentlemen, sie ist mein künftiger Halt und meine Stütze.«

Dann stellte ich sie einander vor, wobei ich die Herren beim Namen nannte. Das überraschte sie nicht; sie konnten sich ja denken, daß ich inzwischen im Adreßbuch nachgesehen hatte. Sie baten uns, Platz zu nehmen, und waren sehr zuvorkommend zu uns beiden und sehr bemüht, Portia jede Verlegenheit zu ersparen. Dann sagte ich:

»Gentlemen, ich bin bereit, Ihnen zu berichten.«

»Das freut uns zu hören«, sagte der, der auf mich gewettet hatte, »denn nun werden wir sehen, wer von uns die Wette gewonnen hat, mein Bruder Abel oder ich. Habe ich gewonnen, dann sollen Sie jede Stellung erhalten, die ich Ihnen verschaffen kann. Haben Sie die Million-Pfund-Note?«

»Hier ist sie, Sir«, antwortete ich und gab sie ihm.

»Ich habe gewonnen!« jubelte er und schlug Abel auf die Schulter. »Was sagst du jetzt, Bruder?«

»Ich kann nur sagen, daß er offensichtlich überlebt hat und daß ich zwanzigtausend Pfund verloren habe. Ich hätte das nicht für möglich gehalten.«

»Ich habe noch mehr zu berichten«, sagte ich, »aber das wird viel Zeit beanspruchen. Erlauben Sie, daß ich bald wiederkomme und Ihnen meine Geschichte der letzten vier Wochen erzähle; und ich verspreche Ihnen, es lohnt sich, das anzuhören. Aber sehen Sie sich erst einmal das an.«

»Was! Eine Einzahlungsbestätigung über zweihunderttausend Pfund? Von Ihrer Bank?«

»Ja. Diesen Betrag habe ich im vergangenen Monat durch umsichtigen Einsatz des kleinen Darlehens verdient, das Sie mir gegeben hatten. Dabei habe ich es nur dazu verwendet, mir ein paar Kleinigkeiten zu kaufen und jedesmal die Banknote vorzuzeigen mit der Bitte, mir darauf Wechselgeld herauszugeben.«

»Also, das kann doch nicht wahr sein! Das ist ja unglaublich, Mann!«

»So ist es aber, und ich werde es beweisen. Für jedes meiner Worte werde ich Ihnen den Beweis liefern.«

Jetzt war es an Portia, überrascht zu sein. Mit großen, ungläubigen Augen fragte sie:

»Gehört dieses Geld wirklich dir, Henry? Hast du mich die ganze Zeit beschwindelt?«

»Ja, Liebste, das habe ich, aber ich weiß, du wirst mir verzeihen.«

Sie machte einen Schmollmund und sagte:

»Sei dir da nicht so sicher. Es war sehr ungezogen, mich so hinters Licht zu führen!«

»Du wirst schon darüber hinwegkommen, Schatz, ganz bestimmt. Es war alles nur Spaß. Laß uns jetzt gehen.«

»Halt, warten Sie! Die Stellung! Ich möchte Ihnen doch eine Stellung anbieten«, rief mein Gönner.

»Ach, wissen Sie«, entgegnete ich, »ich bin Ihnen wirklich sehr dankbar, aber eigentlich möchte ich keine.«

»Sie könnten aber das Allerbeste bekommen, was ich anbieten kann.«

»Nochmals herzlichen Dank; aber nicht einmal das möchte ich haben.«

»Henry, ich schäme mich für dich. Du hast dich überhaupt nicht richtig bedankt bei diesen reizenden alten Herren. Darf ich es für dich tun?«

»Bitte, gern, wenn du es besser kannst. Zeig mir mal, wie du das machst.«

Sie ging zu meinem Gönner, setzte sich auf seinen Schoß, schlang die Arme um seinen Hals und küßte ihn mitten auf den Mund. Dann brachen die beiden alten

Knaben in schallendes Gelächter aus, während ich entgeistert und geradezu erstarrt dastand. Portia sagte:

»Papa, er hat gesagt, er will nicht mal das Allerbeste haben, was du anbieten kannst; jetzt bin ich genauso beleidigt wie –«

»Liebling! Ist das dein Papa?«

»Ja; er ist mein Stiefpapa und der allerliebste obendrein. Verstehst du jetzt, warum ich so sehr lachen mußte – damals, beim Gesandten, als du nicht wußtest, wer ich bin, und du mir von den Schwierigkeiten erzähltest, in die du durch den Plan von Papa und Onkel Abel geraten bist?«

Jetzt meldete ich mich natürlich zu Wort und kam ohne Umschweife gleich zur Sache.

»Lieber, verehrter Herr, ich möchte zurücknehmen, was ich gesagt habe. Sie können mir sehr wohl eine Stellung verschaffen, die ich annehmen würde.«

»Und welche wäre das?«

»Die des Schwiegersohnes.«

»Tja, also wissen Sie – Wenn Sie in dieser Stellung keine Erfahrung besitzen und mir nicht durch irgendwelche Empfehlungsschreiben nachweisen können, daß Sie die Bedingungen unseres Vertrages erfüllen, dann kann ich leider –«

»O bitte versuchen Sie's mit mir – ich flehe Sie an! Geben Sie mir eine Probezeit von dreißig oder vierzig Jahren, und wenn –«

»Na schön, meinetwegen; es ist ja nur ein kleiner Wunsch; nehmen Sie sie.«

Ob wir glücklich waren? Das Große Wörterbuch reicht nicht aus, um unser Glück zu beschreiben. Und als in London ein, zwei Tage später die vollständige Geschichte meiner Abenteuer bekannt wurde, die ich während der vier Wochen mit dieser Banknote erlebt hatte, und wie diese Geschichte dann endete, – ob das London Stoff für Unterhaltung und Gelächter bot? Allerdings.

Portias Papa brachte die Banknote, die mir so viel Gutes getan hatte, zurück zur Bank von England, wo er sie einlöste; die Bank entwertete die Note darauf und machte sie ihm zum Geschenk, und er wiederum gab sie uns als Hochzeitsgeschenk, und seither hängt sie gerahmt an einem Ehrenplatz in unserem Haus. Schließlich habe ich ihr meine Portia zu verdanken. Denn wenn diese Note nicht gewesen wäre, dann wäre ich damals nicht in London geblieben, wäre nie und nimmer zum Gesandten gegangen, hätte sie nicht kennengelernt. Und deshalb sage ich immer: »Ja, es steht zwar ›Eine Million Pfund‹ drauf, wie man sieht, aber es ist damit nur ein einziger Kauf getätigt worden, und das, was damit erworben wurde, gab es für nicht mehr als ein Zehntel ihres Nennwertes.«

# Der Mann, der Hadleyburg korrumpierte

## I

Es geschah vor vielen Jahren. Hadleyburg war die ehrlichste und aufrechteste Stadt weit und breit. Diesen makellosen Ruf genoß sie seit drei Generationen und hielt sich auf ihn mehr zugute als auf alles, was sie sonst noch besaß. Sie hielt sich auf ihn so viel zugute und war so sehr darauf bedacht, ihn zu behalten, daß sie schon den Kindern in der Wiege die Grundsätze ehrlichen Verhaltens beibrachte und diese Lehren auch während der folgenden Jahre in den Mittelpunkt der Erziehung stellte. Auch hielt man von jungen Menschen, solange sie moralisch noch nicht gefestigt waren, jede Art von Verlockung fern, so daß rechtschaffenes Denken Sie ungehindert durchdringen konnte und ihnen in Fleisch und Blut überging. Die Nachbarstädte beneideten die Bürger von Hadleyburg um ihre ehrbare Vormachtstellung und verspotteten deren Stolz auf ihre Tugend und nannten ihn Eitelkeit; dennoch mußten sie zugeben, daß Hadleyburg tatsächlich gegen schlechten Einfluß gefeit war; und wenn man ein bißchen nachbohrte, gaben sie auch zu, daß ein junger Mann, der außerhalb seiner Heimatstadt eine verantwortungsvolle Stellung suchte, nur zu sagen brauchte, er komme aus Hadleyburg, um sich zu empfehlen.

Schließlich aber, nachdem Jahre vergangen waren, hatte Hadleyburg das Pech, einen Fremden auf der Durchreise zu kränken – möglicherweise ohne es zu ahnen, sicherlich aber ohne sich darum zu kümmern, denn Hadleyburg war sich selbst genug und gab keinen Pfifferling für die Meinung eines Fremden. In diesem Fall wäre die Stadt aber gut beraten gewesen, eine Ausnahme zu machen, denn dieser Mann war mißgünstig und rachsüchtig. Ein ganzes Jahr lang, während er im Land umherzog, ging es ihm nicht aus dem Sinn, wie man ihn beleidigt hatte, und in jeder freien Minute dachte er darüber nach, wie er sich Genugtuung verschaffen könnte. Er legte sich mancherlei Pläne zurecht, von denen jeder zwar gut war, aber keiner ihn wirklich überzeugte; noch der einfachste dieser Pläne war geeignet, einer sehr großen Zahl von Menschen Schaden zuzufügen, aber was er anstrebte, war ein allumfassender Plan, der die ganze Stadt treffen würde und niemanden unbeschadet davonkommen ließe. Endlich aber kam ihm eine Idee, und als sie ihm durch den Kopf schoß, strahlte er vor bösartiger Vorfreude. Sofort machte er sich daran, einen genauen Plan auszuhecken, und dabei dachte er: »So werd ich's machen – ich werde diese Stadt korrumpieren.«

Sechs Monate später fuhr er nach Hadleyburg, wo er gegen zehn Uhr abends in seinem Einspänner vor dem Haus des alten Bankkassierers ankam. Er zerrte einen Sack aus dem Wagen, schulterte ihn und ging schweren Schritts durch den Vorgarten zur Haustür und klopfte. Eine Frauenstimme rief: »Herein!«, und er trat ein, stellte seinen Sack im Wohnzimmer hinter dem Ofen ab und sagte höflich zu der alten Dame, die bei einer Stehlampe saß und den ›Missionsboten‹ las:

»Bitte behalten Sie Platz, Madam, ich möchte nicht stören. So – da ist er gut versteckt; man sieht ihn kaum. Könnte ich wohl für einen Augenblick mit Ihrem Mann sprechen, Madam?«

Nein, der war in Brixton und würde womöglich erst am Morgen zurückkommen.

»Na schön, Madam, das macht nichts. Ich wollte ihn lediglich bitten, diesen Sack aufzubewahren und ihn dem rechtmäßigen Eigentümer zu übergeben, sobald man diesen ausfindig gemacht hat. Ich bin hier fremd; er kennt mich nicht; ich befinde mich nur auf der Durchreise, um in der Stadt etwas zu erledigen, was mir schon lange auf der Seele liegt. Nun habe ich getan, was zu tun war, und gehe wieder, zufrieden und ein bißchen stolz, und Sie werden mich nicht wiedersehen. An dem Sack hängt ein Zettel, der alles Nähere erklärt. Gute Nacht, Madam.«

Der rätselhafte Fremde hatte der alten Dame angst gemacht, und sie war froh, als er weg war. Aber ihre Neugierde war geweckt, und sie ging hin und holte den Zettel. Er begann wie folgt:

»Bitte veröffentlichen; *oder den richtigen Mann durch private Nachforschungen ermitteln – beides kommt in Frage. Dieser Sack enthält Goldmünzen mit einem Gewicht von einhundertsechzig Pfund vier Unzen –*«

»Der Himmel steh mir bei, die Tür ist ja nicht abgeschlossen!«

Zitternd eilte Mrs. Richards zur Tür und verriegelte sie, ließ die Jalousien herunter und stand dann da und überlegte ganz aufgeregt und voller Angst, was sie zu ihrer Sicherheit und der des Geldes noch tun könnte. Eine Weile lauschte sie, ob Einbrecher im Hause wären, dann ließ ihr die Neugierde keine Ruhe, und sie kehrte zu ihrer Lampe zurück und las weiter:

»Ich bin hier fremd und stehe im Begriff, in mein Heimatland zurückzukehren, wo ich zu bleiben gedenke. Ich bin Amerika dankbar für alles, was es mir während meines langen Aufenthalts unter seiner Flagge gegeben hat; und besonders dankbar bin ich einem seiner Bürger – einem Einwohner von Hadleyburg –, der mir vor ein oder zwei Jahren einen sehr großen Gefallen erwiesen hat – zwei Gefälligkeiten, um genau zu sein. Ich darf das erklären. Ich war ein Spieler. Wohlgemerkt, ich WAR einer. Ich war ein bankrotter Spieler. Ich kam eines Abends in diese Kleinstadt, ausgehungert und ohne einen Penny in der Tasche. Ich bat um Hilfe – als es dunkel war; ich schämte mich, bei Tageslicht zu betteln. Ich kam mit meiner Bitte an den Richtigen. Er schenkte mir zwanzig Dollar – *mit anderen Worten, er schenkte mir mein Leben wieder,* so empfand ich es. Er schenkte mir zugleich Reichtum; denn dieses Geld hat mich am Spieltisch reich gemacht. Und noch etwas: er sagte etwas zu mir, das ich nie vergessen habe, Worte, die Besitz von mir ergriffen haben; und indem sie von mir Besitz ergriffen, retteten sie das, was von meinen moralischen Grundsätzen noch übrig war; ich werde nie wieder um Geld spielen. Nun weiß ich leider nicht, wer dieser Mann war, aber ich möchte, daß er gefunden wird und dieses Geld erhält, das er verschenken, verprassen oder aufbewahren mag, ganz wie es ihm gefällt. Ich will auf diese Weise nur meine Dankbarkeit ihm gegenüber zum Ausdruck bringen. Könnte ich bleiben, so würde ich ihn selber suchen; aber ich bin sicher, man wird ihn auch so finden. Diese Stadt ist von Grund auf ehrlich und ohne Laster, und ich weiß, daß ich ihren Bürgern blind vertrauen kann. Den Mann kann man aufgrund der Worte identifizieren, die er zu mir sprach; ich bin überzeugt davon, daß er sich an sie erinnert.

Ich habe nun folgenden Plan: Sollten Sie es vorziehen, die Nachforschungen selber anzustellen, tun Sie es. Erzählen Sie jedem, der möglicherweise der gesuchte Mann ist, was in diesem Schreiben steht. Sagt er darauf: ›Ich bin der Betreffende; die Bemerkung, die ich damals machte, war die und die‹, dann überprüfen Sie das – indem Sie den Sack öffnen, in ihm finden Sie einen verschlossenen Umschlag, der die erwähnte Bemerkung enthält. Stimmt die Äußerung des Kandidaten damit überein, dann geben Sie ihm das Geld und stellen Sie ihm keine weiteren Fragen, denn er ist mit Sicherheit der richtige Mann.

Falls es Ihnen lieber ist, daß die Suche öffentlich durchgeführt wird, dann lassen Sie dieses Schreiben in der Lokalzeitung erscheinen – und zwar mit folgendem Zusatz: Der Kandidat möge sich von heute an gerechnet in dreißig Tagen (Freitag) um acht Uhr abends im Rathaus melden und die fragliche Bemerkung in einem verschlossenen Umschlag Pastor Burgess geben (wenn dieser so freundlich ist, diese Aufgabe zu übernehmen); und Pastor Burgess wird dann die Siegel an diesem Sack erbrechen, ihn öffnen und prüfen, ob die Angabe korrekt ist; wenn korrekt, möge man das Geld meinem auf diese Weise identifizierten Wohltäter mit dem Ausdruck meiner aufrichtigen Dankbarkeit übergeben.«

Mrs. Richards zitterte vor Erregung und mußte sich setzen, und bald war sie tief in Gedanken versunken – die etwa so aussahen: »Ist das nicht sonderbar?... Und welch ein Lohn für den gütigen Menschen, der so selbstlos gehandelt hat!... Ich wünschte, es wäre mein Mann gewesen! – wir sind doch so arm, so alt und arm!...« Und dann, mit einem Seufzer: »Aber mein Edward war es nicht; nein, er schenkt keinem Fremden zwanzig Dollar. Eigentlich schade, wirklich schade...!« Dann, mit Schaudern: »Aber es ist ja das Geld eines *Spielers*! Sündenlohn: wir dürften das gar nicht annehmen; wir dürften es nicht einmal anfassen. Es ist schmutzig, ich will es nicht in meiner Nähe haben!« Sie setzte sich auf einen Stuhl, der weiter entfernt war... »Ich wünschte, Edward würde kommen und es auf die Bank tragen; jeden Augenblick kann ein Einbrecher kommen; es ist schrecklich, allein damit zu sein.«

Um elf Uhr kam Mr. Richards nach Hause, und während seine Frau sagte: »Ich bin ja so froh, daß du wieder da bist!« sagte er: »Ich bin ja so müde – todmüde. Es ist schrecklich, wenn man arm ist und in meinem Alter noch solche gräßlichen Reisen machen muß. Immerzu in der Tretmühle, immer der Lohnsklave eines anderen, und der sitzt reich und behaglich in Pantoffeln zu Hause.«

»Du tust mir ja so leid, Edward, das weißt du; aber tröste dich, wir haben genug zum Leben; wir haben unseren guten Ruf –«

»Ja, Mary, und das ist das wichtigste. Hör gar nicht auf mein ärgerliches Gerede – das geht vorüber und hat nichts zu bedeuten. Gib mir einen Kuß – so, jetzt ist alles wieder gut, und ich will aufhören zu klagen. Was ist denn da inzwischen angekommen? Was ist in diesem Sack?«

Nun berichtete seine Frau von dem großen Geheimnis. Es verschlug ihm für einen Augenblick die Sprache, dann sagte er:

»Hundertsechzig Pfund wiegt er? Aber Mary, dann sind das ja *vierzigtausend* Dollar – Stell dir das mal vor – ein wahres Vermögen! Niemand in unserer Stadt besitzt so viel. Gib mir mal den Zettel.«

Er überflog den Inhalt und sagte dann:

»Ist das nicht abenteuerlich? Das reinste Märchen; es

159

ist so unwahrscheinlich wie manches, von dem man nur in Büchern liest und das es in Wirklichkeit gar nicht gibt.« Er war jetzt ganz aufgekratzt; vergnügt, fast übermütig. Er tätschelte seiner alten Frau die Wange und sagte scherzend: »Du, wir sind reich, Mary, reich; wir brauchen nur dieses Geld zu vergraben und die Papiere zu verbrennen. Wenn der Spieler je auftaucht und Fragen stellt, sehen wir ihn bloß strafend an und sagen: ›Was reden Sie da für einen Unsinn? Wir haben noch nie etwas von Ihnen und Ihrem Sack voll Gold gehört!‹; dann würde er schön dumm dastehen und –«

»Und während du hier rumstehst und deine Späße machst, ist das Geld immer noch hier, und die Zeit, wo die Einbrecher umgehen, rückt näher und näher.«

»Stimmt. Also gut, was sollen wir tun – private Nachforschungen anstellen? Nein, nein; das würde dem Ganzen den romantischen Glanz nehmen. Wir machen die Sache besser öffentlich. Stell dir nur vor, was das für einen Wirbel gibt! Und alle anderen Städte werden uns beneiden; denn kein Fremder würde so etwas einer anderen Stadt außer Hadleyburg anvertrauen, und das wissen sie genau. Das gibt uns einen Trumpf in die Hand. Ich gehe am besten gleich in die Druckerei, sonst wird es zu spät.«

»Aber warte doch, warte; laß mich hier nicht mit dem Geld allein, Edward!«

Doch er war schon fort. Allerdings nur für kurze Zeit. Nicht weit von seinem Haus traf er den Besitzer der Zeitung, gab ihm das Dokument und sagte: »Hier habe ich etwas Tolles für Sie, Cox – setzen Sie's noch rein.«

»Vielleicht ist es schon zu spät, Mr. Richards, aber ich will mal sehen.«

Nach Hause zurückgekehrt, setzte er sich zu seiner Frau, um sich mit ihr über das faszinierende Geheimnis zu unterhalten; an Schlafengehen war jetzt nicht zu denken. Frage Nummer eins war: Welcher Mitbürger könnte dem Fremden die zwanzig Dollar geschenkt haben? Die Antwort schien einfach; beide riefen wie aus einem Munde:

»Barclay Goodson.«

»Ja«, sagte Richards, »der könnte es gewesen sein, es sähe ihm ähnlich; sonst kommt niemand in der Stadt in Frage.«

»Das wird jeder zugeben, Edward – jedenfalls im stillen. Seit sechs Monaten ist die Stadt wieder ganz die alte: ehrlich, engherzig, selbstgerecht und geizig.«

»So hat er sie stets genannt, bis zu seinem Tode – und das sogar öffentlich.«

»Ja, und darum war er so verhaßt.«

»Gewiß; aber das war ihm gleich. Ich glaube, er war der meistgehaßte Mann bei uns, abgesehen von Pastor Burgess.«

»Na ja, Burgess hat es auch verdient – er wird hier nie mehr eine Gemeinde finden. Die Stadt mag niederträchtig sein, aber *ihn* schätzt sie doch richtig ein. Findest du es nicht merkwürdig, Edward, daß der Fremde ausgerechnet Burgess ausersehen hat, das Geld zu übergeben?«

»Na ja, schon. Das heißt – das heißt –«

»Was heißt – was heißt –? Würdest *du* ihn damit beauftragen?«

»Mary, vielleicht kennt ihn der Fremde besser als wir alle.«

»Das nützt Burgess auch nichts!«

Der Mann schien um eine Antwort verlegen; die Frau sah ihn unverwandt an und wartete. Schließlich sagte Richards zögernd, so als rechnete er damit, auf Widerspruch zu stoßen:

»Mary, Burgess ist kein schlechter Mensch.«

Seine Frau war tatsächlich überrascht.

»Unsinn!« rief sie.

»Er ist kein schlechter Mensch. Ich weiß das. Daß er so unbeliebt ist, hat nur diesen einen Grund – diese Sache, die soviel Staub aufgewirbelt hat.«

»»*Nur* diesen einen Grund‹, *nur!* Als ob der nicht ausreichte.«

»Gewiß, gewiß. Aber er ist es schließlich nicht gewesen.«

»Wie du redest! Nicht gewesen! Jeder *weiß*, daß er es gewesen ist.«

»Mary, mein Ehrenwort darauf – er war unschuldig.«

»Ich kann das nicht glauben, und ich glaub's auch nicht. Woher willst du das wissen?«

»Ich muß dir etwas gestehen. Ich schäme mich, aber ich tu's. Ich war der einzige Mensch, der wußte, daß er unschuldig ist. Ich hätte ihn retten können, und – und – na, du weißt ja, wie aufgebracht die Stadt war – ich hatte nicht den Mut dazu. Ich hätte alle gegen mich gehabt. Ich kam mir gemein vor; so hundsgemein; aber ich hab mich nicht getraut; ich war nicht Manns genug, das auf mich zu nehmen.«

Mary sah bekümmert aus und schwieg eine Weile. Dann sagte sie stockend:

»Ich – ich glaube nicht, daß es richtig gewesen wäre, wenn du – wenn du – Man kann nicht – hm – öffentliche Meinung – man muß so vorsichtig sein – damit –« Das Gelände, auf dem sie sich bewegte, war schwierig, und sie blieb im Morast stecken; aber nach einer Pause fuhr sie fort: »Es ist ja sehr bedauerlich, aber – Wir konnten es uns einfach nicht leisten, Edward – auf keinen Fall. Ich hätte niemals zugelassen, daß du es tust!«

»Wir hätten es uns mit so vielen Leuten verdorben, Mary; und außerdem – und außerdem –«

»Mich beunruhigt jetzt bloß, was *er* von uns denkt, Edward.«

»Er? Er ahnt nicht, daß ich ihn hätte retten können.«

»Ach!« rief die Frau erleichtert aus, »da bin ich aber froh! Wenn er nicht weiß, daß du ihn hättest retten können, dann – dann – na, jetzt sieht alles doch gleich viel besser aus. Ich hätte mir ja denken können, daß er nichts weiß, denn er versucht doch immer, mit uns freundlich zu tun, obwohl wir ihn nicht dazu ermutigen. Die Leute haben mich schon häufig deswegen aufgezogen. Die Wilsons, die Wilcoxes, die Harknessens – allen macht es diebische Freude, ›*euer Freund* Burgess‹ zu sagen, weil sie genau wissen, daß ich mich darüber aufrege. Wenn er doch nur nicht immer so freundlich zu uns wäre; ich verstehe gar nicht, warum er das nicht läßt.«

»Das kann ich dir sagen. Ich muß nämlich noch etwas gestehen. Als die Geschichte noch am Kochen war und die Stadt ihn auf der Schiene reiten lassen wollte, hatte ich solche Gewissensbisse, daß ich es einfach nicht aushielt, und da bin ich heimlich zu ihm hingegangen und habe ihn gewarnt, und er hat sich aus dem Staub gemacht und blieb fort, bis er ohne Gefahr zurückkommen konnte.«

»Edward! Wenn das in der Stadt bekannt geworden wäre –!«

»*Still!* Ich kriege jetzt noch Angst, wenn ich daran denke. Ich hab es noch im selben Augenblick bereut; und ich habe nicht einmal dir etwas davon gesagt, aus Furcht, man könnte es dir am Gesicht ablesen. In dieser Nacht habe ich kein Auge zugetan, so habe ich mich gesorgt. Aber nach ein paar Tagen merkte ich, daß niemand mich verdächtigte, und danach war ich sogar froh, daß ich es getan hatte. Und ich bin auch jetzt noch froh darüber, Mary – von Herzen froh.«

»Ich auch, denn es wäre ja furchtbar gewesen, wenn sie ihm das angetan hätten. Ja, ich bin auch froh; denn das warst du ihm schuldig. Aber Edward, wenn es eines Tages doch noch herauskommt!«

»Das wird es nicht.«

»Und warum nicht?«

»Weil alle denken, daß Goodson es war.«

»Das sieht ihnen ähnlich!«

»Allerdings. Und *dem* war das natürlich egal. Sie brachten den armen alten Sawlsberry dazu, hinzugehen und es Goodson ins Gesicht zu sagen, und das tat er dann auch in seiner polternden Art. Goodson sah ihn von oben bis unten an, so als suchte er die Stelle, die er am verachtenswertesten fand, und dann sagt er: ›Sie kommen also vom Untersuchungskomitee, wie?‹ Und Sawlsberry entgegnete, so ungefähr verhielte es sich wohl. ›Aha. Wollen die Einzelheiten wissen, oder glauben Sie, daß eine *allgemeine* Antwort genügt?‹ ›Wenn die Einzelheiten wissen wollen, komme ich noch mal wieder, Mr. Goodson; ich nehm jetzt erst mal die allgemeine Antwort.‹ ›Schön, dann sagen Sie ihnen, sie sollen zur Hölle fahren – ich denke, das ist allgemein genug. Ich gebe Ihnen einen guten Rat, Sawlsberry; wenn Sie wegen der Einzelheiten wiederkommen, bringen Sie einen Korb mit, damit die Ihre Überreste mit nach Hause nehmen können.‹«

»Typisch Goodson; das sieht ihm ähnlich. Er bildete sich gerne ein, niemand könnte so gute Ratschläge erteilen wie er.«

»Damit war der Fall erledigt, und wir waren gerettet, Mary. Die Sache wurde fallengelassen.«

»Gott sei Dank, daran ist kein Zweifel.«

Dann wandten sie sich wieder mit erneutem Eifer dem Geheimnis des Goldsacks zu. Bald traten in ihrem Gespräch Unterbrechungen ein – Pausen, die auf intensives Nachdenken hindeuteten. Diese Pausen wurden immer häufiger und häufiger. Schließlich versank Richards ganz in Grübelei. Lange Zeit saß er da und starrte geistesabwesend auf den Boden, und hin und wieder unterstrichen kurze, nervöse Handbewegungen seine Gedanken und verrieten eine zunehmende innere Anspannung. Auch seine Frau war inzwischen in nachdenkliches Schweigen verfallen, und ihre Bewegungen ließen auf quälendes Unbehagen schließen. Endlich stand Richards auf, ging ruhelos im Zimmer hin und her und fuhr sich dabei mit den Händen durchs Haar wie ein Schlafwandler, den ein Albtraum bedrückt. Dann schien er einen Entschluß gefaßt zu haben; und wortlos setzte er seinen Hut auf und verließ rasch das Haus. Seine Frau blieb brütend sitzen und schien gar nicht zu bemerken, daß sie allein war. Hin und wieder murmelte sie: »Führe uns nicht in Ver – ... sondern – sondern – wir sind so arm, so arm! ... – Führe uns nicht in ... Ach, wem würde es denn schaden? – und niemand würde es je erfahren ... – Führe uns ...« Ihre Worte erstarben in einem Flüstern. Wenig später blickte sie auf und hauchte halb erschrokken, halb freudig:

»Er ist fort! Aber, mein Gott, vielleicht ist es zu spät – zu spät ... Vielleicht auch nicht – vielleicht kommt er noch rechtzeitig.« Sie erhob sich und blieb nachdenklich und nervös die Hände ringend stehen. Ein leichter Schauder überlief sie, und sie stammelte mit trockener Kehle: »Gott verzeih mir – es ist furchtbar, so etwas zu denken – aber ... Herrgott, wie sind wir nur beschaffen – wie sonderbar sind wir beschaffen!«

Sie drehte den Lampendocht hinunter und ging auf Zehenspitzen zu dem Sack und kniete neben ihm nieder und befühlte seine rauhe, kantige Oberfläche und strich zärtlich darüber; und in ihren armen alten Augen brannte Gier. Sie verfiel in eine Art Trance, aus der sie immer wieder halb erwachte, und dann murmelte sie: »Hätten wir doch nur gewartet! – ach, hätten wir doch nur ein wenig gewartet und es nicht so eilig gehabt!«

Inzwischen war Cox aus seinem Büro nach Hause gegangen und hatte seiner Frau von dem seltsamen Vorfall erzählt, und sie hatten die Sache gründlich durchgesprochen und waren zu dem Schluß gekommen, der verstorbene Goodson sei der einzige in der Stadt gewesen, der einem notleidenden Fremden mit der stattlichen Summe von zwanzig Dollar geholfen haben könnte. Dann entstand eine Pause, und die zwei wurden still und nachdenklich. Und nach und nach nervös und zappelig. Schließlich sagte die Frau wie zu sich selbst:

»Nur die Richards kennen dieses Geheimnis ... und wir ... sonst niemand.«

Ihr Mann schreckte aus seinen Gedanken hoch und sah sie versonnen an; sie war ganz bleich geworden; dann stand er zögernd auf und blickte verstohlen erst auf seinen Hut, dann auf seine Frau – so als könne er sich nicht entscheiden. Mrs. Cox schluckte ein-, zweimal, die Hand an der Kehle, dann nickte sie stumm. Im nächsten Augenblick war sie allein und murmelte weiter vor sich hin.

Und nun eilten Richards und Cox, aus entgegengesetzten Richtungen kommend, durch die menschenleeren Straßen. Keuchend trafen sie am Fuß der Treppe zur Druckerei zusammen; im Schein der schwachen Laterne versuchte jeder, das Gesicht des anderen zu lesen. Cox fragte flüsternd:

»Niemand weiß davon außer uns?«

Die geflüsterte Antwort war:

»Keine Menschenseele – Ehrenwort, keine Menschenseele!«

»Wenn es nur nicht zu spät ist –«

Gerade als die Männer die Treppe hinaufeilten, holte sie ein Junge ein, und Cox fragte:

»Bist du's, Johnny?«

»Ja, Sir.«

»Du brauchst die Frühpost nicht aufzugeben – überhaupt keine Post; warte, bis ich dir Bescheid sage.«

»Sie ist schon weg, Sir.«

»*Weg?*« Herbe Enttäuschung schwang in dem einen Wort.

»Ja, Sir. Der Fahrplan für Brixton und alle Ortschaften an der Strecke ist heute umgestellt worden, Sir – ich mußte die Zeitungen zwanzig Minuten früher als sonst abliefern. Hab mich mächtig beeilen müssen; wär ich zwei Minuten später gekommen –«

Die Männer machten kehrt und gingen langsam davon, ohne sich den Rest des Berichts anzuhören. Zehn Minuten lang sprach keiner ein Wort; dann sagte Cox gereizt:

»Ich begreife einfach nicht, warum Sie es so eilig hatten.«

Die Antwort war sehr kleinlaut:

»Ich seh's ja ein, aber wissen Sie, ich hab erst richtig nachgedacht, als es schon zu spät war. Das nächste Mal –«

»Ach, zum Teufel! Es wird kein nächstes Mal geben!«

Dann trennten sich die Freunde grußlos und gingen wie zwei tödlich Verwundete mit schleppenden Schritten nach Hause. Dort sprangen ihre Frauen mit einem gespannten »Na?« vom Stuhl auf – aber als sie die Antwort in den Blicken lasen, ließen sie sich betrübt zurücksinken, ohne die dazugehörenden Worte abzuwarten. In beiden Häusern entspann sich eine Auseinandersetzung der hitzigen Art: das war neu; es war schon zu Auseinandersetzungen gekommen, aber nie zu erregten, zu bösartigen. Die Wortgefechte glichen sich aufs Haar. Mrs. Richards sagte:

»Hättest du doch nur gewartet, Edward – und hättest einmal in Ruhe überlegt; aber nein, du mußtest ja gleich zur Druckerei laufen und es in alle Welt hinausposaunen!«

»Es stand doch da, wir sollten es veröffentlichen.«

»Das besagt gar nichts; es stand auch da, wir könnten selber Nachforschungen anstellen, wenn wir wollten. Bitte sehr – stimmt das oder stimmt es nicht?«

»Ja, ja – ja, es stimmt, aber ich dachte, was das für eine Aufregung geben würde und wie schmeichelhaft es für Hadleyburg ist, daß ein Fremder der Stadt soviel Vertrauen –«

»Das weiß ich alles selber; aber wenn du ein bißchen nachgedacht hättest, dann wäre dir klargeworden, daß du den richtigen Mann gar nicht finden kannst, weil er längst unter der Erde liegt und weder Kind noch Kegel noch sonst irgendwelche Verwandten zurückgelassen hat; und daß niemand einen Schaden davon hätte, wenn das Geld an jemanden fiele, der es bitter nötig hat, und – und –«

Sie brach weinend zusammen. Ihr Mann wollte sie trösten und sagte deshalb dies:

»Weißt du, Mary, es ist sicher gut so – *ganz* gewiß ist es das; das wissen wir doch. Und wir sollten immer daran denken, daß es so vorherbestimmt war –«

»Vorherbestimmt! Immer ist alles *vorherbestimmt* gewesen, wenn jemand eine Dummheit gemacht hat und sich herausreden will. Wenn du so willst, war es auch *vorherbestimmt*, daß das Geld auf diese ungewöhnliche Weise zu uns gelangt ist, und dann mußt ausgerechnet du hingehen und der Vorsehung in die Quere kommen – wer gab dir das Recht dazu? Es war eine Sünde, daß du's nur weißt – eine anmaßende Gotteslästerung, und dir als einem demütigen, bekennenden Christen stand es nicht zu –«

»Aber Mary, wir und alle andern in der Stadt sind unser Leben lang dazu erzogen worden, keinen Augenblick zu zögern und zu überlegen, wenn es gilt, etwas Redliches zu tun, und das sitzt so tief...«

»Ich weiß, ich weiß – es war eine e-wi-ge Dressur zur Redlichkeit – von klein auf ist alles von uns ferngehalten worden, was diese Redlichkeit gefährden könnte, und deshalb ist es eine *künstliche* Redlichkeit, die keiner wirklichen Versuchung standhält, wie wir ja heute abend gesehen haben. Gott weiß, daß mir bis heute niemals auch nur die leisesten Zweifel an meiner felsenfesten, unerschütterlichen Redlichkeit gekommen sind – aber jetzt, wo ich zum ersten Mal eine wirklich große Versuchung spüre, kann ich – Edward, ich bin davon überzeugt, daß die Redlichkeit der ganzen Stadt so morsch ist wie meine, oder wie deine. Es ist eine niederträchtige Stadt, hartherzig und geizig, und sie besitzt keine einzige Tugend außer dieser Redlichkeit, für die sie so berühmt ist und auf die sie sich soviel einbildet; und sollte einmal der Tag kommen, an dem diese Redlichkeit durch eine große Versuchung auf die Probe gestellt wird, dann bin ich ganz sicher, daß der stolze Ruf dieser Stadt in sich zusammenfällt wie ein Kartenhaus. So, jetzt ist es heraus, und ich fühle mich wohler; mein ganzes Leben lang habe ich eine Fassade vor mir aufgerichtet, ohne es zu wissen. Es soll mich ja niemand mehr redlich nennen – ich dulde es nicht.«

»Ich – also, Mary, ich denke ganz ähnlich wie du; glaube mir bitte. Seltsam ist es aber doch, sehr seltsam. Ich hätte das nie geglaubt – nie.«

Es folgte ein langes Schweigen; beide hingen ihren Gedanken nach. Schließlich blickte die Frau auf und sagte:

»Ich weiß, was du denkst, Edward.«

Richards machte ein Gesicht wie ein ertappter Sünder.

»Ich schäme mich, es zuzugeben, Mary, aber –«

»Das ist doch nicht schlimm, Edward. Ich habe mir gerade dieselbe Frage gestellt.«

»Na, hoffentlich. Sag du es.«

»Du hast gedacht, wenn man doch bloß erraten könnte, *wie die Bemerkung lautete,* die Goodson an den Fremden gerichtet hat.«

»Stimmt genau. Ich komme mir schlecht vor und schäme mich deswegen. Und du?«

»Das habe ich hinter mir. Laß uns hier eine Matratze hinlegen; wir müssen Wache halten, bis die Bank morgen früh ihren Tresorraum öffnet und den Sack übernimmt ... O Gott, o Gott – hätten wir doch nur nicht diesen Fehler gemacht!«

Das Matratzenlager wurde hergerichtet, und Mary sagte:

»Das ›Sesam öffne dich‹ – was könnte es nur gewesen sein? Ich wüßte zu gerne, wie die Worte gelautet haben. Aber komm; legen wir uns hin.«

»Um zu schlafen?«

»Nein: um nachzudenken.«

»Ja, um nachzudenken.«

Inzwischen hatten die Coxens ebenfalls ihren Streit und die Versöhnung hinter sich und gingen zu Bett – um nachzudenken, um nachzudenken und sich hin- und herzu wälzen, zu grübeln und sich den Kopf darüber zu zerbrechen, was wohl die Worte gewesen sein könnten, die Goodson an den mittellos Gestrandeten gerichtet haben könnte; jene goldenen Worte; Worte, die bare vierzigtausend Dollar wert waren.

Daß das Telegraphenamt der Stadt an diesem Abend länger als gewöhnlich offen war, hatte den folgenden

Grund: Der Redakteur der Coxschen Zeitung war der örtliche Korrespondent von Associated Press. Man könnte auch sagen, er war ehrenamtlicher Korrespondent, denn es kam höchstens viermal im Jahr vor, daß er dreißig Worte unterbringen konnte. Aber diesmal war es anders. Das Telegramm, in dem er berichtete, was ihm da ins Netz gegangen war, wurde umgehend beantwortet:

*»Schick alles her – sämtliche Einzelheiten –*
*zwölfhundert Wörter.«*

Ein kolossaler Auftrag! Der Redakteur führte ihn prompt aus; und er war der stolzeste Mann im ganzen Staat. Am nächsten Morgen war der Name von Hadleyburg, der Stadt der Unbestechlichen, landauf, landab in aller Munde, von Montreal bis zum Golf von Mexiko, von den Gletschern Alaskas bis zu den Orangenhainen Floridas; Millionen von Menschen sprachen von nichts anderem als dem Fremden und seinem Geldsack und fragten sich, ob man den Richtigen finden werde, und hofften, bald – möglichst sofort – noch mehr über diesen Fall zu erfahren.

II

Die Stadt Hadleyburg erwachte und war weltberühmt – verdutzt – glücklich – eitel. Unvorstellbar eitel. Die neunzehn führenden Bürger und ihre Gattinnen schritten umher, schüttelten einander die Hände, strahlten, lächelten, beglückwünschten sich und erklärten, damit sei jetzt die Sprache um ein neues Wort reicher: *Hadley-*

171

*burg*, Synonym für *unbestechlich* – dazu bestimmt, für immer in den Wörterbüchern fortzuleben! Und die weniger bedeutenden Bürger und ihre Frauen gingen umher und benahmen sich fast genauso. Jedermann rannte zur Bank, um den Goldsack zu besichtigen, und noch vor Mittag begannen enttäuscht und neidisch dreinblickende Menschenmengen aus Brixton und anderen Nachbarorten herbeizuströmen; und am Nachmitag und auch noch am folgenden Tag trafen von überall her Reporter ein, um der Sache mit dem Sack und seiner Geschichte auf den Grund zu gehen und den Fall immer wieder neu darzustellen, und fertigten eilig Skizzen von dem Sack an und von Richards' Haus und von der Bank und von der presbyterianischen Kirche und von der Baptistenkirche und vom Marktplatz und vom Rathaus, wo die Prüfung des Kandidaten und die Geldübergabe stattfinden sollten; und scheußliche Porträtzeichnungen von dem Ehepaar Richards und dem Bankier Pinkerton und Cox und dem Redakteur und Pastor Burgess und dem Postmeister – ja, sogar von Jack Halliday, dem verbummelten, gutmütigen, nichtsnutzigen, ungehobelten Angler und Jäger, dem Freund aller kleinen Jungen und herrenlosen Hunde, dem typischen »Sam Lawson« dieser Stadt. Der schmierige kleine Pinkerton zeigte allen Besuchern grinsend den Sack und rieb sich freudig die gepflegten Hände, während er sich über den bekanntermaßen guten Ruf der Stadt verbreitete, der wieder einmal eine schöne Bestätigung erfahren habe, und daß er wünsche und hoffe, dieses Beispiel möge in ganz Amerika Schule machen und eine neue Ära der moralischen Erneuerung einleiten. Und so weiter und so fort.

Nach einer Woche hatte sich alles wieder beruhigt, der wilde Überschwang von Stolz und Jubel war einer sanften, stillen, innigen Freude gewichen – einer Art tiefer, sprachloser Genugtuung. Auf allen Gesichtern lag ein seliger Ausdruck von Zufriedenheit und Glück.

Dann setzte eine Veränderung ein. Ganz allmählich: so allmählich, daß man sie anfangs kaum oder gar nicht bemerkte; mit Ausnahme von Jack Halliday, der immer alles bemerkte; und der sich darüber lustig machte, was es auch war. Er ließ zunächst ein paar ironische Bemerkungen fallen über Leute, die nicht mehr ganz so glücklich aussähen wie noch vor ein paar Tagen; dann behauptete er, sie wirkten immer verzagter; dann, daß sie richtiggehend niedergeschlagen aussähen; und am Ende sagte er, alle seien so bedrückt, geistesabwesend und nachdenklich geworden, daß man dem größten Geizhals in der Stadt einen Cent aus den Tiefen seiner Hosentasche stehlen könnte, ohne ihn aus seinen Träumereien aufzuschrecken.

Als ungefähr dieser Punkt erreicht war, sprach das Oberhaupt jeder der neunzehn einflußreichsten Familien beim Schlafengehen etwa diese – meist von einem Seufzer begleiteten – Worte: »Ach, was könnte nur die Bemerkung gewesen sein, die Goodson gemacht hat?«

Und augenblicklich gab die Frau des Mannes – mit einem Schaudern – zur Antwort:

»Sei *still!* Was sind das nur für schreckliche Dinge, die dir durch den Kopf gehen! Hör um Himmels willen auf, darüber nachzudenken!«

Aber auch am nächsten Abend stellten sich diese Männer dieselbe Frage – und sie erhielten dieselbe Antwort, aber nicht mehr ganz so heftig.

Und am dritten Abend stellten die Männer wieder diese Frage – gequält und grüblerisch. Diesmal – und auch am folgenden Abend – machten die Frauen nervös Anstalten, etwas zu sagen. Schwiegen aber.

Und in der nächsten Nacht fanden sie ihre Sprache wieder und antworteten – sehnsüchtig:

»Ach, könnten wir es doch nur erraten!«

Hallidays Kommentare wurden von Tag zu Tag bissiger und abfälliger. Überall tauchte er auf und machte sich über die Bürger der Stadt lustig – im einzelnen und im ganzen. Und er war der einzige, der in dieser Stadt noch lachte: sein Gelächter klang hohl in dieser trübsinnigen Leere und Stille. Nirgends war auch nur ein Lächeln zu sehen. Halliday trug eine Zigarrenkiste auf einem Stativ mit sich herum und tat so, als wäre es ein Fotoapparat; und er hielt alle Passanten an, richtete das Ding auf sie und sagte: »Fertig! – und nun bitte recht freundlich.« Aber nicht einmal dieser gelungene Scherz vermochte die griesgrämigen Gesichter aufzuhellen.

So vergingen drei Wochen – es blieb noch eine Woche. Es war Samstag nach dem Abendessen. Hatte früher an Samstagabenden auf den Straßen ein geschäftiges Treiben und fröhliches Lärmen geherrscht, so waren sie jetzt menschenleer und verödet. Der alte Richards und seine Frau saßen jeder für sich in ihrem kleinen Wohnzimmer – beide bedrückt und in Gedanken versunken. So verbrachten sie nun regelmäßig ihre Abende: ihre alten Gewohnheiten, zu lesen, zu stricken, behaglich zu plaudern, Nachbarn zu besuchen oder bei sich zu empfangen, waren tot und vergessen, schon seit Ewigkeiten – seit zwei oder drei Wochen; niemand plauderte mehr, niemand las, niemand machte Besuche – die ganze Stadt saß zu Hause und seufzte, grübelte, schwieg. Versuchte, die Bemerkung zu erraten.

Der Postbote brachte einen Brief. Richards warf einen gleichgültigen Blick auf die Handschrift und den Poststempel – beide sagten ihm nichts, und so legte er den Umschlag beiseite und nahm sein Was-wäre-gewesen-wenn und seine hoffnungslosen, düsteren Gedanken da wieder auf, wo er sie unterbrochen hatte. Zwei oder drei Stunden später stand seine Frau schwerfällig auf und war im Begriff, ohne Gutenachtgruß – wie es jetzt ihre Gewohnheit war – schlafen zu gehen, da blieb sie vor dem Brief stehen, betrachtete ihn ohne besonderes Interesse und öffnete dann den Umschlag und überflog den Inhalt. Richards, der mit tief herabgesunkenem Kopf auf seinem zurückgekippten Stuhl saß, hörte etwas fallen. Es war seine Frau. Er stürzte zu ihr hin, aber sie rief:

»Laß mich, ich bin ganz außer mir vor Glück! Lies diesen Brief – so lies doch!«

Er las. Er verschlang ihn, ihm schwindelte. Der Brief kam aus einem weit entfernten Staat und lautete:

Sie kennen mich nicht, aber das tut nichts zur Sache: Ich habe Ihnen etwas mitzuteilen. Ich bin gerade aus Mexiko zurückgekommen und habe von diesem Vorfall gehört. Natürlich wissen Sie nicht, wer die fragliche Bemerkung gemacht hat, aber ich – und nur ich allein – weiß es: Es war GOODSON. Vor vielen Jahren war ich gut mit ihm bekannt. In der bewußten Nacht kam ich durch Ihren Ort und war sein Gast, bis der Mitternachtszug einlief. Ich hörte zufällig, wie er in der Dunkelheit diese Worte an den Fremden richtete – es war in der Hale Alley. Wir sprachen noch auf dem Heimweg darüber und während wir in seinem Haus rauchend beisammensaßen. Im Verlauf unserer Unterhaltung erwähnte er viele Mitbürger Ihrer Stadt – die meisten in nicht sehr schmeichelhafter Weise, aber zwei oder drei wohlwollend; darunter auch Sie. Ich sage »wohlwollend« – nicht mehr. Ich erinnere mich, daß er sagte, er könne eigentlich niemanden in der Stadt wirklich GUT leiden – einfach niemanden; aber Sie – ich GLAUBE, er nannte Sie, bin dessen fast sicher –

hätten ihm einmal einen sehr großen Dienst erwiesen, möglicherweise ohne sich über dessen Ausmaß ganz im klaren zu sein, und er wünschte, er besäße ein Vermögen, das er Ihnen hinterlassen könnte, und für alle anderen in der Stadt hätte er nur einen Fluch übrig. Wenn nun also Sie es waren, der ihm diesen Dienst erwiesen hat, dann sind Sie sein rechtmäßiger Erbe und haben Anspruch auf den Sack voll Gold. Ich weiß, daß ich mich auf Ihren Anstand und Ihre Ehrlichkeit verlassen kann, denn das sind Tugenden, die alle Bürger Hadleyburgs seit jeher besitzen, und darum will ich Ihnen nun anvertrauen, wie die Bemerkung lautete, und ich bin fest davon überzeugt, daß Sie, wenn Sie nicht der Richtige sind, diesen suchen und ausfindig machen werden und dafür Sorge tragen, daß die Dankesschuld des armen Goodson für den erwähnten Dienst erstattet wird. Dies war die Bemerkung: »Du bist ganz und gar kein schlechter Mensch. Gehe hin und bessere dich!«

Howard L. Stephenson

»O Edward, das Geld gehört uns, und ich bin ja so dankbar, *ach*, so dankbar! Küß mich, Liebster, es ist ewig her, seit wir uns geküßt haben – und wir hatten es doch so nötig – das Geld – und jetzt bist du Pinkerton und seine Bank los und bist kein Sklave mehr von niemandem; ich glaube, ich könnte vor Freude fliegen!«

Eine halbe Stunde saßen die beiden glücklich auf dem Sofa und liebkosten einander; es war ganz wie in alten Zeiten – Zeiten, die mit dem Tag begonnen hatten, als sie einander kennenlernten, und gedauert hatten, bis der Fremde das verhängnisvolle Geld brachte. Nach einiger Zeit sagte die Frau:

»Ach, Edward, wie gut, daß du dem armen Goodson

diesen großen Dienst erwiesen hast! Ich habe ihn nie leiden können, aber jetzt liebe ich ihn. Und es war schön
und edel von dir, daß du es nie erwähnt oder dich damit
gebrüstet hast.« Dann, mit leisem Vorwurf: »Aber *mir*
hättest du es sagen sollen, Edward, deiner Frau hättest du
es wirklich sagen sollen.«

»Na ja, ich – hm – ja, weißt du, Mary –«

»Nun hör auf herumzudrucksen und erzähl mir alles,
Edward. Ich hab dich immer lieb gehabt, und jetzt bin
ich stolz auf dich. Alle denken, daß es in dieser Stadt nur
eine gute, großzügige Seele gegeben hat, und nun stellt
sich heraus, daß du – Edward, willst du es mir nicht
sagen?«

»Tja – ähm – ähm – Mary, ich kann es nicht!«

»Du *kannst* es nicht? Warum denn nicht?«

»Weißt du, er – na ja, er – Ich hab ihm versprechen
müssen, nicht darüber zu reden.«

Die Frau sah ihn lange prüfend an und sagte dann sehr
langsam:

»Du hast es ihm – versprechen müssen? Edward, was
erzählst du mir da?«

»Glaubst du, ich lüge, Mary?«

Sie war verwirrt und schwieg einen Augenblick, dann
legte sie ihre Hand in seine und sagte:

»Nein... nein. Wir sind weit genug von unseren
Grundsätzen abgewichen – da sei Gott vor! Dein Leben
lang hast du nie gelogen. Aber jetzt – jetzt scheint uns der
Boden unter den Füßen wegzubröckeln, und wir – wir –«
Ihre Stimme versagte für einen Augenblick, dann stieß
sie hervor: »Führe uns nicht in Versuchung... Ich glaube,
Edward, du hast ihm dieses Versprechen gegeben. Lassen
wir es dabei. Wir wollen nicht daran rühren. Das ist nun
alles vorbei; laß uns wieder fröhlich sein; jetzt ist nicht
die Zeit für Kummer und Sorgen.«

Es fiel Edward schwer, ihrer Aufforderung zu folgen, denn seine Gedanken schweiften immer wieder ab, und er versuchte sich zu erinnern – was das für ein Dienst war, den er Goodson erwiesen hatte.

Fast die ganze Nacht lag das Ehepaar wach, Mary glücklich und beschäftigt, Edward ebenfalls beschäftigt, aber nicht so glücklich. Mary schmiedete Pläne, was sie mit dem Geld anfangen würde. Edward versuchte, sich an den Dienst zu erinnern. Zuerst quälte ihn sein Gewissen, weil er Mary belogen hatte – falls es eine Lüge war. Nach langem Grübeln: Angenommen, es war wirklich eine Lüge. Na und? War das denn so schlimm? Ist nicht alles, was wir tun, Lüge? Warum dann nicht auch eine Lüge aussprechen? Wie war das denn mit Mary, was hatte sie denn getan? Während er davoneilte, um zu tun, was er für richtig hielt – was hatte sie da getan? Gejammert, weil sie nicht den Zettel vernichtet und das Geld behalten hatten! Ist Diebstahl etwa besser als eine Lüge?

Damit hatte *diese* Sache ihren Stachel verloren – die Lüge verblaßte und machte einem Gefühl des Wohlbehagens Platz. Die nächste Frage drängte sich in den Vordergrund: Hatte er Goodson wirklich einen Dienst erwiesen? Nun, Goodson selbst hatte das behauptet, so stand es in Stephensons Brief; und es konnte keinen besseren Beleg geben – das war doch ein regelrechter *Beweis*. Keine Frage. Damit wäre auch dieser Punkt erledigt... Nein, nicht ganz. Ihm fiel mit leichtem Unbehagen ein, daß dieser unbekannte Mr. Stephenson gewisse Zweifel hatte, ob es Richards oder ein anderer gewesen war, und er hatte – weiß der Himmel! – an Richards' Ehre appelliert! Er sollte selbst entscheiden, wem das Geld zustand – und Mr. Stephenson zweifelte nicht daran, daß Richards, falls er der Falsche war, ehrlich genug sein würde, nach dem Richtigen zu suchen. Wie konnte man einen Menschen nur in eine so verflixte Lage bringen – ach, warum hatte Stephenson seinen Zweifel nicht einfach verschwiegen! Warum mußte er ihn ins Spiel bringen?

Weiteres Grübeln. Wie kam es, daß Stephenson sich gerade an *Richards'* Namen als den des richtigen Mannes erinnerte und nicht an irgendeinen anderen? Das war doch ein gutes Zeichen. Ja, das war sogar ein sehr gutes Zeichen. Die Sache sah tatsächlich immer besser und besser für ihn aus – und am Ende schien es ihm, als habe er einen richtigen *Beweis* in Händen. Dann verdrängte Richards jeden weiteren Gedanken an diese Angelegenheit, denn sein Gefühl sagte ihm, daß man eine Sache, die einmal bewiesen war, besser in Ruhe ließ.

Er war jetzt einigermaßen beruhigt, aber da war noch eine Kleinigkeit, die ihm immer wieder durch den Kopf ging: selbstverständlich hatte er diesen Dienst erwiesen, soviel stand fest – aber was *war* das für ein Dienst? Er mußte sich unbedingt daran erinnern, erst dann wäre sein Seelenfrieden wiederhergestellt, und er würde wieder ruhig schlafen können. Und so grübelte und grübelte er. Ein Dutzend Möglichkeiten fielen ihm ein, die möglich, wo nicht gar wahrscheinlich waren – aber keiner dieser Dienste erschien angemessen, keiner schien groß genug, um soviel Geld wert zu sein – um das Vermögen wert zu sein, das Goodson ihm so gerne in seinem Testament hinterlassen hätte. Außerdem konnte er sich gar nicht erinnern, je solche Dienste geleistet zu haben. Also gut – also gut – um welche Art von Dienst könnte es sich handeln, für den jemand so außerordentliche Dankbarkeit empfand? Ach – die Rettung seiner Seele! Das mußte es sein. Ja, jetzt fiel ihm ein, daß er sich einmal vorgenommen hatte, Goodson zu bekehren, und daß er viel Mühe darauf verwendet hatte – volle drei Monate lang, wollte er schon sagen; aber bei genauerer Prüfung schrumpften sie zu einem Monat zusammen, dann zu einer Woche, zu einem Tag und schließlich zu einem Nichts. Ja, er erinnerte sich jetzt mit unangenehmer Klarheit, daß Goodson ihm damals gesagt hatte, er solle sich zum Teufel scheren und sich um seinen eigenen Kram kümmern – *er* sei nicht darauf erpicht, Hadleyburg in den Himmel zu folgen!

Das war also nicht die Lösung – er hatte Goodsons Seele nicht gerettet. Richards war enttäuscht. Nach einer Weile kam ihm ein neuer Einfall: hatte er vielleicht Goodsons Besitz gerettet? Aber nein, das war ausgeschlossen – er besaß ja nichts. Sein Leben? Ja, natürlich! Warum war er nicht gleich darauf gekommen. Diesmal war er ganz bestimmt auf der richtigen Spur. Das Räderwerk seiner Phantasie setzte sich sogleich in Bewegung.

Zwei Stunden lang mühte er sich nun damit ab, Goodsons Leben zu retten, und war am Ende ganz erschöpft. Er rettete es auf die verschiedensten, kompliziertesten und waghalsigsten Weisen. Jedesmal verlief die Rettung bis zu einem gewissen Punkt befriedigend; aber kaum war er soweit zu glauben, daß es sich wirklich so zugetragen habe, da tauchte eine störende Einzelheit auf, die alles wieder unglaubwürdig machte. Wie zum Beispiel die Rettung vor dem Ertrinken. In diesem Fall war er hinausgeschwommen und hatte den bewußtlosen Goodson unter dem Jubel und Beifall einer großen Zuschauermenge an Land gebracht, aber als er sich alles zurechtgelegt hatte und gerade anfing, sich genau an alles zu erinnern, da drängte sich ihm ein ganzer Schwarm von Details auf, die den Sachverhalt in Frage stellten: die Stadt hätte von dem Vorfall gewußt, auch Mary hätte davon gewußt, und in seiner eigenen Erinnerung wäre der Vorfall in helles

Licht getaucht, anstatt ein kaum beachteter Dienst zu sein, den er möglicherweise jemandem erwiesen hatte, »ohne sich über dessen Ausmaß ganz im klaren zu sein«. An dieser Stelle fiel ihm ein, daß er außerdem gar nicht schwimmen konnte.

Oha – *das* war etwas, was er bis jetzt ganz übersehen hatte: es mußte sich um einen Dienst handeln, den er geleistet hatte, »möglicherweise ohne sich über dessen Ausmaß ganz im klaren zu sein«. Nun, das sollte die Suche doch wohl vereinfachen. Und wahrhaftig, nach und nach kam er dahinter. Goodson hätte vor vielen, vielen Jahren beinahe ein sehr liebes, hübsches Mädchen namens Nancy Hewitt geheiratet, aber irgendwie war die Sache schiefgegangen; das Mädchen starb, Goodson blieb Junggeselle und wurde mit den Jahren immer mißmutiger und schließlich ein ausgesprochener Menschenverächter. Bald nach dem Tod des Mädchens kam die Stadt dahinter – oder sie glaubte, dahintergekommen zu sein –, daß in ihren Adern ein paar Tropfen Negerblut geflossen waren. Richards suchte in seinem Gedächtnis lange nach diesbezüglichen Einzelheiten und meinte schließlich auf das eine oder andere zu stoßen, das er seit vielen Jahren völlig vergessen zu haben glaubte. Er glaubte sich zu erinnern, daß *er* es gewesen war, der die Sache mit dem Negerblut entdeckt hatte; daß *er* der Stadt davon erzählt hatte; daß die Stadt Goodson erzählt hatte, woher man es wußte; daß *er* somit Goodson davor bewahrt hatte, das Mädchen mit diesem Makel zu heiraten; daß er ihm also diesen großen Dienst erwiesen hatte, »ohne sich über dessen Ausmaß ganz im klaren zu sein«, – ja, ohne recht zu ahnen, was er da tat; daß aber Goodson das Ausmaß dieses Dienstes erkannt und verstanden hatte, vor welchem Unglück er bewahrt worden war, und daß er deshalb bis zu seinem Tode seinem Wohltäter dankbar war und wünschte, er hätte ein Vermögen, um es ihm zu vermachen. Jetzt war alles ganz klar und einfach, und je länger er darüber nachdachte, um so klarer und sicherer schien es ihm; und als er sich endlich froh und glücklich in die Kissen legte und die Augen schloß, erinnerte er sich an all das so deutlich, als wäre es gestern gewesen. Er entsann sich sogar dunkel, daß Goodson ihm einmal ausdrücklich gedankt hatte. Mary hatte inzwischen sechstausend Dollar für ein neues Haus ausgegeben und für ihren Pastor ein Paar Pantoffeln gekauft und war dann friedlich eingeschlummert.

Am selben Samstagabend hatte der Postbote auch jedem der anderen führenden Bürger einen Brief gebracht – insgesamt neunzehn Briefe. Keine zwei Umschläge glichen einander, keine zwei waren von derselben Hand adressiert, aber der Inhalt der Briefe war – bis auf eine Kleinigkeit – derselbe. Es waren exakte Duplikate des Briefs, den Richards erhalten hatte, wiesen ein- und dieselbe Handschrift auf und trugen alle Stephensons Unterschrift, aber an Stelle von Richards' Namen erschien der Name des jeweiligen Empfängers.

Die ganze Nacht über taten die achtzehn angesehenen Bürger, was zur selben Zeit auch ihr Standesgenosse Richards tat – sie versuchten fieberhaft, sich zu erinnern, was für einen außergewöhnlichen Dienst sie Barclay Goodson erwiesen hatten, ohne es zu ahnen. In keinem der Fälle eine ganz leichte Arbeit; aber sie schafften es.

Und während sie so mühevoll nachdachten, waren ihre Frauen die Nacht über damit beschäftigt, das viele Geld mühelos auszugeben. Im Laufe dieser einen Nacht gab jede der neunzehn Frauen von den vierzigtausend Dollar, die sich in dem Sack befanden, durchschnittlich siebentausend Dollar aus – insgesamt also einhundertdreiunddreißigtausend.

Am nächsten Tag erlebte Jack Halliday eine Überraschung. Er stellte fest, daß auf den Gesichtern der neunzehn führenden Bürger und ihrer Frauen wieder dieser verklärte Ausdruck stillen Glücks lag. Er konnte sich das nicht erklären, und keine seiner spitzen Bemerkungen vermochte die Mienen zu verdüstern. So war er es diesmal, der mit dem Schicksal haderte. Keine seiner Mutmaßungen über die Ursache dieses Glücks hielt einer genaueren Prüfung stand. Als er Mrs. Wilcox begegnete und ihr verzücktes Gesicht sah, dachte er: »Ihre Katze hat wohl Junge bekommen« – und erkundigte sich bei der Köchin: es stimmte aber nicht; die Köchin hatte die Verklärtheit auch bemerkt, wußte dafür aber ebenfalls keine Erklärung. Als Halliday die gleiche Verzückung im Gesicht von Billson, »dem dünnen Hering« (sein Spitzname in der Stadt), entdeckte, war er davon überzeugt, daß sich einer von Billsons Nachbarn ein Bein gebrochen hatte, aber seine Erkundigungen ergaben, daß dies nicht zutraf. Die nur mühsam unterdrückte Glückseligkeit in Gregory Yates' Gesicht konnte nur eins bedeuten – seine Schwiegermutter war nicht mehr: wieder falsch. »Und Pinkerton – Pinkerton – der hat zehn Cent eingetrieben, die er schon abgeschrieben hatte.« Und so weiter und so weiter. Einige seiner Vermutungen ließen sich nicht überprüfen, andere erwiesen sich schlicht als falsch. Schließlich sagte sich Halliday: »Jedenfalls läuft's darauf hinaus, daß neunzehn Familien in Hadleyburg vorübergehend im siebenten Himmel schweben. Ich hab keine Ahnung, wieso; ich weiß bloß, daß die Vorsehung heute dienstfrei hat.«

Ein Architekt und Baumeister aus einem Nachbarstaat hatte es kürzlich riskiert, in diesem wenig einladenden Ort ein kleines Büro zu eröffnen, und sein Schild hing bereits seit einer Woche über der Tür. Noch kein einziger Kunde; er war enttäuscht und bedauerte schon, hergekommen zu sein. Aber plötzlich wendete sich das Blatt. Erst kam eine und dann noch eine Gattin eines der führenden Bürger und sagte zu ihm unter vier Augen:

»Kommen Sie am Montag in acht Tagen zu uns, aber reden Sie mit niemandem darüber. Wir haben vor zu bauen.«

An diesem Tag erhielt er elf Einladungen. Noch am selben Abend schrieb er an seine Tochter und forderte sie auf, ihren Studenten laufen zu lassen. Sie könnte, schrieb er, eine viel bessere Partie machen.

Der Bankier Pinkerton und zwei oder drei weitere wohlhabende Männer hatten Landsitze im Auge – aber sie warteten ab. Solche Leute zählen ihre Küken erst, wenn sie ausgeschlüpft sind.

Die Wilsons planten etwas ganz Neues, Großartiges – ein Kostümfest. Sie legten sich noch nicht fest, erzählten aber allen ihren Bekannten im Vertrauen, sie wollten auf jeden Fall ein Fest geben und dächten zur Zeit noch darüber nach – »und wenn es soweit ist, werdet Ihr selbstverständlich eingeladen«. Die Leute waren überrascht und sagten zueinander: »So eine verrückte Idee. Die armen Wilsons können sich das doch gar nicht leisten.« Einige der neunzehn Damen dagegen sagten zu ihren Männern: »Eine gute Idee: wir halten den Mund, bis ihr alberner Rummel vorüber ist, und dann geben wir ein Kostümfest mit allem Drum und Dran.«

Die Tage verstrichen, und die verschwenderischen Beträge, die für künftigen Luxus ausgegeben werden sollten, wurden immer höher, immer maßloser, immer verrückter. Es sah bald so aus, als wollte jeder der Neunzehn seine vierzigtausend Dollar nicht nur schon ausgeben, bevor er sie in Händen hatte, sondern als würde er sich bis dahin auch noch verschulden. In einigen Fällen begnügten sich unvorsichtige Leute nicht damit, die Ausgaben nur zu planen, sie gaben wirklich Geld aus – auf Kredit. Sie nahmen Hypotheken auf und kauften Land, Höfe, Aktien, elegante Kleider, Pferde und vieles andere, leisteten eine Anzahlung und stellten für den Rest einen Wechsel aus – einlösbar in zehn Tagen. Bald kam aber die Ernüchterung, und Halliday bemerkte, daß allmählich aus vielen Gesichtern tiefe Sorge sprach. Wieder stand er vor einem Rätsel und wußte nicht, wie das zu erklären sei. »Die Kätzchen der Wilcox können nicht gestorben sein, denn sie wurden nie geboren; niemand hat sich ein Bein gebrochen; die Zahl der Schwiegermütter hat nicht abgenommen; *nichts* ist geschehen – die Sache bleibt mysteriös.«

Und noch ein Mann stand vor einem Rätsel – Pastor Burgess. Seit Tagen folgten ihm Leute, wohin er auch ging, oder schienen nach ihm Ausschau zu halten; und befand er sich einmal an einem abgelegenen Ort, dann tauchte mit Sicherheit einer der Neunzehn auf, drückte ihm verstohlen einen Briefumschlag in die Hand, flüsterte: »Freitagabend im Rathaus zu öffnen«, und verschwand wie ein armer Sünder. Gewiß, daß jemand Anspruch auf den Sack erheben würde – wenn auch einen zweifelhaften Anspruch, da Goodson ja tot war – damit rechnete er –, aber er kam nicht einmal im Traum darauf, daß all diese Leute Ansprüche anmelden wollten. Als endlich der große Freitag kam, stellte er fest, daß er im Besitz von neunzehn Umschlägen war.

Der Rathaussaal sah so schön aus wie noch nie. Die Tribüne war über und über mit Fahnen geschmückt; an den Wänden hingen Girlanden mit Fähnchen; Fahnen bedeckten die Balkonbrüstung; Fahnen verhüllten die Stützpfeiler; und das alles, um Eindruck auf die Fremden zu machen, mit deren zahlreichem Erscheinen – unter großer Beteiligung der Presse – zu rechnen war. Das Haus war voll. Die vierhundertzwölf fest installierten Sitze waren besetzt; ebenso die achtundsechzig Stühle, die man zusätzlich in die Gänge gezwängt hatte; auf den Stufen zur Tribüne saßen Menschen; einigen Prominenten von auswärts hatte man Plätze oben auf der Tribüne angewiesen; an den hufeisenförmig vor und neben der Tribüne aufgestellten Tischen saß ein starkes Aufgebot von Sonderkorrespondenten aus dem ganzen Land. Ein so gut gekleidetes Publikum hatte es in der Stadt noch nie gegeben. Man sah einige recht teure Toiletten, und einige der Damen, die sie trugen, machten den Eindruck, als fühlten sie sich in dieser Art von Kleidung nicht ganz wohl. Dieser Ansicht war man jedenfalls in der Stadt, aber das kam vielleicht daher, weil alle wußten, daß die Damen noch nie in solchen Kleidern gesteckt hatten.

Der Goldsack stand auf einem kleinen Tisch vorn auf der Tribüne, wo ihn der ganze Saal sehen konnte. Fast alle im Publikum starrten ihn mit glühender Aufmerksamkeit an, mit begieriger Aufmerksamkeit, mit sehnsüchtiger und ergriffener Aufmerksamkeit; eine Minderheit von neunzehn Ehepaaren starrte zärtlich, liebevoll, mit Besitzerstolz darauf, und die männliche Hälfte dieser Minderheit ging im Geiste immer noch einmal die herzergreifenden kleinen Stegreifreden durch, mit denen sie sich in Kürze für den Beifall und die Glückwünsche des Publikums zu bedanken gedachten. Hin und wieder zog einer einen Zettel aus der Westentasche und warf einen verstohlenen Blick darauf, um sein Gedächtnis aufzufrischen.

Natürlich herrschte im Saal – wie immer bei solchen Gelegenheiten – ein Summen gedämpfter Unterhaltung; aber als Pastor Burgess endlich aufstand und die Hand auf den Goldsack legte, wurde es so still, daß man die Mikroben knabbern hören konnte. Er erzählte noch einmal die merkwürdige Geschichte dieses Sackes, sprach dann in warmen Worten von Hadleyburgs altem und wohlverdientem Ruf als makellos redlicher Stadt und vom berechtigten Stolz seiner Bürger auf diesen Ruf. Dieser Ruf, sagte er, sei ein Gut von unschätzbarem Wert, und nun habe es der Vorsehung gefallen, diesen Wert ins Unermeßliche zu steigern, denn der jüngste Vorfall habe den Ruhm Hadleyburgs in alle Welt hinausgetragen und damit den Blick ganz Amerikas auf diese Stadt gelenkt, so daß ihr Name für alle Zeiten, wie er hoffe und wünsche, zum Inbegriff von Unbestechlichkeit in Geschäftsdingen werde. *(Beifall.)* »Und wer soll der Hüter dieses edlen Gutes sein – die Gemeinschaft aller? Nein! Die Verantwortung liegt bei jedem einzelnen, nicht bei der Gemeinschaft. Vom heutigen Tag an ist jeder einzelne von euch Hüter dieses Gutes und persönlich verantwortlich dafür, daß ihm kein Schaden zugefügt wird. Wollt ihr – will jeder einzelne von euch – diese große Verantwortung auf sich nehmen?« *(Stürmische Zustimmung.)* »Dann ist es gut. Gebt sie an eure Kinder und Kindeskinder weiter. Heute haftet kein Makel an euch – seht zu, daß es so bleibt. Heute gibt es keinen unter euch, den man verlocken könnte, einen Penny anzurühren, der ihm nicht gehört – seht zu, daß ihr euch diesen Zustand der

Gnade erhaltet.« *(»Das wollen wir! Das wollen wir!«)*
»Dies ist nicht der Ort, Vergleiche zwischen uns und anderen Städten anzustellen – von denen manche uns nicht wohlwollen; sie haben ihre Eigenart und wir die unsere; damit wollen wir zufrieden sein.« *(Beifall.)* »Ich komme zum Schluß. Freunde, meine Hand ruht auf einem beredten Zeugnis für die Anerkennung, die ein Fremder unserer Eigenart gezollt hat. Durch ihn wird die Welt für alle Zeit wissen, was wir sind. Wir wissen nicht, wer er ist, aber in eurem Namen spreche ich ihm unseren Dank aus und bitte euch, eure Stimmen zu erheben, um dies zu bekräftigen.«

Das Publikum stand geschlossen auf und ließ mit dem Donner seiner Dankesrufe eine Minute lang die Mauern erbeben. Dann nahm man wieder Platz, und Pastor Burgess zog einen Umschlag aus der Tasche. Alle Anwesenden hielten den Atem an, während er den Umschlag öffnete und einen Zettel herausnahm. Er verlas den Inhalt – langsam und eindringlich – während das Publikum wie gebannt den Worten dieses magischen Dokuments lauschte, von denen jedes einzelne einen Barren Gold wert war:

*»Die Bemerkung, die ich an den hilfsbedürftigen Fremden richtete, war: ›Du bist ganz und gar kein schlechter Mensch. Gehe hin und bessere dich.‹«* Dann fuhr er fort:

»Gleich werden wir erfahren, ob der eben verlesene Text mit dem übereinstimmt, der in dem Sack verborgen liegt; und wenn das der Fall sein sollte – und daran besteht kein Zweifel –, dann gehört dieser Sack voll Gold einem Mitbürger, der von jetzt an vor der ganzen Nation als Symbol der besonderen Tugend stehen wird, die unsere Stadt landauf, landab berühmt gemacht hat – Mr. Billson!«

Das Publikum hatte sich schon bereit gehalten, in den

angemessenen Beifallssturm auszubrechen; aber statt dessen saß es nun da wie gelähmt; ein paar Sekunden lang herrschte tiefes Schweigen, dann lief ein Raunen und Flüstern durch den Saal – etwa in dem Sinne: *»Billson?* das glaub doch, wer will! Zwanzig Dollar für einen Fremden – oder für *irgendwen* – *Billson!* erzähl das deiner Großmutter!« An dieser Stelle stockte dem ganzen Haus erneut vor Staunen der Atem, als es entdeckte, daß auf der einen Seite des Saales Diakon Billson mit demütig gesenktem Haupt aufgestanden war, während auf der anderen Seite Rechtsanwalt Wilson dasselbe tat. Eine Weile herrschte verblüfftes Schweigen.

Niemand konnte es fassen, und neunzehn Ehepaare waren überrascht und empört.

Billson und Wilson wandten sich einander zu, starrten sich an. Billson fragte bissig:

»Warum stehen *Sie* denn auf, Mr. Wilson?«

»Weil ich das Recht dazu habe. Vielleicht haben Sie die Güte, dem Publikum zu erklären, warum *Sie* aufgestanden sind.«

»Mit größtem Vergnügen. Ich habe nämlich diesen Zettel geschrieben.«

»Das ist eine unverschämte Lüge! Ich habe ihn geschrieben.«

Jetzt war es Burgess, der wie gelähmt dastand. Hilflos sah er vom einen zum andern und wußte offensichtlich nicht, was er tun sollte. Das Publikum war wie vom Donner gerührt. Jetzt ergriff Rechtsanwalt Wilson das Wort und sagte:

»Ich bitte den Vorsitzenden, den Namen vorzulesen, mit dem der Zettel unterschrieben ist.«

Der Vorsitzende wachte aus seiner Betäubung auf und verlas den Namen:

»John Wharton *Billson.«*

189

»Na bitte!« rief Billson, »was sagen Sie jetzt? Wie wollen Sie sich bei mir und bei den Anwesenden dafür entschuldigen, daß Sie uns mit diesem Täuschungsversuch beleidigt haben?«

»Ich brauche mich nicht zu entschuldigen, Sir; vielmehr klage ich Sie hier in aller Öffentlichkeit an, meinen Zettel Mr. Burgess entwendet und ihm dafür eine Kopie untergeschoben zu haben, die Ihre Unterschrift trägt. Anders können Sie gar nicht von der bewußten Äußerung Kenntnis erhalten haben; ich ganz allein kannte den geheimgehaltenen Wortlaut.«

Die Angelegenheit drohte in einen Skandal auszuarten; alle sahen beunruhigt, daß die Reporter wie wild mitstenographierten; viele riefen: »Herr Vorsitzender! Zur Geschäftsordnung!« Burgess klopfte mit seinem Hammer auf den Tisch und sagte:

»Wir sollten doch die nötige Form wahren. Offensichtlich handelt es sich hier um ein Mißverständnis und nichts weiter. Wenn Mr. Wilson mir einen Briefumschlag gegeben hat – und ich erinnere mich jetzt, daß er das tat – dann habe ich ihn noch.«

Er zog einen Umschlag aus der Tasche, öffnete ihn, warf einen Blick auf den Zettel und stand dann einen Augenblick sprachlos und mit einem Ausdruck von Schrecken und Erstaunen im Gesicht da. Er machte ein paar ziellose Handbewegungen und schien etwas sagen zu wollen, gab dann hilflos wieder auf. Mehrere Stimmen riefen:

»Vorlesen! Vorlesen! Was steht drin?«

Also las er, benommen und wie ein Schlafwandler:

»*Die Bemerkung, die ich an den hilfsbedürftigen Fremden richtete, war: ›Du bist gar kein schlechter Mensch.‹*« (Das Publikum starrte ihn ungläubig an.) »*›Gehe hin und bessere dich.‹*« (Gemurmel: »Unfaßbar! Was hat das

190

zu bedeuten?«) »Dieser«, sagte der Vorsitzende, »ist mit Thurlow G. Wilson unterschrieben.«

»Na also!« rief Wilson. »Damit ist der Fall doch klar! Ich hab's ja gewußt, daß mein Zettel gestohlen wurde.«

»Gestohlen!« erwiderte Billson. »Was fällt Ihnen ein! Ich lasse mir weder von Ihnen noch von Ihresgleichen –«

DER VORSITZENDE: »Zur Geschäftsordnung, meine Herren, zur Geschäftsordnung! Bitte setzen Sie sich beide.«

Sie gehorchten unter Kopfschütteln und wütendem Gemurmel. Im Saal herrschte Verwirrung; niemand wußte, was man von diesem ungewöhnlichen Vorgang halten sollte. Da stand Thompson auf. Thompson war der Hutmacher. Er wäre gern einer der Neunzehn gewesen; aber das war aussichtslos: sein Hutlager war nicht groß genug für diese Stellung. Er sagte:

»Herr Vorsitzender, darf ich mir die Bemerkung erlauben, daß vielleicht beide Herren im Recht sind? Ich frage Sie, Sir, können nicht beide zufällig genau dieselben Worte an den Fremden gerichtet haben? Mir scheint –«

Hier stand der Gerber auf und unterbrach ihn. Der Gerber war ein unzufriedener Mensch; er beanspruchte für sich das Recht, zu den Neunzehn zu gehören, fand damit aber keinen Anklang. Er war deshalb in der Art, wie er redete und sich verhielt, ziemlich unangenehm. Er sagte:

»Pah, das ist doch nicht das entscheidende! Das wäre ja noch möglich – vielleicht zweimal in hundert Jahren – aber das andere ist völlig ausgeschlossen. *Keiner* von beiden hat zwanzig Dollar verschenkt!«

*(Vereinzelter Beifall.)*

Billson: »Ich hab's getan!«

Wilson: »Ich hab's getan!«

Dann beschuldigten sie einander erneut des Diebstahls.

DER VORSITZENDE: »Ruhe! Nehmen Sie bitte wieder Platz – beide! Ich habe keinen der Zettel auch nur für einen Augenblick aus der Hand gegeben.«

EIN ZWISCHENRUFER: »Gut – soviel wäre also geklärt.«

DER GERBER: »Herr Vorsitzender, eins steht nun fest: einer dieser Männer hat sich unter dem Bett des anderen versteckt und ihm Geheimnisse abgelauscht. Und wenn es nicht gegen die parlamentarischen Gepflogenheiten verstößt, möchte ich an dieser Stelle bemerken, daß es beiden zuzutrauen ist.« (*Der Vorsitzende*: »Ruhe im Saal! Ruhe!«) »Ich ziehe meine Bemerkung zurück, Sir, und beschränke mich auf folgenden Hinweis: *wenn* einer von ihnen gelauscht hat, als der andere den bewußten Satz seiner Frau anvertraute, dann werden wir ihn jetzt überführen.«

EIN ZWISCHENRUFER: »Wie denn?«

DER GERBER: »Ganz einfach. Der Satz, den die beiden zitiert haben, hatte nicht genau denselben Wortlaut. Sie hätten das selber bemerkt, wenn nicht ein gewisser Zeitraum und ein aufregender Streit zwischen dem Verlesen der beiden Zettel gelegen hätte.«

EIN ZWISCHENRUFER: »Wo ist der Unterschied?«

DER GERBER: »Auf Billsons Zettel stehen die Worte *ganz und gar*, aber auf dem anderen steht nur *gar*.«

VIELE STIMMEN: »Stimmt – er hat recht!«

DER GERBER: »Wenn also der Herr Vorsitzende nun den im Sack befindlichen Kontrollsatz nachprüft, werden wir erfahren, welcher dieser beiden Betrüger –« (*Vorsitzender*: »Zur Ordnung!«) »– welcher dieser beiden Glücksritter –« (*Vorsitzender*: »Ich rufe Sie zur Ordnung!«) »– welcher dieser beiden Gentlemen –«

*(Heiterkeit und Beifall.)* »– für sich beanspruchen darf, der erste verlogene Märchenerzähler zu sein, den diese Stadt hervorgebracht hat – diese Stadt, die er damit entehrt hat und die von jetzt an für ihn ein heißes Pflaster sein wird!« *(Starker Beifall.)*

Viele Stimmen: »Öffnen! Den Sack öffnen!«

Mr. Burgess schnitt in den Sack einen Schlitz, schob die Hand hinein und holte einen Umschlag hervor. Darin steckten zwei zusammengefaltete Zettel. Er sagte:

»Auf dem einen steht: ›Nicht öffnen, bis alle an den Vorsitzenden gerichteten Mitteilungen – falls vorhanden – verlesen sind.‹ Auf dem anderen steht: ›Zur Kontrolle.‹ Einen Augenblick – er lautet folgendermaßen:

›Ich verlange nicht, daß die erste Hälfte der Bemerkung, die mein Wohltäter an mich richtete, genau zitiert wird, denn sie war nicht weiter von Bedeutung, und er könnte sie vergessen haben. Die letzten zweiundzwanzig Worte sind dagegen sehr bedeutsam und, wie ich meine, leicht zu merken; wenn diese nicht wörtlich wiedergegeben werden, muß der Bewerber als Betrüger gelten. Mein Wohltäter begann damit, daß er sagte, er erteile nur selten jemandem Ratschläge, aber wenn er es einmal tue, dann sei es immer ein wertvoller Rat. Dann fuhr er fort – und ich habe es nicht vergessen: *Du bist gar kein schlechter Mensch –*«

Fünfzig Stimmen: »Klarer Fall – das Geld gehört Wilson! Wilson! – Wilson! Halt eine Rede!«

Die Leute sprangen von ihren Stühlen auf und drängten sich um Wilson, schüttelten ihm die Hände und gratulierten ihm überschwenglich – während der Vorsitzende seinen Hammer schwang und rief:

»Zur Ordnung, meine Herren! Ruhe im Saal! Lassen Sie mich bitte zu Ende lesen!« Als die Ruhe wieder hergestellt war, fuhr er fort:

*»Gehe hin und bessere dich, sonst – hör auf meine Wor-*
*te – wirst du eines Tages sterben und deiner Sünden we-*
*gen in die Hölle kommen oder nach Hadleyburg –* SIEH
ZU, DASS DU ERSTERES WÄHLST.«

Eisiges Schweigen breitete sich aus. Zuerst verdüsterte
eine dunkle Wolke des Zorns die Gesichter der versammelten Bürger; nach einer Weile aber hob sich die Wolke
langsam, und Heiterkeit stieg auf, und zwar so macht-
voll, daß sie sich nur sehr mühsam unterdrücken ließ; die
Reporter, die Besucher aus Brixton und andere Fremde
senkten die Köpfe, hielten sich die Hände vor den Mund
und vermochten sich nur unter Aufbietung aller Kräfte
und weil es die Höflichkeit gebot zu beherrschen. In
diesem höchst unpassenden Augenblick durchbrach
eine einzelne, laut tönende Stimme das Schweigen – die
Stimme Jack Hallidays:

»Ein wahrhaft wertvoller Rat!«

Jetzt gab es kein Halten mehr, weder bei Fremden
noch Einheimischen. Sogar Mr. Burgess konnte nicht
mehr ernst bleiben, was alle als Erlaubnis ansahen, sich
gehen zu lassen, und das taten sie ausgiebig. Es war ein
herzhaftes und lang anhaltendes Gelächter, stürmisch
und aus vollem Halse, aber allmählich ließ es nach –
zumindest so weit, daß Mr. Burgess schon wieder das
Wort ergreifen wollte, während sich die Anwesenden
die Augen wischten; aber dann brach es doch noch einmal los; und hinterher noch einmal; dann schließlich war
Burgess in der Lage, die folgenden ernsten Worte zu
sprechen:

»Machen wir uns nichts vor – wir haben es hier mit
einer Angelegenheit von großer Tragweite zu tun. Es
geht um die Ehre eurer Stadt, ihr guter Ruf ist in Gefahr.
Allein der Unterschied zwischen den Sätzen, die Mr.
Wilson und Mr. Billson zur Prüfung vorgelegt haben –

ein Unterschied, der in ganzen zwei Wörtern bestand, ist schon ernst genug, weil er bedeutet, daß einer dieser Herren einen Diebstahl begangen hat –«

Die beiden Männer hatten schlaff, elend, unruhig dagesessen; aber bei diesen Worten fuhren sie zusammen und wollten schon aufspringen –

»Setzen Sie sich!« rief der Vorsitzende scharf, und sie gehorchten. »Das, wie gesagt, war schon etwas sehr Ernstes – zumindest für einen von ihnen. Aber die Sache ist noch ernster geworden, denn nun ist der gute Ruf *beider* in größter Gefahr. Oder soll ich noch weiter gehen und sagen, ihr Ruf ist vernichtet? *Beide* haben nämlich die entscheidenden zweiundzwanzig Worte ausgelassen.« Er hielt einen Augenblick inne, und die Stille im Saal wurde noch tiefer und beklemmender. Dann fügte er hinzu: »Es scheint nur eine Möglichkeit zu geben, wie dies geschehen konnte. Ich frage die Herren: Liegt hier ein abgekartetes Spiel, eine heimliche *Absprache* vor?«

Ein Raunen ging durch die Reihen, das soviel zu sagen schien wie: »Jetzt hat er sie beide.«

Billson war es nicht gewohnt, so in die Enge getrieben zu werden; zusammengesunken hockte er da. Aber Wilson war Anwalt. Er richtete sich mühsam auf, bleich und mit verzerrtem Gesicht, und sagte:

»Ich bitte die Anwesenden um etwas Geduld, während ich diese sehr peinliche Angelegenheit erkläre. Ich bedaure, das folgende sagen zu müssen, da es Mr. Billson nicht wiedergutzumachenden Schaden zufügen wird – Mr. Billson, den ich bis jetzt stets geschätzt und geachtet habe und von dessen moralischer Standhaftigkeit ich zutiefst überzeugt war – wie Sie alle. Aber um meine eigene Ehre zu retten, muß ich sprechen, und zwar rückhaltlos. Ich gestehe zu meiner Schande – und bitte Sie dafür aufrichtig um Verzeihung – daß ich zu dem mittellosen Fremden jedes einzelne Wort, das auf dem Kontrollzettel steht, gesagt habe – einschließlich der abfälligen zweiundzwanzig Worte.« *(Rufe des Erstaunens.)* »Als kürzlich die Pressemeldung erschien, fielen mir meine Worte wieder ein, und ich beschloß, meinen Anspruch auf den Sack voll Münzen anzumelden, da er mir rechtmäßig zustand. Ich bitte Sie nun, dem, was jetzt folgt, Ihre ganze Aufmerksamkeit zu schenken und es genau zu bedenken: die Dankbarkeit des Fremden in jener Nacht war grenzenlos; er selbst sagte, er könne dafür keine passenden Worte finden, und wenn er je dazu im Stande wäre, wolle er es mir tausendfach vergelten. Nun frage ich Sie folgendes: Konnte ich erwarten – konnte ich glauben – konnte ich nur im entferntesten ahnen –, daß er trotz allem so undankbar sein würde, diese zweiundzwanzig Worte ganz unnötigerweise dem Kontrolltext hinzuzufügen? – daß er mir eine Falle stellen würde? – mich vor allen im Rathaussaal versammelten Mitbürgern als Nestbeschmutzer bloßstellen würde? Es wäre undenkbar gewesen; einfach absurd. Sein Kontrolltext konnte nur den freundlichen ersten Teil meiner Bemerkung enthalten. Daran zweifelte ich keinen Augenblick. Sie hätten genauso gedacht. Auch Sie hätten keinen gemeinen Verrat erwartet von einem, dem Sie geholfen und dem Sie nichts zuleide getan haben. Und so schrieb ich voller Vertrauen und in gutem Glauben die einleitenden Worte auf einen Zettel – schloß mit ›gehe hin und bessere dich‹ – und unterschrieb. Gerade als ich den Zettel in den Umschlag stecken wollte, wurde ich in meine hinteren Büroräume gerufen und ließ gedankenlos das Papier offen auf meinem Schreibtisch liegen.« Er machte eine Pause, wandte langsam den Kopf zu Billson und fügte dann hinzu: »Ich bitte Sie, folgendes zu beachten: Als ich etwas später zurückkam, sah ich gerade noch, wie Mr. Billson mein Haus durch die Vordertür verließ.« *(Rufe des Erstaunens.)*

Billson sprang auf und rief:

»Das ist eine Lüge! Das ist eine gemeine Lüge!«

DER VORSITZENDE: »Setzen Sie sich, Sir! Mr. Wilson hat das Wort.«

Billsons Freunde zogen ihn auf seinen Stuhl zurück und beruhigten ihn, und Wilson fuhr fort:

»Das sind die schlichten Tatsachen. Mein Zettel lag jetzt an einer anderen Stelle des Schreibtisches als vorher. Ich bemerkte das zwar, maß dem aber keine Bedeutung zu, weil ich glaubte, ein Luftzug habe ihn dort hingeweht. Daß Mr. Billson ein privates Schriftstück lesen könnte, kam mir gar nicht in den Sinn; er war für mich ein anständiger Mensch und so ein Verhalten unter seiner Würde. Ich glaube, wenn Sie mir diese Bemerkung gestatten, daß damit auch erklärt ist, warum er die zwei Wörter hinzugefügt und ›ganz und gar‹ geschrieben hat: es handelt sich um einen Gedächtnisfehler. Ich war der einzige Mensch auf der Welt, der an dieser Stelle den Kontrolltext vollkommen korrekt wiedergeben konnte – und zwar auf *redliche* Weise. Damit schließe ich.«

Nichts ist so gut geeignet, das Denk- und Urteilsvermögen eines in den Kniffen und Tricks der Rhetorik unerfahrenen Publikums außer Kraft zu setzen wie eine mitreißende Rede. Wilson setzte sich als Sieger. Wogen des Beifalls schlugen über ihm zusammen, Freunde eilten herbei und schüttelten ihm gratulierend die Hände, während Billson niedergeschrien wurde und nicht zu Wort kam. Der Vorsitzende hämmerte immer wieder auf den Tisch und rief:

»So lassen Sie uns doch fortfahren, meine Herren, lassen Sie uns fortfahren!«

Endlich wurde es einigermaßen ruhig, und der Hutmacher fragte:

»Wozu denn noch fortfahren, Sir? Übergeben wir doch das Geld.«

STIMMEN: »Sehr richtig! Jawohl! Gehen Sie nach vorn, Wilson!«

DER HUTMACHER: »Ein dreifaches ›Hoch!‹ auf Mr. Wilson, das Symbol jener besonderen Tugend, die –«

Hochrufe wurden ausgebracht, noch ehe er zu Ende war; und inmitten des Jubels und Hämmerns hoben ein paar Begeisterte Wilson auf die Schultern eines besonders großen Freundes und wollten ihn im Triumphzug zur Tribüne tragen. Jetzt vernahm man über dem allgemeinen Lärm die Stimme des Vorsitzenden:

»Ruhe im Saal! Setzen Sie sich wieder! Sie vergessen, daß noch ein Dokument zu verlesen ist.« Als die Ruhe wieder hergestellt war, nahm er das Papier zur Hand und wollte beginnen, legte es aber wieder hin und sagte: »Ich habe ja ganz vergessen, daß dies erst vorgelesen werden darf, wenn alle mir zugegangenen schriftlichen Mitteilungen verlesen worden sind.« Er zog einen Umschlag aus der Tasche, entnahm ihm einen Zettel, überflog ihn – schien verblüfft – hielt ihn empor und sah ihn erst ungläubig an – dann fassungslos.

Zwanzig, dreißig Stimmen riefen:

»Was ist los? Vorlesen! vorlesen!«

Und er las – stockend und verwundert:

*»Die Bemerkung, die ich an den Fremden richtete«* (Stimmen: »Nanu, was ist das denn?«) *»war: ›Du bist gar kein schlechter Mensch.‹«* (Stimmen: »Gütiger Himmel!«) *»›Gehe hin und bessere dich.‹«* (Stimmen: »Ich werd verrückt!«) »Unterschrieben von Mr. Pinkerton, dem Bankier.«

Das tobende Gelächter, das jetzt losbrach, war geeignet, die Besonnenen zum Weinen zu bringen. Wer nicht selbst betroffen war, lachte, bis ihm die Tränen kamen; die Reporter, die sich vor Lachen bogen, schrieben wirre Krakel hin, die nie wieder zu entziffern sein würden; und ein Hund erwachte aus seinem Schlaf, sprang wahnsinnig vor Angst auf und bellte wie verrückt inmitten des Aufruhrs. Alle möglichen Rufe waren in dem Getöse zu hören: »Wir werden alle noch reich – *zwei* Symbole der Unbestechlichkeit! – Billson nicht mitgezählt!« »*Drei!* – zählt den dünnen Hering mit – es können gar nicht genug sein!« »Na schön, Billson ist dabei!« »Ach, armer Wilson – von *zwei* Dieben beklaut!«

EINE LAUTE STIMME: »Ruhe! Der Vorsitzende holt noch etwas aus seiner Tasche!«

STIMMEN: »Hurra! Was Neues? Vorlesen! vorlesen!«

DER VORSITZENDE (liest): *»Die Bemerkung, die ich an den Fremden...* und so weiter. ›*Du bist ganz und gar kein schlechter Mensch. Gehe hin*‹... und so weiter. Gezeichnet Gregory Yates.«

VIELSTIMMIGER CHOR: »Vier Symbole!« »Ein Hoch auf Yates!« »Such weiter in deiner Tasche!«

Der Saal war jetzt in glänzender Stimmung und genoß die Angelegenheit in vollen Zügen. Mehrere der Neunzehn standen blaß und tief besorgt auf und versuchten, sich zu den Gängen durchzudrängen, aber da hörte man ein Dutzend Stimmen rufen:

»Die Türen, die Türen – schließt die Türen ab; keiner der Unbestechlichen verläßt den Raum! Hinsetzen, alle hinsetzen!«

Die Aufforderung wurde befolgt.

»Weitersuchen! Vorlesen! vorlesen!«

Der Vorsitzende griff wieder in seine Tasche, und wieder verlas er die vertrauten Worte: *»Du bist ganz und gar kein schlechter Mensch.«*

»Den Namen! den Namen! Wie heißt er?«

»L. Ingoldsby Sargent.«

»Fünf Auserwählte! Immer her mit den Symbolen! Weiter, weiter!«

*»Du bist ganz und gar kein schlechter...«*

»Den Namen! den Namen!«

»Nicholas Whitworth!«

»Hurra, hurra, uns ist heut' so symbolisch!«

Irgend jemand erhob plärrend seine Stimme und wiederholte diese Worte zu der bekannten Melodie von »Wenn ein Mann sich nicht traut, seiner lieblichen Braut –« aus ›Mikado‹; das Publikum sang begeistert mit; und schon im nächsten Augenblick hatte ein anderer einen weiteren Vers parat:

*Und, wer es nicht glaubt, sehe her –*

Der Saal stimmte lauthals ein. Sogleich folgte die nächste Zeile:

*Hurra, hurra, niemand bestechlich –*

Das Haus brüllte mit. Als der letzte Ton verklungen war, erhob sich Jack Hallidays Stimme hell und klar und lieferte die Schlußzeile:

*Symbole gibt's dafür um so mehr!*

Das wurde mit tosender Begeisterung aufgegriffen. Dann begann die übermütige Versammlung von vorn und sang die Verse mit viel Schwung und Temperament noch zweimal durch und schloß mit einem donnernden dreifachen Hoch und rasendem Applaus für »Hadleyburg, die Stadt der Unbestechlichen, und alle ihre Symbole der

Tugend, die wir heute abend noch der Auszeichnung für würdig befinden werden.«

Dann erschollen im ganzen Saal wieder die Zurufe an den Vorsitzenden: »Weiter! weiter! Vorlesen! mehr vorlesen! Lesen Sie alles vor, was Sie haben!« »Richtig! Weitermachen! Wir sind auf dem Weg zu unsterblichem Ruhm!«

In diesem Moment stand ein Dutzend Männer auf, um zu protestieren. Diese Farce, sagten sie, sei das Werk eines von allen guten Geistern verlassenen Witzbolds und eine Beleidigung für alle Bürger der Stadt. Zweifellos seien diese Unterschriften alle gefälscht –

»Hinsetzen! hinsetzen! Mund halten! Eure Namen sind bestimmt auch dabei, gebt's zu!«

»Herr Vorsitzender, wie viele solche Umschläge haben Sie erhalten?«

Der Vorsitzende zählte.

»Mit den bereits geprüften sind es neunzehn.«

Ein Sturm höhnischen Beifalls brach los.

»Vielleicht enthalten sie alle die Lösung des Geheimnisses. Ich stelle den Antrag, daß Sie alle öffnen und von jedem Zettel die Unterschrift vorlesen – und die ersten sechs Worte des Textes.«

»Wer unterstützt diesen Antrag?«

Unter großem Lärmen wurde der Antrag angenommen. Da stand der arme alte Richards auf, und auch seine Frau erhob sich und stellte sich neben ihn. Sie hielt den Kopf gesenkt, um zu verbergen, daß sie weinte. Ihr Mann reichte ihr den Arm, um sie zu stützen, und so sagte er mit zitternder Stimme:

»Meine Freunde, ihr kennt uns beide – Mary und mich – ein Leben lang, und ich glaube, ihr habt uns immer geschätzt und geachtet –«

Der Vorsitzende unterbrach ihn:

»Gestatten Sie. Was Sie sagen, ist vollkommen richtig, Mr. Richards: Diese Stadt *kennt* Sie beide; sie *schätzt* und *achtet* Sie; ja, mehr noch, sie *ehrt* und *liebt* Sie –«

Hallidays Stimme ertönte:

»Das ist die reine Wahrheit! Und wenn der Vorsitzende Recht hat, dann sollten die Anwesenden es laut und deutlich aussprechen. Steht auf! Und nun alle zusammen: Hipp, hipp – hurra!«

Das Publikum erhob sich geschlossen, richtete seine Blicke auf das alte Ehepaar, erfüllte die Luft mit einem Schneegestöber von weißen Taschentüchern und brachte aus vollem Herzen die Hochrufe aus.

Der Vorsitzende fuhr fort:

»Was ich sagen wollte, war dies: Wir wissen, daß Sie ein gutes Herz haben, Mr. Richards, aber dies ist nicht der richtige Zeitpunkt, um gegenüber Missetätern Milde walten zu lassen.« (*Zwischenrufe:* »Ganz recht!«) »Die gute Absicht steht Ihnen ins Gesicht geschrieben, aber ich kann nicht zulassen, daß Sie ein Wort für diese Leute einlegen –«

»Aber ich wollte doch –«

»Bitte setzen Sie sich, Mr. Richards. Wir müssen noch die übrigen Zettel durchsehen – das gebietet der Anstand gegenüber den Männern, die schon bloßgestellt worden sind. Sobald das geschehen ist, können Sie sprechen – darauf haben Sie mein Wort.«

Viele Stimmen: »Sehr richtig! – der Vorsitzende hat Recht – an dieser Stelle darf es keine Unterbrechung geben! Weiter! – die Namen! die Namen! – wie vorhin beschlossen!«

Das alte Paar setzte sich zögernd, und der Mann flüsterte seiner Frau zu: »Es ist bitter, warten zu müssen. Die Schande wird noch viel größer sein, wenn sie merken, daß wir nur für uns selber plädieren wollten.«

Als weitere Namen verlesen wurden, brach sofort wieder Heiterkeit aus.

»*Du bist gar kein schlechter Mensch* – Unterschrift Robert J. Titmarsh.«

»*Du bist gar kein schlechter Mensch* – Unterschrift Eliphalet Weeks.«

»*Du bist gar kein schlechter Mensch* – Unterschrift Oscar B. Wilder.«

An dieser Stelle kam dem Publikum die glänzende Idee, dem Vorsitzenden das Verlesen der sechs Wörter abzunehmen. Dieser war dazu gerne bereit. Von jetzt an hielt er einfach die Zettel hoch und wartete. Die Versammlung ließ dann die sechs Worte in einem dröhnenden Sprechgesang ertönen (der provozierende Ähnlichkeit mit einem bekannten Kirchenlied hatte): »*Du bist ga-a-a-r kein schlechter Me-hensch.*« Danach rief der Vorsitzende: »Unterschrift Archibald Wilcox.« Und so weiter und so weiter, ein Name nach dem anderen, und alle amüsierten sich königlich, ausgenommen die unglücklichen Neunzehn. Ab und zu, wenn ein besonders glanzvoller Name ausgerufen wurde, ließ das Haus den Vorsitzenden warten, während es den ganzen Kontrollsatz skandierte, vom Anfang bis zu den Schlußworten: »*Du wirst in die Hölle kommen oder nach Hadleyburg – sieh zu, daß du ers-te-res wählst.*« Und in diesen besonderen Fällen fügte es ein schaurig-schönes »*A-a-a-men!*« hinzu.

Die Liste wurde kürzer, kürzer, kürzer. Der arme Richards zählte mit und zuckte jedesmal zusammen, wenn ein Name vorgelesen wurde, der so ähnlich klang wie seiner, und wartete in qualvoller Spannung auf den Augenblick, da ihm das zweifelhafte Recht erteilt würde, sich gemeinsam mit Mary wieder zu erheben und seine kleine Verteidigungsrede zu beenden, die folgendermaßen lauten sollte: »... denn bis jetzt haben wir uns nie

etwas zuschulden kommen lassen, sondern sind bescheiden und unbescholten unseren Weg gegangen. Wir sind
sehr arm, wir sind alt und haben niemanden, der uns
unterstützt; wir waren in großer Versuchung, und wir
sind ihr erlegen. Als ich vorhin aufstand, wollte ich ein
Geständnis machen und darum bitten, meinen Namen
nicht in aller Öffentlichkeit zu verlesen, denn wir glaub-
ten, das nicht ertragen zu können; doch ich kam nicht zu
Wort. Aber es geschah uns recht, daß wir mit den anderen
leiden mußten. Es war schlimm für uns. Zum ersten Mal
ist unser Name mit Schande bedeckt worden. Habt Mitleid – um der alten, besseren Zeiten willen; übt Nächsten-
liebe und macht uns die Schande erträglich.« In diesem
Augenblick versetzte ihm Mary, die seine Geistesabwe-
senheit bemerkt hatte, einen Rippenstoß. Die Versammlung sang gerade »Du bist ga-a-a-r kein« und so weiter.

»Halte dich bereit«, flüsterte Mary. »Jetzt kommt dein
Name dran; er hat achtzehn vorgelesen.«

Der Singsang endete.

»Der Nächste! der Nächste! der Nächste!« erscholl es
von allen Seiten.

Burgess griff in seine Tasche. Schon wollte das alte,
zitternde Ehepaar aufstehen. Burgess kramte einen Augenblick, dann sagte er:

»Ich stelle fest, daß ich jetzt alle vorgelesen habe.«

Überwältigt von Freude und Überraschung sank das
Paar auf seine Plätze zurück, und Mary flüsterte:

»Gottlob, wir sind gerettet! Er hat unseren Zettel verloren – das ist mehr wert als hundert dieser Säcke!«

Das Publikum stimmte wieder seine ›Mikado‹-Trave-
stie an, sang sie dreimal hintereinander mit wachsender
Begeisterung, und als es zum dritten Mal zu den Schlußworten kam –

erhoben sich alle von ihren Plätzen und schlossen mit Hochrufen und donnerndem Applaus auf »Hadleyburg und die achtzehn unsterblichen Repräsentanten ihrer Reinheit«.

Dann stand Wingate, der Sattler, auf und forderte zu einem Hoch auf »für den anständigsten Mann der Stadt, den einzigen ihrer prominenten Bürger, der nicht versucht hat, dieses Geld zu stehlen – Edward Richards!«

Die Hochrufe wurden mit rührender Herzlichkeit ausgebracht; anschließend machte jemand den Vorschlag, Richards zum alleinigen Hüter und zum Symbol der ab sofort geheiligten Tradition von Hadleyburg zu ernennen und ihm das Recht zu verleihen, der ganzen sarkastischen Welt gerade ins Auge zu blicken.

Dies wurde per Akklamation genehmigt; und wieder sangen alle die Melodie aus ›Mikado‹, schlossen diesmal aber mit den Worten:

*Wir haben es, wir haben es, wir haben das Symbol!*

Es trat eine Pause ein; dann –

Eine Stimme: »Und, wer soll den Sack jetzt kriegen?«

Der Gerber *(sehr sarkastisch)*: »Ganz einfach. Das Geld muß unter die achtzehn Unbestechlichen aufgeteilt werden. Jeder von ihnen hat dem in Not geratenen Fremden zwanzig Dollar geschenkt – und haben die bewußten Worte zu ihm gesprochen – einer nach dem anderen – es muß zweiundzwanzig Minuten gedauert haben, bis das Defilée vorüber war. Sie alle haben auf den Fremden gesetzt – Gesamteinsatz dreihundertsechzig Dollar. Jetzt wollen sie einfach ihr Geld zurück haben – zuzüglich Zinsen – alles in allem vierzigtausend Dollar.«

Viele Stimmen *(höhnisch)*: »Recht so! Aufteilen! aufteilen! Seid gut zu den Armen – laßt sie nicht warten!«

Der Vorsitzende: »Ruhe bitte! Ich verlese jetzt das andere Dokument des Fremden. Es lautet: ›Wenn sich kein Bewerber meldet *(lautes Aufstöhnen im Saal)* wünsche ich, daß der Sack geöffnet und das Geld den führenden Bürgern Ihrer Stadt ausgezahlt wird, die es treuhänderisch verwalten *(Zwischenrufe:* »Oh! Oh! Oh!«*)* und nach eigenem Ermessen so verwenden sollen, daß damit der Ruf Ihrer Stadt, unbestechlich und ehrlich zu sein, gefestigt und in alle Welt getragen wird *(weitere Zwischenrufe)* ein Ruf, dem sie mit Namen und Tat neuen, hellen Glanz verleihen werden.‹ *(Anhaltender ironischer Applaus.)* Das scheint alles zu sein. Nein – hier ist noch ein Zusatz:

PS. Bürger von Hadleyburg: Es gibt gar keinen Kontrolltext – Worte dieser Art wurden nie geäußert. *(Erregtes Tuscheln.)* Den bettelarmen Fremden hat es nie gegeben, ebenso wenig wie das Geschenk von zwanzig Dollar, die Ermahnung oder die Empfehlung – das alles ist nur erfunden. *(Laute Bekundungen der Überraschung und Freude.)* Gestatten Sie mir, meine Geschichte zu erzählen – sie ist kurz. Ich kam vor einer gewissen Zeit durch Ihre Stadt und erfuhr damals ohne Grund eine schwere Kränkung. Jeder andere hätte sich damit zufriedengegeben, einen oder zwei Bürger der Stadt umzubringen, und die Sache wäre erledigt gewesen, aber diese Art von Rache hätte ich trivial und unangemessen gefunden; denn wer tot ist, *leidet* nicht mehr. Sie alle umzubringen, kam ebenfalls nicht in Frage – und so, wie ich nun mal bin, hätte mich auch das nicht befriedigt. Ich wollte jeden Mann, und jede Frau, dieser Stadt dort treffen, wo es besonders schmerzt – nicht an Leib oder Besitz, sondern in ihrer Eitelkeit – an der Stelle, wo schwache und tö- richte Menschen am empfindlichsten sind. Also ver- kleidete ich mich, kam zurück und beobachtete Sie genau. Sie haben es mir leicht gemacht. Seit langem stehen Sie in dem besonderen Ruf der Ehrlichkeit, und natürlich waren Sie darauf stolz – das war Ihr wertvoll- ster Besitz, den Sie hüteten wie Ihren Augapfel. Als ich feststellte, daß Sie sich und Ihre Kinder sorgsam und argwöhnisch von jeder *Versuchung* fernhielten, wußte ich, wie ich vorzugehen hatte. Ach, Ihr Einfaltspinsel, nichts ist doch so angreifbar wie eine Tugend, die nie auf die Probe gestellt worden ist! Ich legte mir also einen Plan zurecht und stellte eine Namensliste auf. Meine Absicht war es, Hadleyburg, das unbestechliche Hadleyburg, zu korrumpieren. Ich hatte vor, an- nähernd ein halbes Hundert unbescholtener Männer und Frauen, die noch nie in ihrem Leben gelogen oder einen Penny gestohlen hatten, zu Lügnern und Die- ben zu machen. Vor Goodson fürchtete ich mich. Er war weder in Hadleyburg geboren noch dort aufge- wachsen. Ich hatte Angst, daß Sie, sobald ich meinen Plan in die Tat umsetzte und Ihnen meinen Brief zu- spielte, sich sagen würden: ›Goodson ist der einzige von uns, der einem armen Teufel zwanzig Dollar schenken würde‹ – und daß Sie vielleicht meinen Kö- der nicht schlucken würden. Aber der Himmel nahm Goodson zu sich; und von da an wußte ich, daß mir nichts in die Quere kommen konnte; und ich stellte meine Falle auf und legte meinen Köder hinein. Es kann sein, daß nicht alle Männer, denen ich den angeb- lichen Kontrollsatz zuschickte, in diese Falle gehen, aber so wie ich Hadleyburg kenne, werde ich die mei- sten von ihnen erwischen. *(Stimmen:* »Stimmt – er hat sie allesamt erwischt!«*)* Ich glaube, sie werden sogar

Geld, das offenkundig beim *Glücksspiel* gewonnen wurde, eher stehlen als es sich entgehen lassen – diese armseligen, irregeleiteten Kreaturen. Ich hoffe, daß es mir gelingt, Ihnen den törichten Stolz ein für allemal auszutreiben, und dafür zu sorgen, daß Hadleyburg einen anderen Ruf erhält – einen, der die Zeiten überdauern und sich überallhin verbreiten wird. Wenn mir das gelungen ist, öffnen Sie den Sack und berufen Sie ein Komitee zur Wahrung und Mehrung des Ansehens von Hadleyburg.«

Lautes Stimmengewirr: »Aufmachen! Aufmachen! Die Achtzehn nach vorn! Das Komitee zur Wahrung der Tradition! Die Unbestechlichen nach vorn!«

Der Vorsitzende riß den Sack weit auf, nahm eine Handvoll der großen, golden glänzenden Münzen, ließ sie in der Hand klingen, prüfte sie –

»Freunde, das sind ja nur vergoldete Bleistücke!«

Ein Sturm der Heiterkeit folgte auf diese Mitteilung, und als der Lärm sich gelegt hatte, rief der Gerber:

»Mr. Wilson hat in dieser Angelegenheit offenkundig die ältesten Rechte und sollte deshalb den Vorsitz des Komitees zur Wahrung der Tradition übernehmen. Ich schlage vor, daß er im Namen seiner Kollegen vortritt und das Geld in Verwahrung nimmt.«

Hundert Stimmen: »Wilson! Wilson! Eine Rede! Eine Rede!«

Wilson *(mit vor Wut zitternder Stimme)*: »Ich sage nur – und ohne mich für meine Ausdrucksweise zu entschuldigen: *zum Teufel* mit dem Geld!«

Eine Stimme: »Und das sagt ein Baptist!«

Eine Stimme: »Bleiben noch siebzehn Symbole! Treten Sie vor, Gentlemen, und übernehmen Sie das kostbare Gut!«

Es verging eine Weile – keine Reaktion.

DER SATTLER: »Herr Vorsitzender, von dem bisherigen Stadtadel ist zumindest ein Mann übriggeblieben, der saubere Hände hat; er braucht Geld und hat es verdient. Ich stelle den Antrag, daß Sie Jack Halliday beauftragen, auf das Podium zu gehen, diesen Sack mit vergoldeten Zwanzigdollarmünzen zu versteigern und den Erlös dann dem Richtigen zu übergeben – dem Mann, dem Hadleyburg mit Freuden diese Ehre erweisen wird – Edward Richards.«

Dieser Vorschlag wurde von allen, auch dem Hund, begeistert begrüßt; der Sattler machte den Anfang und bot einen Dollar; die Gäste aus Brixton und der Vertreter des Zirkus Barnum kämpften erbittert um den Sack, die Leute jubelten jedesmal, wenn die Gebote weiter in die Höhe schnellten; die Erregung wuchs von Minute zu Minute, die Mitbietenden gerieten in Fahrt und wurden immer waghalsiger, immer entschlossener, die Sprünge steigerten sich von einem Dollar auf fünf, dann auf zehn, dann auf zwanzig, dann fünfzig, dann auf hundert, dann –

Zu Beginn der Versteigerung flüsterte Richards seiner Frau bekümmert zu: »Ach Mary, können wir das denn zulassen? Es – es – ach, es geht hier doch um einen Preis für Anstand und Charakterfestigkeit und – und – dürfen wir das annehmen? Sollte ich nicht lieber aufstehen und – Ach, Mary, was machen wir nur? – Was meinst du, sollten wir – *(Hallidays Stimme: »Fünfzehn sind geboten! – fünfzehn für den Sack! – zwanzig! – ah, danke sehr! – dreißig! – nochmals besten Dank! Dreißig, dreißig, dreißig! – bietet jemand vierzig? – vierzig sind geboten. Weiter, meine Herren, weiter so! – fünfzig! Dank, edler Römer! fünfzig, fünfzig, fünfzig! – siebzig! – neunzig! – ausgezeichnet! – einhundert! – wer bietet mehr als hundert? – einhundertzwanzig – vierzig! – gerade noch rechtzeitig! –*

*einhundertfünfzig! Zwei*hundert – *gut so! Bietet jemand zw– Danke sehr! – zweihundertfünfzig! –«)*

Das ist schon wieder eine Versuchung, Edward – Ich zittere am ganzen Leib – aber, ach, bei der einen Versuchung sind wir davongekommen, und das sollte uns eine Lehre sein ... *(»Bietet jemand sechs? – Danke! – sechsfünfzig, sechs-f–* SIEBEN*hundert!«)* Andererseits, Edward, wenn man bedenkt – niemand ahnt – *(»Achthundert Dollar! Gratuliere! erhöht jemand auf neun? – Mr. Parsons, bieten Sie neun? – danke – neun! – soll dieser wunderschöne Sack voll jungfräulichem Blei, echt vergoldet, für nur neunhundert Dollar weggehen? – kommen Sie! bietet niemand tausend? – verbindlichen Dank! – höre ich elfhundert? – für diesen Sack, der nun der berühmteste im gesamten Uni–«)* Ach, Edward« (beginnt zu schluchzen), »wir sind *so* arm! – aber – aber – tu, was du für richtig hältst – tu, was du für richtig hältst.«

Und Edward fiel – das heißt, er blieb still sitzen; er hatte kein ruhiges Gewissen dabei, aber die Umstände waren stärker als er.

Währenddessen hatte ein Unbekannter, der aussah wie ein Amateurdetektiv, der sich als englischer Graf verkleidet hat, die Vorgänge des Abends mit sichtlichem Interesse und zufriedener Miene verfolgt; und er hatte im stillen seine Glossen dazu gemacht. Gerade führte er ein Selbstgespräch, etwa wie folgt: »Von den Achtzehn bietet keiner mit; damit bin ich nicht zufrieden; das muß anders werden – das verlangen schon die Gesetze der Dramaturgie; sie müssen den Sack kaufen, den sie stehlen wollten; und sie müssen einen hohen Preis dafür zahlen – einige von ihnen sind reich. Und noch etwas: wenn ich den Hadleyburger Charakter falsch eingeschätzt habe, dann kann der Mann, der mir meinen Irrtum nachweist, ein hohes Honorar beanspruchen, und einer muß dafür aufkommen. Dieser arme, alte Richards hat mich beschämt, ihn habe ich falsch beurteilt; er ist ein ehrlicher Mensch: – ich begreife das zwar nicht, aber ich erkenne es an. Ja, er hat mir das Spiel aus der Hand genommen und mich übertrumpft, und von Rechts wegen gehört der Einsatz ihm. Und wenn's nach mir geht, soll es der Jackpot sein. Er hat mich enttäuscht, aber sei's drum.«

Jetzt verfolgte er wieder die Auktion. Bei tausend Dollar ließen die Gebote nach und wurden nur noch in kleinen Schritten erhöht. Er sah weiter zu und wartete ab. Erst stieg einer der Mitbietenden aus; dann der nächste; dann noch einer. Jetzt bot er auch ein- oder zweimal mit. Als das nächste Angebot um zehn Dollar erhöht wurde, legte er fünf dazu; irgend jemand überbot ihn um drei Dollar; er wartete einen Augenblick, bot dann fünfzig Dollar mehr, und der Sack gehörte ihm – für $ 1 282. Das Publikum jubelte – und verstummte kurz darauf, denn er war aufgestanden und hatte eine Hand erhoben. Er begann zu sprechen:

»Ich möchte ein paar Worte sagen und Sie um einen Gefallen bitten. Ich bin Raritätenhändler und mache mit Münzsammlern in der ganzen Welt Geschäfte. Mit dieser Erwerbung kann ich schon so, wie sie da steht, einiges verdienen; aber ich wüßte einen Weg, wie man jedes einzelne dieser bleiernen Zwanzigdollarstücke in Gold aufwiegen könnte, wenn Sie mir dazu Ihre Zustimmung geben. Erhalte ich Ihre Zustimmung, dann werde ich einen Teil meines Gewinns an Ihren Mr. Richards auszahlen, dem Sie heute abend für seine unerschütterliche Rechtschaffenheit zu Recht so herzlich Ihre Anerkennung ausgesprochen haben; sein Anteil soll zehntausend Dollar betragen, und diesen Betrag werde ich ihm morgen übergeben. *(Heftiger Beifall des Publikums.* Aber die »unerschütterliche Rechtschaffenheit« ließ die Richards' ein wenig erröten. Man hielt das jedoch für Bescheidenheit, so daß es keinen Schaden anrichtete.) Wenn Sie meinen Vorschlag mit großer Mehrheit annehmen – ich wünsche mir etwa eine Zweidrittel-Mehrheit –, dann werde ich das als Einverständnis der Stadt werten, und mehr verlange ich nicht. Raritäten gewinnen immer an Wert, wenn sie durch irgendeine Besonderheit Neugier und Aufmerksamkeit erregen. Falls Sie mir nun die Erlaubnis geben, auf jede dieser falschen Münzen die Namen der achtzehn Gentlemen zu prägen, die –«

Schon im nächsten Augenblick sprangen neun Zehntel des Publikums auf – einschließlich des Hundes –, und der Vorschlag wurde mit tosendem Beifall und lautem Gelächter angenommen.

Als alle wieder Platz genommen hatten, standen sämtliche Symbole mit Ausnahme von »Dr.« Clay Harkness auf, um aufs schärfste gegen die beabsichtigte Beleidigung zu protestieren und damit zu drohen, daß –

»Bitte drohen Sie mir nicht«, sagte der Unbekannte gelassen. »Ich kenne meine Rechte und lasse mich nicht einschüchtern.« *(Beifall.)* Er setzte sich. »Dr.« Harkness ergriff die Gelegenheit. Er war einer der beiden schwerreichen Männer der Stadt; Pinkerton war der andere. Er besaß eine nie versiegende Geldquelle; nämlich das Patent auf eine sehr beliebte Medizin. Er war der Kandidat der einen Partei für das regionale Parlament, und Pinkerton war der Kandidat der anderen. Die beiden lieferten sich ein dramatisches Kopf-an-Kopf-Rennen, das von Tag zu Tag dramatischer wurde. Beide waren hinter dem Geld her; beide hatten in einer ganz bestimmten Absicht große Stücke Land gekauft; es sollte nämlich eine neue Eisenbahnlinie gebaut werden, und beide wollten ins Parlament, um die Streckenplanung zu ihrem eigenen Vorteil zu beeinflussen; eine einzige Stimme konnte den Ausschlag geben und zwei oder drei Leuten ein Vermögen bescheren. Der Einsatz war groß, und Harkness war ein waghalsiger Spekulant. Er saß dicht bei dem Fremden. Und während die anderen Symbole den Saal mit Protesten und Einwänden ergötzten, beugte er sich zu ihm und flüsterte:

»Was verlangen Sie für den Sack?«

»Vierzigtausend Dollar.«

»Ich biete Ihnen zwanzig.«

»Nein.«

»Fünfundzwanzig.«

»Nein.«

»Also dreißig.«

»Der Preis ist vierzigtausend Dollar; kein Penny weniger.«

»Gut, ich zahle. Morgen früh um zehn komme ich ins Hotel. Ich möchte nicht, daß es bekannt wird; ich komme privat.«

»Schön.« Dann stand der Fremde auf und sagte, an das Publikum gewendet:

»Ich finde, es ist spät. Die Reden dieser Herren sind sicherlich recht bemerkenswert, interessant und gut formuliert; aber wenn Sie mich entschuldigen, dann würde ich jetzt gerne gehen. Ich danke Ihnen für den großen Gefallen, den Sie mir erwiesen haben, indem Sie meinen Antrag genehmigten. Darf ich den Herrn Vorsitzenden bitten, den Sack bis morgen für mich aufzubewahren und diese drei Fünfhundert-Dollar-Noten Mr. Richards auszuhändigen.« Sie wurden dem Vorsitzenden hinaufgereicht. »Um neun hole ich den Sack ab, und um elf werde ich Mr. Richards den Rest der zehntausend Dollar persönlich bei ihm zu Hause übergeben. Gute Nacht.«

Dann verschwand er. Zurück blieb ein Publikum, das einen ungeheuren Lärm veranstaltete, gemischt aus

Hochrufen, dem ›Mikado‹-Lied, wildem Hundegebell und dem Gesang: *»Du bist ga-a-a-r kein schlechter Me-hensch – A-a-a-men!«*

<br>

## IV

Zu Hause mußten die Richards' bis Mitternacht Glück-wünsche und Komplimente über sich ergehen lassen. Dann ließ man sie allein. Sie sahen ein wenig traurig aus, und sie saßen schweigend und nachdenklich da. Schließ-lich seufzte Mary und sagte:

»Meinst du, daß wir zu tadeln sind, Edward – *sehr* zu tadeln?« Und ihr Blick wanderte schuldbewußt zu den drei großen Geldscheinen auf dem Tisch, wo die Gratu-lanten sie bewundert und ehrfürchtig berührt hatten. Edward antwortete nicht gleich; dann stieß auch er einen Seufzer aus und sagte zögernd:

»Wir – wir konnten es nicht ändern, Mary. Es – nun ja, es war uns eben vorherbestimmt. Alles ist ja vorherbe-stimmt.«

Mary sah auf und blickte ihn fest an, aber er erwiderte ihren Blick nicht. Dann sagte sie:

»Ich dachte immer, Glückwünsche und Lobreden wären etwas Schönes. Aber – jetzt finde ich – Edward?«

»Ja?«

»Wirst du bei der Bank bleiben?«

»N-nein.«

»Du kündigst?«

»Morgen früh – schriftlich.«

»Das wird das beste sein.«

Richards stützte den Kopf in die Hände und murmelte:

»Früher hat es mir nie etwas ausgemacht, das Geld an-

derer Leute wie Sand durch meine Finger rinnen zu lassen, aber – Ich bin so müde, Mary, so müde –«

»Laß uns schlafen gehen.«

Am nächsten Morgen um neun holte der Unbekannte
den Sack ab und brachte ihn in einer Droschke ins Hotel.
Um zehn Uhr hatte Harkness mit ihm eine private Un-
terredung. Der Fremde verlangte und erhielt fünf Barschecks – ausgestellt auf eine der großen Banken – vier
zu je fünfzehnhundert Dollar und einen zu vierund-
dreißigtausend Dollar. Einen der ersteren steckte er in
seine Brieftasche, den Rest im Wert von achtunddreißigtausendfünfhundert Dollar schob er in einen Umschlag
und legte einen Zettel dazu, den er erst schrieb, als Harkness gegangen war. Um elf ging er zu Richards und
klopfte an. Mrs. Richards spähte durch die Jalousien, bevor sie zur Tür ging und den Umschlag entgegennahm,
und der Fremde verschwand ohne ein Wort. Als sie zurückkam, ihre Wangen gerötet und die Beine ein wenig
zittrig, sagte sie atemlos:

»Ich habe ihn wiedererkannt! Es kam mir bereits gestern abend so vor, als hätte ich ihn irgendwo schon einmal gesehen.«

»Ist er der Mann, der uns den Sack gebracht hat?«

»Ich bin fast sicher.«

»Dann ist er auch der angebliche Stephenson und
hat jeden angesehenen Bürger dieser Stadt mit seinem
Schwindel hereingelegt. Wenn er diesmal Schecks statt
Geld geschickt hat, sind wir auch hereingefallen – und
wir dachten schon, wie seien davongekommen. Gerade
hatte ich mich ein bißchen erholt, nachdem ich letzte
Nacht gut geschlafen habe, aber der Anblick dieses Um-
schlags macht mich ganz krank. Er ist nicht schwer genug; auch in großen Scheinen sind achttausendfünfhundert Dollar ein dickeres Bündel.«

»Was hast du denn gegen Schecks, Edward?«

»Schecks, von Stephenson unterschrieben! Ich würde meinetwegen die achttausendfünfhundert Dollar annehmen, wenn sie in bar kommen – denn es sieht nun einmal so aus, Mary, als sei uns das vorherbestimmt –, aber ich war noch nie besonders mutig und hätte einfach nicht den Mumm, mit einem Scheck zur Bank zu gehen, der mit diesem verhängnisvollen Namen unterschrieben ist. Damit würde ich bestimmt in die Falle gehen. Dieser Mann hat schon einmal versucht, mir eine Falle zu stellen; irgendwie sind wir ihm entwischt; und jetzt versucht er es auf eine neue Weise. Wenn es Schecks sind –«

»Ach, Edward, es ist einfach schrecklich!« und sie hielt die Schecks in die Höhe und brach in Tränen aus.

»Wirf sie ins Feuer, schnell! wir müssen der Versuchung widerstehen. Das ist nur ein Trick, um uns vor aller Welt genauso lächerlich zu machen wie alle anderen, und – Gib sie *mir*, wenn du es nicht übers Herz bringst!« Er riß die Schecks an sich, hielt sie krampfhaft fest und wollte damit zum Ofen gehen; aber er war auch nur ein Mensch; außerdem Kassierer, und so blieb er einen Augenblick stehen, um die Unterschrift zu prüfen. Fast wäre er in Ohnmacht gefallen!

»Luft, Mary, ich brauche frische Luft! Die sind ja Gold wert!«

»Oh, Edward, wie wunderbar! Aber warum das?«

»Harkness hat sie unterschrieben. Was hat das nur zu bedeuten, Mary?«

»Edward, glaubst du –«

»Sieh doch – sieh doch nur! Fünfzehn – fünfzehn – fünfzehn – vierunddreißig. Achtunddreißigtausendfünfhundert! Mary, dieser Sack ist in Wirklichkeit keine zwölf Dollar wert, aber Harkness hat anscheinend soviel bezahlt, wie angeblich darin war.«

»Und du glaubst, das gehört jetzt alles uns – statt der zehntausend?«

»Nun, es sieht ganz so aus. Und es sind sogar Barschecks.«

»Ist das gut, Edward? Was bedeutet das?«

»Wahrscheinlich soll es ein Wink sein, sie bei einer weit entfernten Bank einzulösen. Vielleicht will Harkness nicht, daß die Sache bekannt wird. Was ist das – ein Zettel?«

»Er lag bei den Schecks.«

Die Schrift war die von »Stephenson«, aber der Zettel war nicht unterzeichnet. Darin hieß es:

*Ich bin enttäuscht. Ihre Ehrlichkeit ist mit keiner Versuchung zu erschüttern. Ich hätte das nicht für möglich gehalten und habe Ihnen damit Unrecht getan, dafür bitte ich um Verzeihung, und zwar aufrichtig. Ich bewundere Sie – und auch das tue ich aufrichtig. Diese Stadt ist nicht würdig, den Saum ihres Gewandes zu küssen. Sir, ich habe mit mir selbst gewettet, daß es in Ihrer selbstgerechten Stadt neunzehn Männer gibt, die sich bestechen lassen. Diese Wette habe ich verloren. Nehmen Sie den ganzen Einsatz, er steht Ihnen zu.*

Richards seufzte tief und sagte:

»Das brennt mir in den Händen – als wäre es mit Feuer geschrieben. Mary –, mir ist schon wieder ganz elend zumute.«

»Mir auch. Ach, Liebster, ich wünschte –«

»Stell dir das nur vor, Mary – er *glaubt* an mich.«

»Bitte nicht, Edward – ich kann es nicht ertragen.«

»Wenn ich diese schönen Worte verdient hätte, Mary – und es gab eine Zeit, da war ich weiß Gott davon überzeugt, daß ich sie verdiente – ich glaube, ich könnte die vierzigtausend Dollar dafür hergeben. Und ich würde dieses Schreiben für immer aufbewahren, weil es mir mehr wert wäre als Gold und Edelsteine. Aber jetzt – Wir hätten immer ein schlechtes Gewissen, wenn wir diesen Zettel ansehen.«

Er warf ihn ins Feuer.

Ein Bote kam und brachte einen Umschlag.

Richards entnahm ihm eine kurze Mitteilung, sie stammte von Burgess. Er las:

*Sie waren in schwerer Zeit meine Rettung. Gestern abend habe ich Sie gerettet. Ich habe dafür lügen müssen, aber dieses Opfer habe ich gern und mit dankbarem Herzen gebracht. Niemand in dieser Stadt weiß besser als ich, wie mutig und gut und anständig Sie sind. Im Grunde müssen Sie mich verachten, da Sie ja die Angelegenheit kennen, derentwegen mich die öffentliche Meinung verurteilt hat; aber bitte, glauben Sie wenigstens, daß ich ein dankbarer Mensch bin; das wird mir helfen, meine Bürde zu tragen.*

*(Gezeichnet)* BURGESS

»Wieder gerettet! Und unter solchen Bedingungen!« Er warf den Brief ins Feuer. »Ich – ich wünschte, ich wäre tot, Mary, ich wünschte, ich wäre aus allem heraus.«

»Ach, das sind wirklich bittere Tage, Edward. Diese Nadelstiche schmerzen so sehr, gerade weil sie in bester Absicht zugefügt werden – und so kurz hintereinander!«

Drei Tage vor der Wahl fanden sich zweitausend Wähler plötzlich im Besitz eines begehrten Erinnerungsstücks – nämlich einer der berühmten falschen Goldmünzen. Auf der einen Seite waren um den Rand herum die Worte eingeprägt: DIE BEMERKUNG, DIE ICH AN DEN HILFSBEDÜRFTIGEN FREMDEN RICHTETE, WAR – Auf der anderen Seite stand: Gehe hin und bessere dich. Gez. Pinkerton. Damit wurden die schlechten Erinnerungen, die sich mit dem berühmt gewordenen Streich verbanden, allesamt auf einen einzigen Mann gelenkt, und die Wirkung war verheerend. Das große Gelächter brach wieder aus und konzentrierte sich auf Pinkerton; und Harkness gewann die Wahl im Handumdrehen.

Nachdem die Richards' ihre Schecks erhalten hatten, dauerte es kaum vierundzwanzig Stunden, bis ihr Gewissen aufgab und schwieg; die beiden fanden sich damit ab, daß sie gesündigt hatten. Dafür merkten sie bald, daß eine Sünde ganz neue, nicht weniger reale Ängste auslöst, wenn die Gefahr besteht, sie könnte entdeckt werden. Dadurch erscheint sie in einem ganz neuen Licht. In der Kirche folgte die Morgenpredigt dem gewohnten Muster; die ewig gleichen Dinge wurden in der ewig gleichen Art vorgebracht; sie hatten sie schon tausendmal gehört und hatten sie früher für so harmlos, fast nichtssagend gehalten, so daß sie dabei leicht einnickten; jetzt aber war es anders: die Predigt schien eine einzige Anklage zu sein; sie schien bewußt auf Leute abzuzielen, die eine Todsünde zu verheimlichen hatten. Nach dem Gottesdienst entflohen sie der Menge der Gratulanten, so schnell sie konnten, und eilten nach Hause, getrieben von unbestimmten, unbekannten dunklen Ängsten. Ganz zufällig sahen sie, wie Mr. Burgess um eine Ecke bog. Er erwiderte ihr Nicken nicht! Daß er es nicht bemerkt hatte, konnten sie nicht wissen. Was mochte sein Verhalten also bedeuten? Vielleicht bedeutete es – vielleicht bedeutete es – o es gab ein Dutzend schrecklicher Möglichkeiten. War ihm vielleicht bekannt, daß Richards ihn damals, vor langer Zeit, hätte entlasten können, und wartete er nun auf eine Gelegenheit, ihm das heimzuzahlen? Zu Hause kamen sie in ihrer Verzweiflung auf den

Gedanken, ihr Dienstmädchen könnte im Nebenzimmer gelauscht haben, als Richards seiner Frau verriet, daß er von Burgess' Unschuld wußte; schon bildete sich Richards ein, daß er damals nebenan das Rascheln eines Kleides gehört hatte; und schließlich wurde daraus eine Gewißheit. Sie riefen Sarah unter einem Vorwand herein und nahmen sich vor, ihr Gesicht genau zu beobachten: wenn sie Burgess alles verraten hatte, würde man ihr das gewiß anmerken. Sie stellten ihr ein paar Fragen, – Fragen, die so zusammenhanglos und ziellos und offenbar sinnlos waren, daß das Mädchen annahm, der Verstand der alten Leute habe durch ihren plötzlichen Reichtum gelitten; die Art, wie sie sie starr und prüfend ansahen, flößte ihr Furcht ein und gab ihr den Rest. Sie errötete, wurde nervös und verwirrt, und für die alten Leute waren das eindeutige Zeichen ihrer Schuld – irgendeiner furchtbaren Schuld – zweifellos war sie eine Spionin und Verräterin. Als sie wieder allein waren, begannen sie, viele Dinge, die nichts miteinander zu tun hatten, in Beziehung zu setzen, und das Ergebnis ihrer Kombinationen war schrecklich. Als es gar nicht mehr schlimmer werden konnte, rang Richards plötzlich nach Luft, und seine Frau fragte:

»Was hast du nur? – was ist denn?«

»Der Zettel – der Zettel von Burgess! Sein Ton war sarkastisch, das merke ich jetzt erst.« Und er zitierte: »Im Grunde müssen Sie mich verachten, da Sie ja *die Angelegenheit kennen*, derentwegen mich die öffentliche Meinung verurteilt hat‹ – o jetzt ist mir alles klar, Gott steh mir bei! Er weiß, daß ich es weiß. Merkst du, wie raffiniert er das formuliert hat? Es war eine Falle – und ich Dummkopf bin hineingelaufen. Und weißt du was –?«

»Wie entsetzlich! – Ich weiß, was du sagen willst – er

hat dir deinen Zettel mit dem angeblichen Kontrollsatz nicht zurückgegeben.«

»Richtig – er hat ihn behalten, um uns damit zu vernichten. Vor einigen Leuten hat er uns schon bloßgestellt. Ich weiß es – ich weiß es genau. In einigen Gesichtern war das nach der Kirche ganz deutlich zu lesen. Darum wollte er unser Nicken nicht erwidern – er wußte ganz genau, was er getan hatte!«

In der Nacht wurde der Arzt gerufen. Am nächsten Morgen hieß es überall, das alte Ehepaar sei ernstlich erkrankt – erschöpft, wie der Doktor erklärte, von den Aufregungen, die ihr plötzliches Glück und die vielen Gratulationen bis spät in die Nacht verursacht hatten. Die Stadt war aufrichtig besorgt; denn diese alten Leute waren doch so ungefähr alles, worauf man jetzt noch stolz sein konnte.

Zwei Tage später kam es noch schlimmer. Die beiden Alten, so wurde gesagt, seien wirr im Kopf und täten sonderbare Dinge. Wie die Pflegerinnen berichteten, hatte Richards ihnen Schecks gezeigt über – achttausendfünfhundert Dollar? Nein – über die erstaunliche Summe von – achtunddreißigtausendfünfhundert Dollar! Wie war dieses unerhörte Glück nur zu erklären?

Am Tag darauf hatten die Pflegerinnen weitere Neuigkeiten – unglaubliche Neuigkeiten. Sie hatten beschlossen, die Schecks sicherheitshalber zu verstecken, aber als sie sie holen wollten, lagen sie nicht mehr unter dem Kissen des Patienten – sie waren einfach verschwunden. Der Patient hatte gesagt:

»Laßt das Kissen in Ruhe. Was wollt ihr denn?«

»Wir dachten, es wäre besser, wenn die Schecks –«

»Die werdet ihr nicht wiedersehen – ich habe sie vernichtet. Sie kamen vom Teufel. Ich habe die Zeichen der

Hölle darauf erkannt, und ich wußte, daß sie geschickt wurden, um mich in Versuchung zu führen.« Dann fing er an, seltsame und furchtbare Dinge zu murmeln, die niemand so recht verstand und die sie besser für sich behalten sollten, wie der Arzt meinte.

Es stimmte, was Richards gesagt hatte: Die Schecks blieben verschwunden.

Vermutlich hatte eine Pflegerin im Schlaf gesprochen, denn binnen zwei Tagen wußte die ganze Stadt, welche verbotenen Dinge der Alte im Fieberwahn gesagt hatte und sie erregten größtes Aufsehen. Es schien so, als habe auch Richards den Sack für sich beansprucht und als habe Burgess diesen Umstand zunächst geheimgehalten, um ihn dann in böser Absicht zu verraten.

Als man Burgess deswegen zur Rede stellte, stritt er alles ab. Und er sagte, es sei nicht fair, dem verworrenen Geschwätz eines kranken, alten Mannes solches Gewicht beizumessen. Der Verdacht bestand nun aber mal, und es wurde viel darüber geredet.

Nach ein, zwei Tagen wurde berichtet, das irre Gerede von Mrs. Richards stimme mehr und mehr mit dem ihres Mannes überein. Aus Verdacht wurde nun Gewißheit, und der Stolz der Stadt auf die Lauterkeit ihres einzigen unbescholtenen führenden Bürgers schmolz rasch dahin.

Sechs Tage vergingen, dann kamen neue Nachrichten. Das alte Ehepaar lag im Sterben. Kurz vor seinem Tod war Richards noch einmal bei klarem Verstand, und er ließ Burgess holen.

»Bitte lassen Sie uns allein«, sagte Burgess. »Ich glaube, er möchte mir etwas unter vier Augen sagen.«

»Nein!« entgegnete Richards: »Ich will Zeugen dabeihaben. Ich will, daß ihr alle mein Geständnis hört, damit ich wie ein Mensch sterbe und nicht wie ein Hund. Ich war rein – so künstlich rein wie alle anderen; und wie die anderen kam ich zu Fall, als ich in Versuchung geriet. Ich setzte meine Unterschrift unter eine Lüge und erhob Anspruch auf den verdammten Sack. Mr. Burgess erinnerte sich, daß ich ihm einen Dienst erwiesen hatte, und aus Dankbarkeit (und Unwissenheit) unterschlug er mein Schreiben und rettete mich auf diese Weise. Ihr wißt, was Burgess vor Jahren zur Last gelegt wurde. Meine Aussage, und nur meine Aussage, hätte ihn entlasten können, aber ich war feige und ließ es zu, daß er der Schande ausgesetzt wurde ...«

»Nein – nein – Mr. Richards, Sie –«

»Mein Dienstmädchen hat ihm mein Geheimnis verraten –«

»Niemand hat mir etwas verraten –«

» – und dann tat er, was nur zu verständlich und natürlich ist, er bereute, daß er mich aus Barmherzigkeit gerettet hatte und stellte mich vor aller Welt bloß – wie ich es verdient habe –«

»Niemals! – ich schwöre –«

Aber Burgess' leidenschaftliche Beteuerungen fanden kein Gehör; der alte Mann starb, ohne zu wissen, daß er dem armen Burgess noch einmal Unrecht getan hatte. Die alte Frau starb noch in derselben Nacht.

Der letzte der hoch geachteten Neunzehn war dem teuflischen Sack zum Opfer gefallen; die Stadt war auch von dem letzten Fetzen des einstigen Ruhms entkleidet. Die Trauer darüber wurde nicht offen zur Schau gestellt, aber um so tiefer empfunden.

Durch Parlamentsbeschluß – nach vielen Bitten und Gesuchen – erhielt Hadleyburg die Erlaubnis, seinen Namen zu ändern in – (wie auch immer – ich werde es nicht verraten) – und ein Wort aus dem Wahlspruch fortzulassen, der das Stadtsiegel seit vielen Generationen geziert hatte.

Es ist jetzt wieder eine ehrliche Stadt, und wer sie noch einmal im Schlaf überraschen will, der wird früh aufstehen müssen.

alter
Wahlspruch

veränderter
Wahlspruch

# Das Dreißigtausend-Dollar-Vermächtnis

## I

Lakeside war ein gemütliches Städtchen von fünf- oder sechstausend Einwohnern, und für eine Siedlung im fernen Westen war es sogar ganz hübsch. Seine Kirchen faßten insgesamt fünfunddreißigtausend Gläubige, was im fernen Westen und im Süden normal ist, da dort alle sehr religiös sind und jede einzelne der protestantischen Sekten ihre eigene Zweigstelle unterhält. Gesellschaftliche Unterschiede wurden in Lakeside nicht gemacht – oder zumindest nicht offen zugegeben; jeder kannte jeden und den Hund noch dazu, und es herrschte im großen und ganzen eine Atmosphäre des freundschaftlichen Miteinander.

Saladin Foster war Buchhalter im ersten Geschäft am Platz und der einzige gut bezahlte Vertreter seines Berufs in Lakeside. Er war jetzt fünfunddreißig Jahre alt; er arbeitete seit vierzehn Jahren in diesem Geschäft, hatte in der Woche, als er heiratete, bei einem Jahresgehalt von vierhundert Dollar angefangen und hatte in den folgenden vier Jahren eine Gehaltserhöhung von jeweils hundert Dollar erhalten; seither betrug sein Einkommen achthundert Dollar – eine wirklich hübsche Summe, die er sich, wie alle bestätigten, redlich verdiente.

Seine Ehefrau Electra war ihm eine tüchtige Gefährtin, auch wenn sie – so wie er selbst – zu Träumereien neigte und eine romantische Ader hatte. Gleich nach ihrer Heirat – sie war damals erst neunzehn und fast noch ein Kind – kaufte sie am Stadtrand einen Morgen Land, für den sie bar bezahlte – fünfundzwanzig Dollar, ihr gesamtes Vermögen. Saladin besaß noch weniger, nämlich nur fünfzehn. Sie legte dort einen Gemüsegarten an, den ein Nachbar gegen Beteiligung an den Erträgen für sie bestellte und der einen jährlichen Gewinn von hundert Prozent abwarf. Von Saladins erstem Jahresgehalt trug sie dreißig Dollar auf die Sparkasse, von seinem zweiten sechzig, von seinem dritten hundert und von seinem vierten hundertfünfzig. Zu diesem Zeitpunkt war sein Einkommen auf jährlich achthundert gestiegen, aber da sie mittlerweile zwei Kinder bekommen hatten, waren auch die Ausgaben gestiegen; dennoch brachte sie von da an jedes Jahr zweihundert Dollar auf die Bank. Nach sieben Ehejahren ließ sie auf ihrem Morgen Land für zweitausend Dollar ein hübsches und gut ausgestattetes Haus bauen, das sie zur Hälfte bar bezahlte, und zog dort mit ihrer Familie ein. Nach weiteren sieben Jahren war sie schuldenfrei und besaß mehrere hundert Dollar, die sie profitabel anlegte.

Profitabel infolge der steigenden Grundstückspreise; denn sie hatte schon vor langer Zeit ein paar Morgen Land dazugekauft und dann das meiste davon mit Gewinn an nette Leute weiterverkauft, die Bauland suchten, verträglich waren und für sie und ihre wachsende Familie angenehme Nachbarn sein würden. Aus sicheren Geldanlagen bezog sie ein eigenes Einkommen von etwa hundert Dollar im Jahr; ihre Kinder wurden größer und waren wohlerzogen; und sie war eine zufriedene, glückliche Frau. Glücklich mit ihrem Ehemann, glücklich mit den Kindern, und Ehemann und Kinder waren glücklich mit ihr. An diesem Punkt beginnt diese Geschichte.

Das jüngste Mädchen, Clytemnestra – kurz Clytie genannt – war elf; ihre Schwester Gwendolen – kurz Gwen
genannt – war dreizehn; beides nette, hübsche Mädchen.
Diese Namen verraten schon etwas von dem romantischen Tick der Eltern, die Namen der Eltern verraten,
daß dieser Tick nicht ganz neu war. Der Umgangston
zwischen Eltern und Kindern war liebevoll, und daher
hatten alle vier von ihnen Kosenamen. Saladin hieß merk-
würdigerweise Sally, was ebensowenig zu seinem Geschlecht paßte wie Electras Name, Aleck, zu dem ihren.
Von morgens bis abends war Sally ein tüchtiger, fleißiger
Buchhalter und Verkäufer; von morgens bis abends war
Aleck eine tüchtige, treusorgende Mutter und Hausfrau
und eine umsichtige, scharf kalkulierende Geschäftsfrau;
am Abend aber in ihrem gemütlichen Wohnzimmer
ließen sie den grauen Alltag hinter sich und begaben sich
in eine andere, schönere Welt, lasen einander romantische Geschichten vor und träumten davon, in prachtvol-
len Palästen oder in düsteren alten Burgen zu leben und
mit Königen und Fürsten und edlen Lords und Ladys
wie mit ihresgleichen Umgang zu pflegen.

## II

Nun traf eine gute Nachricht ein! Eine höchst erfreuliche, geradezu überwältigende Nachricht. Sie kam aus
einem der Nachbarstaaten, wo der einzige noch lebende
Verwandte der Familie zu Hause war. Es handelte sich
um einen Verwandten Sallys – einen nicht genauer einzu-
ordnenden Onkel oder einen Vetter zweiten oder dritten
Grades namens Tilbury Foster, siebzig Jahre alt und
Junggeselle, von dem es hieß, er sei wohlhabend, und der

dementsprechend mürrisch und kauzig war. Sally hatte ihm vor langer Zeit einmal geschrieben in der Hoffnung, sich gut mit ihm zu stellen, hatte diesen Fehler aber nur einmal gemacht. Nun schrieb Tilbury an Sally, um ihm mitzuteilen, daß er bald sterben und ihm dreißigtausend Dollar in bar hinterlassen werde; nicht etwa aus Zuneigung, sondern weil Geld ihm stets den größten Ärger und Verdruß bereitet habe und er es demjenigen hinterlassen wolle, bei dem es, wie er hoffe, seine bösartige Wirkung fortsetzen werde. Eine Auszahlungsanordnung liege seinem Testament bei und trete demnächst in Kraft. *Unter der Voraussetzung*, daß Sally den Testamentsvollstreckern glaubhaft versichern könne, *er habe niemandem, weder mündlich noch schriftlich, etwas von seiner Erbschaft mitgeteilt, keine Erkundigungen bezüglich der Annäherung des Todkranken an die Gefilde ewigen Sonnenscheins eingeholt und nicht an dessen Beerdigung teilgenommen.*

Sobald Aleck sich einigermaßen von ihrer heftigen Gemütsbewegung erholt hatte, die dieser Brief auslöste, schrieb sie an die Lokalzeitung in Tilburys Wohnort und bestellte ein Abonnement.

Dann gelobten Mann und Frau einander feierlich, niemandem etwas von dieser guten Nachricht zu erzählen, solange der Verwandte noch lebte, weil das sonst womöglich ein Dummkopf an dessen Sterbebett ausplaudern und den falschen Eindruck erwecken könnte, sie verspürten in testamentswidriger Weise Dankbarkeit für das Vermächtnis und hätten trotz des Verbots darüber in der Öffentlichkeit geredet.

Während des restlichen Tages richtete Sally in seinen Geschäftsbüchern ein großes Durcheinander an, und auch Aleck konnte ihre Gedanken nicht beisammenhalten und vergaß jedesmal, wenn sie einen Blumentopf oder ein

Buch oder ein Stück Holz in die Hand nahm, was sie damit eigentlich wollte. Denn beide träumten vor sich hin.

»Drei-ßig-tausend Dollar!«

Den ganzen Tag ging ihnen die beflügelnde Melodie dieser Worte im Kopf herum.

Vom Tag ihrer Hochzeit an hatte Aleck das Geld zusammengehalten, und es war Sally nur selten einmal vergönnt gewesen, auch nur zehn Cent für Firlefanz zu verschwenden.

»Drei-ßig-tausend Dollar!« tönte es fortwährend. Eine riesige Summe, eine unvorstellbare Summe!

Den ganzen Tag sann Aleck darüber nach, wie man das Geld anlegen könnte, Sally darüber, wie man es ausgeben könnte.

An diesem Abend wurden keine Geschichten vorgelesen. Die Kinder zogen sich schon früh zurück, denn ihre Eltern waren sonderbar schweigsam, geistesabwesend und gar nicht unterhaltend. Die Gute-Nacht-Küsse hätten sie genausogut in die Luft geben können, so wenig wurden sie erwidert; die Eltern bemerkten die Küsse gar nicht, und die Abwesenheit ihrer Kinder fiel ihnen erst auf, als diese schon seit einer Stunde im Bett lagen. Während dieser Stunde machten zwei Bleistifte eifrig Notizen – Pläne für die Zukunft. Sally brach als erster das Schweigen. Er sagte mit Begeisterung:

»Ach, es wird herrlich sein, Aleck! Mit den ersten Tausend werden wir uns ein Pferd und einen Einspänner für den Sommer kaufen und einen Pferdeschlitten mit Pelzdecke für den Winter.«

Ruhig, aber entschieden entgegnete Aleck:

»Von unserem *Kapital*? Kommt nicht in Frage! Selbst wenn wir eine Million hätten.«

Sally war bitter enttäuscht; das Strahlen wich aus seinem Gesicht.

»Ach, Aleck!« sagte er traurig. »Wir haben doch immer so hart gearbeitet und uns krumm gelegt; da könnten wir doch jetzt, wo wir reich sind –«

Er sprach nicht zu Ende, denn er sah, wie ihr Blick milder wurde; sein Bitten hatte ihr Herz gerührt. Sanft sagte sie:

»Wir dürfen unser Kapital nicht angreifen, Liebling, das wäre unklug. Aber aus den Zinsen –«

»Aber das genügt ja, Aleck, das genügt ja! Wie lieb du doch bist! Es wird hübsche Zinsen abwerfen, und die geben wir dann aus für –«

»Nicht *alles*, Liebster, wir werden nicht alles ausgeben – nur einen Teil davon. Einen angemessenen Teil. Aber das gesamte Kapital – jeder Penny davon – wird angelegt, damit es für uns arbeitet. Daß das vernünftig ist, siehst du doch ein, nicht wahr?«

»Ja, ja. Ja, natürlich. Aber wir müssen dann so lange warten – sechs Monate, bis die ersten Zinsen fällig werden.«

»Ja, vielleicht sogar länger.«

»Länger, Aleck? Wieso? Werden sie nicht halbjährlich ausgezahlt?«

»Bei der üblichen Anlage – ja; aber so will ich das Geld nicht anlegen.«

»Wie denn sonst?«

»So, daß es eine große Rendite abwirft.«

»Groß? Sehr gut. Sprich weiter, Aleck. Woran denkst du?«

»Kohle. Die neuen Bergwerke in Cannel. Ich habe vor, gleich zu Anfang mit zehntausend einzusteigen. Wenn wir Gesellschafter werden, bekommen wir drei Aktien zum Preis von einer.«

»Donnerwetter, Aleck, das klingt gut! Dann sind die Aktien – wieviel wert? Und wann?«

»In einem Jahr. Sie bringen halbjährlich zehn Prozent und sind dann dreißigtausend wert. Ich habe mir das genau angesehen; die Anzeige steht hier in dieser Zeitung aus Cincinnati.«

»Dreißigtausend für zehn – in nur einem Jahr! Laß uns doch unser gesamtes Kapital hineinbuttern und dann neunzigtausend abkassieren! Ich werde gleich hinschreiben und die Anteile zeichnen – morgen ist es vielleicht schon zu spät.«

Er wollte schon an seinen Schreibtisch eilen, aber Aleck hielt ihn zurück und setzte ihn wieder auf seinen Stuhl. Sie sagte:

»Du darfst nichts überstürzen. Wir können die Anteile erst zeichnen, wenn wir das Geld in Händen haben; hast du das vergessen?«

Sallys Begeisterung kühlte sich um ein paar Grad ab, aber er gab noch nicht auf.

»Wir bekommen das Geld aber doch, Aleck – und zwar schon bald. Wahrscheinlich hat er bereits das Zeitliche gesegnet und sucht sich in diesem Augenblick den Kessel aus, in dem er schmoren möchte. Ich meine deshalb –«

Aleck schauderte und sagte:

»Wie kannst du nur so reden, Sally! Du bist unmöglich!«

»Na, dann setz ihm meinetwegen einen Heiligenschein auf, was kümmert mich sein Äußeres, ich hab das nur so dahingesagt. Man wird doch noch was sagen dürfen.«

»Aber warum sagst du solche schrecklichen Dinge? Du möchtest doch auch nicht, daß die Leute so über dich reden, noch ehe du richtig unter der Erde bist.«

»Das wird wohl nicht so schnell geschehen, wenn meine letzte Tat auch darin besteht, jemandem Geld zu schenken, um ihm damit Schaden zuzufügen. Aber lassen wir Tilbury mal beiseite, Aleck, und wenden wir uns dem Diesseits zu. Ich finde, wir sollten die ganzen dreißigtausend in diese Kohlengrube stecken. Was hast du dagegen?«

»Es bedeutet, alles auf eine Karte zu setzen – das habe ich dagegen.«

»Also gut, wie du meinst. Was ist mit den restlichen zwanzigtausend? Was willst du damit machen?«

»Das hat keine Eile; ich werde mich gründlich umsehen, bevor ich irgend etwas damit mache.«

»Na schön, du scheinst ja fest entschlossen zu sein«, seufzte Sally und schwieg dann nachdenklich. Nach einer Weile sagte er:

»In einem Jahr werden die zehntausend einen Gewinn von zwanzigtausend abwerfen. Die könnten wir doch ausgeben, nicht wahr, Aleck?«

Aleck schüttelte ihren Kopf.

»Nein, Liebling«, sagte sie. »Erst wenn nach einem halben Jahr zum ersten Mal Dividenden gezahlt worden sind, bringen sie den höchstmöglichen Gewinn. Du kannst aber einen Teil davon ausgeben.«

»Verflixt, nur *so* wenig! Und das erst nach einem Jahr! Teufel noch mal, ich –«

»Nun hab doch etwas Geduld! Vielleicht wird die Dividende ja schon nach drei Monaten festgesetzt – das wäre durchaus möglich.«

»Ja? O danke!« und Sally sprang auf und küßte seine Frau voller Dankbarkeit. »Das sind dann dreitausend – volle dreitausend! wieviel davon können wir ausgeben, Aleck? O bitte, sei großzügig, Liebste. Bitte!«

Aleck war gerührt; so gerührt, daß sie seinem Drängen nachgab und einen Betrag nannte, von dem ihr der kühle Verstand sagte, er sei weit übertrieben und töricht –

eintausend Dollar. Sally gab ihr ein halbes Dutzend Küsse, und nicht einmal die reichten aus, um zu zeigen, wie sehr er sich freute und wie dankbar er war. Durch diese neuerliche Äußerung seines Dankes und seiner Zuneigung verlor Aleck nun ganz ihren kühlen Kopf, und noch ehe sie sich besinnen konnte, hatte sie ihrem Liebsten ein weiteres Zugeständnis gemacht – zweitausend Dollar von den fünfzig- oder sechzigtausend, die sie nach einem Jahr mit den noch verbleibenden zwanzigtausend aus der Erbschaft zu erwirtschaften hoffte. Tränen des Glücks traten in Sallys Augen, und er rief:

»Ich könnte dich umarmen!« Und das tat er auch. Dann nahm er seine Notizen zur Hand, setzte sich hin und hakte nacheinander die Luxusgüter ab, die er als erste haben wollte: »Pferd – Wagen – Schlitten – Pelzdecke – Lackschuhe – Hund – Zylinder – Kirchenstuhl – Taschenuhr – Gebiß – *hör mal*, Aleck!«

»Ja?«

»Ach, du rechnest gerade. Recht so. Hast du die zwanzigtausend schon investiert?«

»Nein, so eilig ist das nicht; ich muß mich erst mal umsehen und darüber nachdenken.«

»Und was rechnest du da?«

»Nun, ich muß mir doch überlegen, wie ich die dreißigtausend am besten anlege, die das Kohlebergwerk abwirft.«

»Großer Scott! was für ein kluger Kopf! Daran habe ich gar nicht gedacht. Und wie kommst du voran? Wie weit bist du?«

»Nicht sehr weit – zwei oder drei Jahre. Ich habe die eine Hälfte in Öl angelegt und die andere in Weizen.«

»Großartig, Aleck! Und wie sieht es mit dem Zuwachs aus?«

»Ich denke – nun, vorsichtig geschätzt liegt der Reingewinn bei einhundertachtzigtausend, aber wahrscheinlich wird es mehr sein.«

»Ach, ist das nicht wundervoll? Endlich ist das Glück mal auf unserer Seite, nach all der Plackerei! Aleck?«

»Ja?«

»Ich werde den Missionaren volle dreihundert überweisen – wir müssen ja nicht mehr auf den Pfennig achten.«

»Da tust du ein gutes Werk, Liebling; du warst schon immer sehr großzügig.«

Über dieses Lob freute sich Sally sehr, aber er hatte doch genug Gerechtigkeitssinn, um zu wissen, daß dieses Lob eigentlich Aleck zustand, denn ohne sie hätte er nie all dieses Geld besessen.

Dann gingen sie zu Bett, und in ihrem Glücksrausch vergaßen sie, die Kerze im Wohnzimmer zu löschen. Erst als sie schon im Nachthemd waren, fiel sie ihnen wieder ein. Sally war dafür, sie einfach herunterbrennen zu lassen, er meinte, sie könnten es sich erlauben, und wenn es tausend Kerzen wären. Aber Aleck ging hinunter und machte sie aus.

Und das war gut so, denn als sie wieder nach oben ging, fiel ihr plötzlich ein, wie sie im Handumdrehen aus den einhundertachtzigtausend eine halbe Million Dollar machen könnte.

III

Das Lokalblatt, das Aleck abonniert hatte, erschien in Tilburys Wohnort immer am Donnerstag, machte dann eine Reise von fünfhundert Meilen und traf am Samstag ein. Tilburys Brief war an einem Freitag aufgegeben wor den; der Tod des Wohltäters, sollte er inzwischen eingetreten sein, wäre also für eine Meldung in der Ausgabe der laufenden Woche um mindestens vierundzwanzig Stunden zu spät gekommen, aber andererseits früh genug, um in der nächsten Ausgabe gemeldet zu werden. Die Fosters mußten daher beinahe eine Woche lang warten, um herauszubekommen, ob Tilbury etwas Erfreuliches zugestoßen war oder nicht. Es war eine sehr, sehr lange Woche, und die Spannung war fast unerträglich. Die beiden hätten sie kaum aushalten können, wenn sie sich nicht auf erbauliche Weise abgelenkt hätten. Wie sie das taten, haben wir gesehen. Die Frau häufte Vermögen auf und der Mann gab es aus – oder zumindest gab er soviel aus, wie seine Frau ihm erlaubte.

Endlich kam der Samstag und mit ihm die ›Weekly Sagamore‹. Mrs. Eversly Bennett war zu Besuch. Sie war die Frau des presbyterianischen Pfarrers und wollte die Fosters zu einer wohltätigen Spende überreden. Die Unterhaltung brach jäh ab – jedenfalls seitens der Fosters. Als Mrs. Bennett merkte, daß ihre Gastgeber ihr überhaupt nicht mehr zuhörten, stand sie verwundert und verärgert auf und ging. Kaum hatte sie das Haus verlassen, riß Aleck hastig das Streifband von der Zeitung und überflog gemeinsam mit Sally die Spalten auf der Suche nach Todesanzeigen. Enttäuschung! Tilbury wurde nirgends erwähnt. Aleck war als gute Christin erzogen worden, und aus Pflichtbewußtsein und Gewohnheit fühlte sie sich genötigt, die Form zu wahren. Sie riß sich daher zusammen und sagte mit süß-saurem Lächeln:

»Wir wollen dankbar dafür sein, daß es ihm vergönnt ist, noch eine Weile –«

»Der Teufel soll ihn holen, ich wünschte –«

»Sally! Du solltest dich schämen!«

»Warum denn?« rief der aufgebrachte Mann. »Du

denkst doch genauso, und wenn du nicht so unanständig tugendhaft wärst, dann würdest du das auch ehrlich zugeben.«

Gekränkt erwiderte Aleck:

»Ich verstehe nicht, wie du so etwas Häßliches und Ungerechtes sagen kannst. Man kann gar nicht unanständig tugendhaft sein.«

Sally bereute seine Worte, wollte aber sein Gesicht wahren und machte daher den ungeschickten Versuch, seinen Vorwurf dadurch zu entschärfen, daß er ihn in andere Worte kleidete – als ob die kluge Aleck sich durch die Verkleidung darüber hätte täuschen lassen, daß der Inhalt derselbe geblieben war. Er sagte:

»Ich habe mich da falsch ausgedrückt, Aleck; ich wollte gar nicht sagen ›unanständig tugendhaft‹. Was ich meine, ist – ist – na ja, oberflächlich tugendhaft, verstehst du; tugendhaft nach außen hin; die – die – ach, du weißt doch, was ich sagen will, Aleck – die – nun das ist so, wie wenn jemand etwas Versilbertes als reines Silber verkaufen will, nicht wahr, ohne sich dabei etwas zu denken, nur so aus Gewohnheit, weil es geschäftsüblich ist, schon immer so gemacht wurde, aus Treue zu – zu – ach, zum Kuckuck, ich finde einfach nicht die passenden Worte, aber du weißt doch, was ich sagen will, Aleck, und daß ich es nicht böse meine. Ich versuch's noch mal. Also, es ist so. Wenn jemand –«

»Du hast schon genug Worte gemacht«, sagte Aleck eisig; »das genügt.«

»Von mir aus gern«, entgegnete Sally eifrig und wischte sich den Schweiß aus dem Gesicht, in dem die Dankbarkeit geschrieben stand, für die ihm die Worte fehlten. In Gedanken entschuldigte er sich bei sich selbst. »Ich hatte zumindest ein paar Dreier – da bin ich sicher – aber dann habe ich weitere Karten genommen, ohne das Blatt zu verbessern. Den Fehler mache ich oft bei diesem Spiel. Wenn ich gehalten hätte – aber das habe ich nicht. Ich tue das nie. Ich kann das einfach nicht.«

Nachdem er sich seine Niederlage eingestanden hatte, war er entsprechend zahm und demütig. Aleck verzieh ihm mit Blicken.

Sogleich drängte sich das große, das alles überragende Thema wieder in den Vordergrund, es ließ sich nie länger als für ein paar Minuten unterdrücken. Sie wandten sich der rätselhaften Frage zu, warum Tilburys Todesanzeige nicht in der Zeitung stand. Sie erörterten es, mehr oder weniger hoffnungsvoll, von vorn bis hinten, am Ende mußten sie sich aber eingestehen, daß es für das Ausbleiben der Anzeige nur eine einzige vernünftige Erklärung gab, nämlich daß Tilbury noch nicht tot war. Das mochte betrüblich sein und vielleicht sogar ungerecht, aber so war es nun mal, und man mußte sich damit abfinden. Soweit waren sie sich einig. Sally fand allerdings, daß Gottes Ratschluß in diesem Fall zutiefst unerforschlich war, noch unerforschlicher als sonst – ja, es handelte sich um den unerforschlichsten und unbegreiflichsten Ratschluß, der ihm je untergekommen war – und das sagte er auch mit großem Nachdruck; wenn er allerdings gehofft hatte, Aleck damit auf seine Seite zu ziehen, dann wurde er enttäuscht; es war nicht ihre Art, unkalkulierbare Risiken einzugehen, weder in irdischen Geschäften noch in anderen.

Die beiden kamen also zu dem Schluß, daß sie auf die Zeitungsausgabe der folgenden Woche würden warten müssen – Tilbury hatte offenbar Terminaufschub erhalten. Sie legten das Thema daher beiseite und wandten sich, so gut es ging, wieder ihren anderen Tätigkeiten zu.

Was sie nicht wußten, war, daß sie Tilbury während dieser ganzen Zeit Unrecht getan hatten. Tilbury hatte nämlich Wort gehalten und war zum vorgesehenen Zeitpunkt gestorben, und nun war er tot. Er war inzwischen schon seit vier Tagen tot und bereits daran gewöhnt; vollkommen tot, mausetot, so tot wie alle anderen Neuzugänge auf dem Friedhof; und für eine Meldung in der neuesten ›Sagamore‹ war er auch zeitig genug gestorben, und daß er trotzdem nicht erwähnt wurde, verdankte sich einem Zufall; einem jener Zufälle, die in einer Großstadtzeitung gar nicht vorkommen, in einem so kleinen Provinzblatt wie der ›Sagamore‹ aber sehr leicht. In diesem Fall war es so, daß just in dem Augenblick, als die Seite mit den Ortsnachrichten fertiggestellt wurde, in der Redaktion eine große Gratisportion Erdbeereis aus Hostetters *Ladies' and Gents'*-Eisdiele eintraf, woraufhin die halbe Spalte mit dem halbherzigen Nachruf auf Tilbury Foster hinausgeworfen wurde, um dem Ausdruck tiefer Dankbarkeit des Redakteurs Platz zu machen.

Die Mitteilung von Tilburys Ableben hätte natürlich in einer der nächsten Ausgaben erscheinen können, denn Blätter wie die ›Weekly Sagamore‹ können es sich nicht leisten, auf »lebendige« Nachrichten zu verzichten; aber auf dem Weg zur Druckpresse fiel der Bleisatz mit der Anzeige hin und es entstand Buchstabensalat. Nun ist ein Text, der in wohlgeordneten Lettern in seiner Druckform sitzt, sozusagen für die Ewigkeit »lebendig«. Aber geraten die Lettern durcheinander und es gibt Buchstabensalat, dann ist er »tot« und hat keine Aussicht auf Wiederauferstehung; seine Chance, jemals gedruckt zu werden, ist für alle Ewigkeit null. Mochte es Tilbury nun passen oder nicht, mochte er in seinem Grab auch toben und wüten – die Nachricht, daß er verblichen war, sollte das Licht der ›Weekly Sagamore‹ niemals erblicken.

## IV

Fünf endlos erscheinende Wochen vergingen. Die ›Saga-more‹ traf regelmäßig samstags ein, erwähnte aber Til-bury Foster mit keinem Wort. Schließlich riß Sally der Geduldsfaden, und er rief ärgerlich:

»Zum Teufel mit ihm, ist der denn unsterblich?«

Aleck wies ihn sehr streng zurecht und fügte schnei-dend hinzu:

»Wie wäre dir wohl zumute, wenn dich nach so einer schrecklichen Bemerkung plötzlich der Schlag träfe?«

Ohne erst zu überlegen, entgegnete Sally:

»Ich wäre froh, daß ich die Bemerkung vorher noch losgeworden bin.«

Sein Stolz hatte verlangt, daß er irgend etwas antwor-tete, und da ihm nichts Vernünftigeres eingefallen war, hatte er das gesagt. Dann machte er sich dünn, wie er das nannte, das heißt, er verschwand von der Bildfläche, um sich nicht einer Wortkanonade seiner Frau auszu-setzen.

Sechs Monate gingen ins Land. Die ›Sagamore‹ schwieg sich weiter über Tilbury aus. Sally hatte mehrmals die Fühler ausgestreckt – hatte angedeutet, daß er gerne Ge-wißheit hätte. Aleck hatte diese Andeutungen jedesmal überhört. Nun nahm Sally allen Mut zusammen und entschloß sich, den Stier bei den Hörnern zu packen. Er schlug also vor, sich zu verkleiden und in Tilburys Wohnort zu fahren und sich heimlich umzuhören, wie es um den Verwandten stehe. Aleck verwarf diesen ge-fährlichen Plan sofort energisch und entschieden. Sie sagte:

»Was denkst du dir eigentlich? Nichts als Scherereien habe ich mit dir! Auf dich muß man pausenlos aufpassen, wie auf ein kleines Kind, damit du dich nicht am Feuer verbrennst. Du bleibst hier und rührst dich nicht vom Fleck!«

»Aber Aleck, ich würde es so anstellen, daß mich niemand erkennt – glaub mir!«

»Ist dir denn nicht klar, Sally Foster, daß du den Leuten Fragen stellen müßtest?«

»Na und? Kein Mensch würde darauf kommen, wer ich bin.«

»Nun hör sich das einer an! Eines Tages wirst du den Testamentsvollstreckern beweisen müssen, daß du bei niemandem nachgefragt hast. Und was dann?«

Diese Kleinigkeit hatte er ganz vergessen. Er schwieg; darauf gab es nichts mehr zu sagen. Aleck fuhr fort:

»Schlag dir diesen Gedanken also aus dem Kopf und komm mir nicht wieder damit. Tilbury hat dir da eine Falle gestellt. Siehst du das nicht? Er ist mißtrauisch und rechnet damit, daß du in diese Falle tappst. Na, da hat er sich aber verrechnet – jedenfalls, solange ich hier das Sagen habe. Sally!«

»Ja?«

»Versprich mir, daß du keine Nachforschungen anstellst, solange du lebst, und wenn du hundert Jahre alt wirst.«

»Na schön«, zögernd und mit einem Seufzer.

Das stimmte Aleck milder, und sie sagte:

»Sei nicht ungeduldig. Es geht uns doch gut; wir haben es nicht eilig; wir können warten. Unser Einkommen ist nicht groß, aber es ist uns sicher und es wächst ständig; und was die Geldanlagen betrifft, da habe ich bisher nie einen Fehler gemacht – sie vermehren sich um ein Vielfaches. Es gibt keine zweite Familie in diesem Staat, die so gute Zukunftsaussichten hat. Wir werden einmal reich sein, und das macht sich jetzt schon bemerkbar. Darüber bist du dir doch im klaren, oder?«

»Ja, Aleck, gewiß.«

»Dann danke Gott für das, was er für uns tut, und hör auf, dir unnötige Gedanken zu machen. Oder glaubst du etwa, daß wir je soviel Erfolg gehabt hätten ohne Seine Hilfe und Fügung?«

Zögernd: »N-nein, das glaube ich nicht.« Und lebhafter und voller Bewunderung fuhr er dann fort: »Aber wenn es darum geht, mit einem sechsten Sinn den Aktienmarkt zu beobachten und im richtigen Moment Gewinne einzustreichen, da brauchst *du*, glaube ich, keine Hilfe von Amateuren und Außenseitern, auch wenn ich gerne –«

»Ach, red keinen Unsinn! Ich weiß, daß du es gut meinst und nichts Lästerliches sagen wolltest, du Kindskopf, aber du kannst anscheinend nicht den Mund aufmachen, ohne daß es einem dabei kalt den Rücken hinunterläuft. Ich mache mir große Sorgen – um dich und um uns alle. Früher hatte ich nie Angst vor Gewittern, aber wenn ich es heute donnern höre –«

Ihre Stimme brach, und sie fing an zu weinen und hörte nicht mehr auf. Ihr Anblick ging Sally durch und durch, und er nahm sie in seine Arme und streichelte sie und redete ihr gut zu, indem er Besserung versprach und sich selbst für sein Verhalten tadelte und sie reumütig um Verzeihung bat. Und es war ihm wirklich ernst damit, und er bedauerte, was er getan hatte, und er war bereit, alles zu tun, um es wiedergutzumachen.

Und er dachte lange und gründlich über diesen Vorfall nach und überlegte, was er am besten tun sollte. Besserung zu *versprechen*, war leicht; und dieses Versprechen hatte er ja schon gegeben. Aber war damit alles wieder gut, und für immer? Nein, das war alles nur vorübergehend – er wußte, daß er schwach war, und gestand es sich bekümmert ein – er würde sein Versprechen nicht halten können. Er mußte sich eine bessere und sichere Lösung einfallen lassen; und sie fiel ihm ein. Für teures Geld, das er sich mühsam, Schilling für Schilling, zusammengespart hatte, setzte er einen Blitzableiter aufs Dach.

Einige Zeit später wurde er rückfällig.

Was können Gewohnheiten nicht alles bewirken! und wie schnell und wie leicht nehmen wir sie an – sowohl die kleinen, unbedeutenden als auch solche Gewohnheiten, die uns von Grund auf verändern. Wenn wir zufällig ein paarmal hintereinander um zwei Uhr nachts aufwachen, haben wir Grund zur Sorge, denn eine weitere Wiederholung könnte aus dem Zufall eine Gewohnheit werden lassen; und wer vier Wochen lang täglich ein Gläschen Whisky – aber das sind Gemeinplätze und uns allen bekannt.

Die Angewohnheit, Luftschlösser zu bauen und Tagträumen nachzuhängen – wie schnell ergreift sie von einem Besitz und wird zu einer Lieblingsbeschäftigung! Kaum hat man einmal nichts zu tun, gibt man ihren Verlockungen nach, überläßt sich diesen Träumereien, tröstet sich mit ihnen, betäubt sich mit diesen Hirngespinsten – o ja, und wie schnell und wie leicht vermischen sich Traum und Wirklichkeit so sehr, daß wir sie bald nicht mehr auseinanderhalten können.

Es dauerte nicht lange, da abonnierte Aleck eine Chicagoer Tageszeitung und den ›Wall Street Pointer‹. Den Blick ausschließlich auf den Finanzteil gerichtet, studierte sie diese Blätter während der Woche ebenso sorgfältig, wie sie an Sonntagen ihre Bibel studierte. Sally verfolgte voll stiller Bewunderung, mit welch feinem und sicherem Gespür für Kursschwankungen sie ihre Anteile an irdischen wie an überirdischen Gütern vermehrte. Wenn sie blitzschnell kühne Entscheidungen am Aktienmarkt tätigte, erfüllte ihn das mit ebensoviel Stolz wie wenn sie wohlüberlegte Maßnahmen zugunsten ihres Seelenheils traf. Immer, so stellte er fest, behielt sie einen kühlen Kopf; und während sie manche Termingeschäfte mied, wenn ihr die irdische Zukunft zu ungewiß erschien, investierte sie unbegrenzt in die überirdische Zukunft. Ihre Strategie war, wie sie ihm erklärte, ganz einfach: was sie im Diesseits anlegte, diente der Spekulation; was sie für das Jenseits ausgab, war eine Investition; im einen Fall war sie bereit, Risiken einzugehen; im anderen Fall aber setzte sie auf Sicherheit – jede Einzahlung mußte hundertprozentigen Gewinn bringen, und alle Papiere mußten fest verzinslich sein.

Alecks und Sallys Phantasie entwickelte sich in wenigen Monaten zu voller Blüte. Durch tägliche Übung wurde ihre Einbildungskraft immer stärker und leistungsfähiger. Die Folge war, daß Aleck Geldbeträge, die nur auf dem Papier existierten, schneller umsetzte, als sie sich das je hätte träumen lassen, während Sally lernte, die daraus erzielten Gewinne ebenso schnell auszugeben. Anfangs hatte Aleck den Kohleaktien zwölf Monate gegeben, um Gewinn abzuwerfen, und hatte dann nur widerstrebend zugestanden, daß dies möglicherweise auch schon nach neun Monaten der Fall sein könnte. Aber das war noch das dürftige Ergebnis eines unterentwickelten finanziellen Verstandes gewesen, dem es an Schulung, Erfahrung, Praxis fehlte. Als er sich dann weiterentwickelte, waren diese neun Monate bald vergessen, und die Investition der gedachten zehntausend Dollar brachte einen satten Gewinn von dreihundert Prozent!

Es war ein großer Tag für die beiden Fosters. Sie waren sprachlos vor Glück. Sprachlos auch noch aus einem anderen Grund: nach gründlicher Erforschung des Marktes hatte Aleck vor kurzem mit Zittern und Zagen die verbleibenden zwanzigtausend Dollar aus dem

Vermächtnis benutzt, um sich an Termingeschäfte zu wagen. Vor ihrem inneren Auge hatte sie beobachtet, wie die Kurse Punkt um Punkt stiegen – immer darauf gefaßt, daß der Markt nachgeben würde –, bis sie es vor Aufregung nicht mehr aushielt – denn schließlich war sie ja noch neu und unerfahren in diesem Geschäft – und sie hatte ihrem imaginären Börsenmakler in einem imaginären Telegramm den imaginären Auftrag erteilt zu verkaufen. Vierzigtausend Dollar Profit, sagte sie sich, waren genug. Der Verkauf wurde am selben Tag getätigt, als die Beteiligung am Kohlebergbau ihre erste reiche Rendite abwarf. Wie ich schon sagte: das Paar war sprachlos. Benommen vor Seligkeit und Glück saßen sie an diesem Abend da und versuchten, mit der Tatsache, dieser ganz unfaßbaren Tatsache fertigzuwerden, daß sie ein Vermögen von einhunderttausend Dollar in barer, imaginärer Münze ihr eigen nannten. Und doch war es so.

Von da an hatte Aleck vor keinem Termingeschäft mehr Angst; oder doch wenigstens nicht soviel Angst, daß es ihr den Schlaf geraubt oder Magenschmerzen verursacht hätte, wie es beim ersten Mal noch der Fall gewesen war.

Es wurde ein unvergeßlicher Abend. Nach und nach ergriff der Gedanke von ihnen Besitz, daß sie reich waren, dann fingen sie an, ihr Geld anzulegen. Hätten wir die Welt durch die Augen dieser beiden Träumer betrachten können, dann hätten wir gesehen, wie ihr hübsches kleines Holzhaus verschwand und an seiner Stelle ein zweigeschossiger Ziegelbau mit schmiedeeisernem Zaun entstand; wir hätten gesehen, wie ein dreiarmiger Gaslüster aus der Decke des Wohnzimmers wuchs; wir hätten gesehen, wie der gemütliche Flickenteppich durch edle Brüsseler Ware zu einem Dollar fünfzig pro Yard ersetzt wurde; wie hätten gesehen, wie der schlichte alte Kamin

zugemauert und statt dessen ein hochmodischer gußei-
serner Holz- und Kohleofen mit Sichtfenster aufgestellt
wurde, der überall Bewunderung auslöste. Und wir hätten noch vieles andere gesehen; zum Beispiel die Kutsche,
die Pelzdecke, den Zylinder und so weiter.

Von da an war ihr Haus für Aleck und Sally ein zweigeschossiger Ziegelbau, auch wenn ihre Töchter und die
Nachbarn weiterhin nur das alte Holzhaus sahen; und es
verging kein Abend mehr, ohne daß Aleck sich wegen
der Höhe der imaginären Gasrechnung Sorgen machte
und von Sally zum Trost zu hören bekam: »Ach was! das
können wir uns leisten.«

Bevor das Paar an diesem ersten Abend seines neuen
Reichtums schlafen ging, beschloß es, daß es feiern und
eine Gesellschaft geben müsse. So weit, so gut. Aber wie
sollten sie das ihren Töchtern und den Nachbarn erklären? Sie konnten doch nicht einfach sagen, daß sie
jetzt reich waren. Sally war zwar bereit, ja, er brannte fast
darauf, das zu tun; aber Aleck blieb hart und untersagte
es ihm. Das Geld sei ihnen zwar so gut wie sicher, sagte
sie, aber sie sollten trotzdem lieber warten, bis sie es
tatsächlich hätten. Von dieser Linie wich sie keine Hand-
breit ab. Das große Geheimnis müsse gehütet werden,
sagte sie – vor den Töchtern und vor allen anderen.

Die beiden überlegten hin und her. Sie wollten unbedingt feiern, sie waren fest entschlossen zu feiern, aber
was sollten sie feiern, wenn zugleich das Geheimnis
gewahrt werden mußte? Bis zum nächsten Geburtstag
waren es noch drei Monate. Tilbury kam nicht in Frage,
da er offensichtlich uralt zu werden gedachte; was zum
Kuckuck konnten sie also feiern? So jedenfalls formu-
lierte es Sally, der allmählich ungeduldig und ärgerlich
wurde. Aber dann hatte er einen Einfall – einen Geistesblitz, wie ihm schien – und im Nu waren sie ihre Sorgen

los; sie würden die Entdeckung Amerikas feiern. Eine großartige Idee!

Aleck war so stolz auf ihren Sally, ihr fehlten die Worte – darauf wäre sie *niemals* gekommen, sagte sie. Aber Sally, der fast geplatzt wäre vor Freude über dieses Lob und vor Stolz auf sich selbst, war bemüht, sich nichts anmerken zu lassen, und sagte, das sei doch nicht der Rede wert und jeder hätte darauf kommen können. Worauf Aleck liebevoll spöttisch ihr Kinn reckte und sagte:

»Ja, natürlich! Jeder hätte darauf kommen können – einfach jeder! Hosannah Dilkins zum Beispiel! Oder vielleicht Adelbert Peanut – o du lieber Himmel, ausgerechnet *der*! Ich würde wirklich gern sehen, wie die das angestellt hätten. Die wären doch nicht einmal auf die Entdeckung eines Inselchens von einer halben Meile Durchmesser gekommen! Ganz zu schweigen von der Entdeckung eines ganzen Kontinents – da hätten sie Blut und Wasser geschwitzt und wären noch nicht drauf gekommen, und das weißt du auch ganz genau, Sally Foster!«

Diese herzensgute Frau, sie wußte, daß er Fähigkeiten besaß; und wenn sie diese in ihrer liebevollen Zuneigung auch ein wenig überschätzte, so war das doch ein Fehler, den man ihr schon allein der zarten Ursachen wegen verzeihen mußte.

v

Die Feier war ein großer Erfolg. Alle Freunde waren gekommen, die alten und die jungen. Zu den jungen gehörten Flossie und Gracie Peanut und ihr Bruder Adelbert, ein junger Blechschmiedegeselle, sowie Ho-

246

sannah Dilkins jr., ein Stuckateurgeselle, der gerade seine Lehre beendet hatte. Monatelang hatten Adelbert und Hosannah sich sehr für Gwendolen und Clytemnestra Foster interessiert, und die Eltern dieser Mädchen hatten das mit stiller Freude beobachtet. Aber nun stellten sie plötzlich fest, daß diese Gefühle abgekühlt waren. Sie erkannten, daß die veränderten finanziellen Verhältnisse zwischen ihren Töchtern und diesen jungen Handwerkern eine Schranke aufgerichtet hatten. Die Töchter sahen sich jetzt nach Höherem um, und das war auch gut so. Ja, das war gut so. Sie sollten einmal nichts Geringeres heiraten als einen Anwalt oder Geschäftsmann; dafür würden Papa und Mama schon sorgen; unstandesgemäße Ehen sollten die beiden nicht eingehen.

Diese Gedanken und Pläne behielten die Eltern aber für sich, und sie warfen deshalb auch keinen Schatten auf die Feier. An der Oberfläche sah man nur heitere, gelassene Zufriedenheit, selbstbewußte Mienen und würdevolles Auftreten, was den Anwesenden Bewunderung und Staunen abnötigte. Allen fiel es auf, alle tuschelten darüber, aber niemand vermochte die Ursachen dafür zu ergründen. Es war ein Geheimnis und unerforschlich. Einige Personen sagten, ohne allerdings zu ahnen, wie nahe sie damit der Wahrheit kamen:

»Es ist, als hätten sie auf einmal viel Geld.«

Und so war es ja auch.

Die meisten Mütter hätten die Frage der passenden Heirat in der üblichen Weise angefaßt; sie hätten den beiden Mädchen ernst und taktlos ins Gewissen geredet, hätten ihnen eine Moralpredigt gehalten, die Tränen und heimlichen Widerstand provozierte und genau das Gegenteil dessen bewirkte, was sie erreichen sollte; und diese Mütter hätten ihrem Anliegen weiteren Schaden dadurch zugefügt, daß sie die jungen Handwerker aufgefordert hätten, den Mädchen nicht länger schöne Augen zu machen. Aber diese Mutter war anders. Sie dachte praktisch. Sie sagte gar nichts zu den jungen Leuten und auch zu sonst niemandem, nur zu Sally. Er hörte ihr zu und begriff; begriff und war voller Bewunderung. Er sagte:

»Ich verstehe. Anstatt die vorrätige Ware zu bemängeln und dadurch Gefühlsausbrüche hervorzurufen und den Markt unnötig zu behindern, willst du einfach bessere Ware fürs Geld anbieten und dann der Natur ihren Lauf lassen. Das nenne ich Klugheit, Aleck, wahre, grundsolide Klugheit. Und wen hast du im Visier? Gibt es schon einen Kandidaten?«

Nein, den hatte sie noch nicht. Man würde sich einen Überblick über das Angebot verschaffen müssen, und das taten sie dann. Als erste wurden Bradish, ein verheißungsvoller junger Anwalt, und Fulton, ein verheißungsvoller junger Zahnarzt eingehend erörtert. Sally würde sie zum Dinner einladen müssen. Aber nicht sofort; das hatte Zeit, sagte Aleck. Man würde die beiden im Auge behalten und abwarten; es war kein Nachteil, in einer so wichtigen Angelegenheit bedächtig vorzugehen.

Wie sich herausstellte, war auch das klug gedacht; denn drei Wochen später landete Aleck einen großen Coup, der die imaginären hunderttausend auf nicht minder imaginäre vierhunderttausend Dollar anwachsen ließ. An diesem Abend waren sie und Sally wie im siebenten Himmel. Zum ersten Mal gab es zum Abendessen Champagner. Keinen echten Champagner, aber wenn man bedenkt, wieviel Einbildungskraft auf ihn verwendet wurde, war er so gut wie echt. Sally fing damit an, und Aleck wurde schwach und gab nach. Im Grunde ihres Herzens war ihnen nicht ganz wohl dabei, denn er war ein hochrangiges Mitglied der Abstinenzlerbewegung und trug bei Beerdigungen einen Schurz, den kein

Hund ansehen konnte, ohne dabei den Verstand zu verlieren; und sie war Mitglied der ›Vereinigung christlicher Frauen gegen den Alkohol‹, und man weiß ja, was das in puncto steifleinener Tugendhaftigkeit und unausstehlicher Frömmigkeit bedeutet. Aber so war es nun mal; der Reichtum begann seine zersetzende Wirkung auszuüben. Hier bestätigte sich einmal mehr, was die Welt schon so oft gesehen hat: die traurige Tatsache nämlich, daß edle Grundsätze zwar ein wirksamer Schutz vor Eitelkeit und Protzerei sein können, daß Armut aber sechsmal wirkungsvoller ist. Ein Vermögen von mehr als vierhunderttausend Dollar! Sie kamen auf die Frage einer guten Partie zurück. Der Zahnarzt und der Anwalt wurden mit keinem Wort erwähnt; die standen nicht mehr zur Diskussion, die waren aus dem Rennen. Disqualifiziert. Sie sprachen über den Sohn des Fleischfabrikanten und den des örtlichen Bankdirektors. Aber wie schon beim letzten Mal, beschlossen sie am Ende abzuwarten und nachzudenken und auf Nummer Sicher zu gehen.

Und wieder war ihnen das Glück hold. Aleck, die stets die Augen offenhielt, erspähte eine große, wenn auch riskante Chance und ging das Wagnis ein. Es folgten Tage des Zitterns, des Bangens, des Zweifels, denn Mißerfolg hätte den sicheren und vollständigen Ruin bedeutet. Dann zeichnete sich das Ergebnis ab, und Aleck, von Glück überwältigt, brachte nur mit Mühe die Worte hervor:

»Die Aufregung ist vorbei, Sally – wir besitzen jetzt eine glatte Million!«

Sally brach vor Dankbarkeit in Tränen aus und sagte:

»Oh, Electra, Perle unter den Frauen, du Königin meines Herzens, endlich sind wir frei, wir schwimmen im Geld, wir müssen uns nie wieder krummlegen! Jetzt muß eine Flasche Veuve Clicquot her!« und er holte eine Flasche Dünnbier, ließ den Korken knallen und rief »Geld spielt keine Rolle!«, während sie ihn milde und mit Tränen des Glücks in den Augen zurechtwies.

Sie ließen die Söhne des Fleischfabrikanten und des Bankdirektors fallen und setzten sich hin, um über den Sohn des Gouverneurs und den Sohn des Kongreß-Abgeordneten zu sprechen.

## VI

Es wäre ermüdend, die sprunghafte Entwicklung im einzelnen nachzuzeichnen, die die fiktiven Finanzen der Fosters von da an nahmen. Es war einfach unglaublich, atemberaubend, überwältigend. Alles, was Aleck anfaßte, wurde zu Märchengold, das sich zu himmelhohen Bergen aufhäufte. Und es floß eine Million nach der anderen, und der Strom riß nicht ab und wurde breiter und breiter. Fünf Millionen – zehn Millionen – zwanzig – dreißig – wollte das denn gar kein Ende mehr nehmen?

Zwei Jahre verflogen wie im Rausch, die glücktrunkenen Fosters merkten kaum, wie die Zeit verging. Mittlerweile waren sie dreihundert Millionen Dollar schwer; sie saßen im Aufsichtsrat aller großen Unternehmen des Landes; und noch immer häuften sich weitere Millionen an, mal waren es fünf, mal zehn, sie kamen mit dem Zählen kaum nach. Die dreihunderttausend verdoppelten sich und verdoppelten sich dann noch einmal – und noch einmal – und noch einmal.

Zwei Komma vier Milliarden!

Die Geschäfte wurden allmählich unübersichtlich. Man würde eine Bestandsaufnahme machen und das Finanzgeflecht entwirren müssen. Die Fosters wußten das, sie spürten es, sie sahen ein, daß es unbedingt geschehen mußte; aber sie wußten auch, daß diese Aufgabe, wenn sie richtig und gründlich zu Ende gebracht werden sollte, an einem Stück und ohne Unterbrechung durchgeführt werden mußte. Es wäre eine Angelegenheit von mindestens zehn Stunden! Woher sollten sie die Zeit dafür nehmen? Sally verkaufte täglich von früh bis spät Nähnadeln, Zucker und Baumwollstoffe; Aleck war täglich von früh bis spät damit beschäftigt zu kochen, abzuwaschen, zu putzen und die Betten zu machen, und niemand half ihr dabei, denn die Töchter waren ja zu Höherem ausersehen. Den Fosters war klar, daß es nur eine einzige Möglichkeit gab, sich zehn Stunden Zeit zu nehmen. Beide schämten sich, es auszusprechen, jeder wartete darauf, daß der andere es tat. Endlich sagte Sally:

»Einer muß ja nachgeben. Also tu ich's. Nehmen wir an, ich hätte es gesagt – ohne es eigentlich auszusprechen.«

Aleck errötete, war ihm aber dankbar. Ohne ein weiteres Wort darüber zu verlieren, sündigten sie. Sündigten, indem sie den Sabbat entweihten. Denn nur an diesem Tag hatten sie zehn Stunden hintereinander zu ihrer Verfügung. So taten sie wieder einen Schritt auf ihrer abschüssigen Bahn. Weitere sollten folgen. Großer Reichtum hat eine verführerische Wirkung, die mit tödlicher Gewißheit die moralischen Fundamente derer untergräbt, die an solchen Reichtum nicht gewöhnt sind.

Sie ließen also die Jalousien herunter und gingen daran, den Sabbat zu entweihen. In stundenlanger harter Arbeit durchforsteten sie ihre Geschäftsanteile und listeten sie auf. Was war das für eine endlose Prozession wohlklingender Namen! Sie fing an mit verschiedenen Eisenbahn- und Schiffahrtsgesellschaften, Standard Oil, Ocean Cables, Diluted Telegraph und vielen anderen und endete mit Klondike, De Beers, Tammany Heißluft und Vereinigte Machenschaften der Postdienste.

Zwei Komma vier Milliarden, alle sicher und hochverzinslich angelegt, jährlicher Ertrag einhundertzwanzig Millionen. Aleck schnurrte geradezu vor Behagen und fragte:

»Na, genügt uns das?«

»Ja, Aleck, das tut es.«

»Was sollen wir also machen?«

»Einen Punkt.«

»Uns aus dem Geschäftsleben zurückziehen?«

»Genau.«

»Einverstanden. Die Arbeit ist getan; jetzt werden wir uns Ruhe gönnen und unser Geld genießen.«

»Ausgezeichnet! Aleck?«

»Ja, Liebster?«

»Wieviel von unserem Einkommen werden wir ausgeben können?«

»Alles.«

Es war, als fielen von ihrem Ehemann zentnerschwere Ketten ab. Er brachte kein Wort heraus, so überglücklich war er.

Von da an entweihten sie regelmäßig jeden Sabbat. Der verhängnisvolle erste Schritt ist ja immer der entscheidende. Sie verbrachten also ihre Sonntage damit, sich gleich nach dem Kirchgang dem Erfinden zuzuwenden – dem Erfinden von Möglichkeiten, ihr vieles Geld auszugeben. Dieser köstliche Zeitvertreib dauerte bis nach Mitternacht; und bei jeder dieser Séancen spendete Aleck Millionenbeträge für wohltätige und kirchliche Zwecke, und Sally gab ähnlich hohe Beträge für Dinge aus, die er anfangs noch genauer bezeichnete. Nur anfangs. Später wurden die Bezeichnungen immer unpräziser, bis sie zu einem vagen »Verschiedenes« verblaßten. Denn Sally hielt der Belastung nicht stand. Die langen Stunden, in denen die Millionen ausgegeben wurden, rissen nämlich große Löcher in die Familienkasse durch die Ausgaben für – Talgkerzen. Eine Zeitlang machte Aleck sich Sorgen. Aber das hörte bald wieder auf, als es dafür keinen Grund mehr gab. Es war ihr peinlich, sie hatte ein schlechtes Gewissen, sie schämte sich; aber sie sagte nichts und wurde so zur Komplizin. Sally stahl die Kerzen; er beraubte das Geschäft, in dem er arbeitete. Aber so geht es ja immer: Reichtum ist ein Fluch für jeden, der nicht daran gewöhnt ist; er verdirbt den Menschen bis ins Mark. Als die Fosters noch arm waren, konnte man ihnen ungezählte Kerzen blind anvertrauen. Aber jetzt – wir wollen gar nicht daran denken. Von Kerzen ist es nur ein kleiner Schritt zu Äpfeln: bald stahl Sally Äpfel; dann Seife; dann Ahornsirup; dann Konservenbüchsen; dann Geschirr. Wie schnell geht es doch bergab mit einem, wenn man erst einmal auf die schiefe Bahn geraten ist!

Unterdessen hatte der triumphale finanzielle Siegeszug der Fosters noch weitere Auswirkungen gehabt. Das fiktive Backsteinhaus war einem imaginären Granitbau mit Schieferdach und Mansardenfenstern gewichen; dieser wiederum war nach einiger Zeit durch ein noch prächtigeres Gebäude ersetzt worden – und so ging es immer weiter. Ein Luftschloß nach dem anderen entstand, jedes größer, prächtiger, schöner als das vorige, und verschwand wieder, bis unsere beiden Träumer, als sie ihren größten Wohlstand erreicht hatten, sich in ihrer Phantasie in einer fernen Gegend niederließen, in einem weitläufigen Palast, der von bewaldeter Anhöhe hinabschaute auf Täler und Auen und ferne Berge, die im blauen Dunst lagen – und alles Privatbesitz, alles gehörte den Träumern; ein Palast, in dem es von Dienern wimmelte und in dem sich Scharen berühmter, einflußreicher

Gäste tummelten, die aus allen großen Städten der Welt diesseits und jenseits des Atlantiks gekommen waren.

Dieser Palast lag gen Sonnenaufgang in weiter, weiter Ferne, unendlich weit entfernt, astronomisch weit entfernt, in Newport in Rhode Island, dem Mekka der High Society, der ureigensten Domäne des amerikanischen Geldadels. Jeden Sabbat – nach dem morgendlichen Gottesdienst – verbrachten sie in der Regel einen Teil des Tages in dieser Luxusbehausung, und den übrigen Tag verbrachten sie in Europa, oder sie faulenzten einfach auf ihrer Jacht. Sechs Tage Eintönigkeit und Plackerei bei knapper Kasse am äußersten Rand von Lakeside und der siebente im Märchenland – so sah der Wochenablauf aus, an den sie sich gewöhnt hatten.

In ihrem eng umgrenzten Leben in der Wirklichkeit blieben sie, was sie schon immer waren – arbeitsam, fleißig, sorgfältig, tüchtig, sparsam. Sie hielten ihrer kleinen Presbyterianerkirche die Treue und setzten sich mit ganzer Kraft für sie ein und befolgten ihre strengen Regeln. In ihrer Traumwelt aber taten sie, was immer ihre Phantasie ihnen eingab, auch wenn das oft widersprüchlich war. Aleck überließ sich nur selten ihren Phantasien, und diese waren nicht besonders ausgefallen, während Sallys Träume in alle möglichen Richtungen gingen. Aleck träumte anfangs davon, ins Lager der Episkopalen überzutreten, weil die Würdenträger dort so wohlklingende Titel hatten; dann trat sie in die anglikanische High Church ein wegen der vielen Kerzen und des prunkvollen Zeremoniells; und von da war es nur noch ein kleiner Schritt zur römisch-katholischen Kirche, wo es Kardinäle und noch mehr Kerzen gab. Aber diese geistigen Ausflüge waren gar nichts im Vergleich zu denen Sallys. Seine Träume waren eine einzige Folge genußvoller Erlebnisse, deren Lebendigkeit und Frische er sich dadurch bewahrte, daß er immer wieder neue suchte, religiöse ebenso wie sonstige. Er wechselte seine Religionen wie seine Hemden und kostete jede voll aus.

Seit den frühen Tagen ihres Reichtums hatten die Fosters große Summen für ihre Phantasiegeschöpfe ausgegeben, und mit ihrem Vermögen wuchsen auch die Ausgaben. Bald erreichten sie ungeheure Ausmaße. Aleck stiftete jeden Sonntag eine oder zwei Universitäten; außerdem ein paar Krankenhäuser; auch Sanatorien; eine Handvoll Kirchenbauten; ab und zu auch eine Kathedrale; und eines Tages rutschte Sally die witzig gemeinte Bemerkung heraus:

»Es war jedesmal ein schwarzer Tag, wenn Aleck nicht eine Schiffsladung Missionare losschickte, um die unwissenden Chinesen dazu zu bringen, ihren hochkarätigen Konfuzianismus gegen christliche Imitationen einzutauschen.«

Diese gemeinen, herzlosen Worte verletzten Aleck zutiefst, und sie ging weinend hinaus. Das wiederum schnitt Sally ins Herz. Er bereute, was er gesagt hatte, und hätte alles dafür gegeben, um es ungeschehen zu machen. Dabei hatte sie ihm keinerlei Vorwürfe gemacht – aber gerade das tat ihm weh. Mit keiner Silbe hatte sie ihn aufgefordert, doch einmal prüfend in den Spiegel zu sehen – und dabei hätte sie ihm so vieles vorhalten können! Ihr vornehmes Schweigen war aber genug Rache, denn nun fing er an, über sich selbst nachzudenken, vor seinem geistigen Auge zog sein Leben vorüber, das er in den vergangenen Jahren grenzenlosen Reichtums geführt hatte, und wie er so dasaß und diese geisterhaften Bilder verfolgte, empfand er brennende Scham, und seine Wangen röteten sich. Da war ihr Leben – so rein und dem Guten zugewandt; und seins dagegen – so oberflächlich, so eitel, so selbstsüchtig, so leer, so würdelos!

Und sein Verlauf – nicht aufwärts, sondern abwärts, immer weiter abwärts!

Er stellte Vergleiche an zwischen ihren Leistungen und dem, was er erreicht hatte. Er hatte es gewagt – so ging es ihm durch den Sinn – ausgerechnet er, sie zu tadeln! Was hatte er denn schon vorzuweisen? Was hatte er getan, als sie ihre erste Kirche baute? Andere blasierte Multimillionäre zu einer Pokerrunde eingeladen; seinen schönen Palast damit beschmutzt; bei jedem Spiel Hunderttausende verloren und sich auch noch kindisch über die Aufmerksamkeit gefreut, die er damit erregte. Was hatte er getan, als sie ihre erste Universität gründete? Ein abstoßendes, ausschweifendes Leben im verborgenen geführt, gemeinsam mit anderen Lebemännern, die finanziell steinreich waren, aber charakterlich bettelarm. Was hatte er getan, als sie ihr erstes Waisenhaus errichtete? O weh! Und was hatte er getan, als sie hochfliegende Pläne für eine Gesellschaft zur Reinigung der Sitten entwarf? Ja, was wohl! Was hatte er getan, als sie mit der ›Vereinigung christlicher Frauen gegen den Alkohol‹ und der Frauenliga unerbittlich durchs Land zog und die verderbenbringenden Flaschen zerschlug? Sich dreimal am Tag sinnlos betrunken. Und was hatte er getan, als sie, die Erbauerin von hundert Kathedralen, in Rom zur Audienz empfangen und vom Papst gesegnet und mit der Goldenen Rose ausgezeichnet wurde, die sie mehr als verdient hatte? Die Bank in Monte Carlo gesprengt.

Er hielt inne. Es war zuviel, er ertrug es nicht mehr. Er stand auf, sein Entschluß stand fest: sein Doppelleben mußte ans Licht; seine Heimlichtuerei sollte ein Ende haben; er würde zu Aleck gehen und ihr *alles* gestehen.

Und so geschah es. Er gestand ihr *alles;* und weinte sich an ihrem Busen aus; weinte und stöhnte und bat sie um Vergebung. Es war für sie ein schwerer Schlag, und nur mühsam hielt sie sich aufrecht, aber er war nun mal ihr ein und alles, ihr Herzblatt, ihre Wonne, ihr über alles Geliebter, dem sie nichts abschlagen konnte, und so vergab sie ihm. Tief in ihrem Herzen wußte sie, daß er nie wieder ganz das sein würde, was er ihr gewesen war; sie wußte, daß er zwar bereuen, sich aber nicht ändern konnte; aber war er nicht trotz aller moralischen Schwäche und Verkommenheit ihr Mann, ihr einzig geliebter Mann, der Gegenstand ihrer Verehrung und Ergebenheit? Sie sei seine Dienerin, seine Sklavin, sagte sie, und breitete die Arme aus und zog ihn an ihr sehnsuchtsvolles Herz.

## VII

Einige Zeit später, an einem Sonntagnachmittag, fuhren sie mit ihrer Traumjacht über die sommerliche See, träge ausgestreckt unter einem Sonnensegel auf dem Achterdeck. Beide schwiegen, denn beide waren mit ihren Gedanken beschäftigt. Seit längerem schon hatten diese Perioden des Schweigens unmerklich zugenommen; die Nähe und Vertrautheit von einst war verschwunden. Sallys furchtbare Enthüllung hatte ihre Wirkung getan; Aleck bemühte sich, die Erinnerung daran zu verdrängen, aber es gelang ihr nicht; es war eine Enttäuschung und Bitterkeit zurückgeblieben, die das Leben in ihrer schönen Traumwelt vergiftete. Sie bemerkte nun (an den Sonntagen), daß ihr Mann sich zu etwas Häßlichem, Abstoßendem entwickelte. Davor konnte sie ihre Augen nicht verschließen, und wenn es sich vermeiden ließ, sah sie ihn in letzter Zeit (sonntags) nicht mehr an.

Aber sie selbst – war sie denn ohne Fehl und Tadel?

Leider nicht, das wußte sie nur zu gut. Sie hatte ein Geheimnis vor ihm, war also unehrlich, und das bereitete ihr heftige Gewissensbisse. *Sie hatte nämlich die gemeinsame Abmachung gebrochen und ihm dies verschwiegen.* Sie war der Versuchung erlegen, wieder Geschäfte zu machen. Sie hatte das gesamte Vermögen der beiden riskiert, um die Mehrheitsanteile an sämtlichen Eisenbahngesellschaften, Kohlegruben und Stahlwerken des Landes zu erwerben, und nun befürchtete sie jeden Sonntag, daß ein unvorsichtiges Wort sie verraten könnte. Da sie selbst von ihrem schlechten Gewissen geplagt wurde, konnte sie nicht umhin, Mitleid mit ihm zu empfinden; es schmerzte sie zu sehen, wie er dalag, zufrieden in seiner Trunkenheit, ohne den leisesten Verdacht zu hegen. Ganz ohne Verdacht – ihr vollkommen und auf rührende Weise vertrauend, während über ihm das Damoklesschwert einer möglichen Katastrophe hing, die sie –

»Du – hör mal, Aleck!«

Seine Worte unterbrachen ihren Gedankengang und brachten sie wieder zu sich. Sie war froh, von ihren quälenden Selbstvorwürfen loszukommen, und antwortete ihm beinahe so zärtlich wie in früheren Zeiten:

»Ja, Liebling?«

»Weißt du, Aleck, ich finde, wir machen da einen Fehler – genauer gesagt, du machst einen Fehler. Nämlich in dieser Heiratsangelegenheit.« Er richtete sich auf, fett und rundlich wie ein kleiner wohlwollender Buddha, und machte ein ernstes Gesicht. »Überleg doch mal, das geht nun schon seit mehr als fünf Jahren so. Von Anfang an hast du dieselbe Politik verfolgt: sobald sich unser Geld vermehrte, hast du abgewartet, bis es noch einmal um fünf Prozent mehr wurde. Jedesmal, wenn ich denke, jetzt werden wir bald zwei Hochzeiten feiern, siehst du neue Profitchancen, und ich erlebe wieder eine Enttäuschung. *Ich* glaube, du bist einfach nie zufrieden. Irgendwann werden wir noch sitzenbleiben. Zuerst haben wir dem Zahnarzt und dem Anwalt den Laufpaß gegeben. Dagegen ist nichts einzuwenden, das war vernünftig. Dann haben wir dem Bankdirektorssohn und dem Erben des Fleischfabrikanten den Laufpaß gegeben – auch das war vernünftig und in Ordnung. Danach haben wir die Söhne des Kongreß-Abgeordneten und des Gouverneurs abgewiesen – goldrichtig, das muß ich zugeben. Dann kamen der Sohn des Senators und der des Vizepräsidenten der Vereinigten Staaten dran – wiederum richtig, solche Ämter haben keinen Bestand. Dann hast du dich unter dem Geldadel umgesehen; und diesmal glaubte ich wirklich, wir würden fündig. Wir würden uns die Hautevolee vornehmen und uns jemanden aus einer alteingesessenen, vornehmen Familie angeln, der auf hundertfünfzig Jahre Familientradition zurückblicken kann, von dem sich der Geruch seiner Vorfahren nach Pökelfisch und Kuhhaut verflüchtigt hat, und der sich nicht mit gemeiner Arbeit die Hände schmutzig machen muß, und dann! ja, dann würde endlich Hochzeit gefeiert, klar! Aber nein, da tauchen auf einmal zwei echte Adlige aus Europa auf, und sofort schiebst du den Halbadel aufs Abstellgleis. Das war eine bittere Enttäuschung für mich, Aleck! Und was für eine lange Schlange von Heiratsaspiranten haben wir seitdem gesehen! Den Baronets hast du wegen zwei Baronen den Laufpaß gegeben, die Barone hast du dann wegen zwei Viscounts fallengelassen, die Viscounts wegen zwei Grafen, die Grafen wegen zwei Marquis und die Marquis wegen ein paar Herzögen. *Jetzt aber*, Aleck, jetzt greif zu! – du hast deine Karten ausgereizt. Du hast die Wahl zwischen vier Herzögen aus vier verschiedenen Ländern, alle kerngesund und mit einem soliden Stammbaum, alle bankrott und bis über beide Ohren verschuldet. Sie kommen uns teuer, aber wir können sie uns leisten. Komm, Aleck, warte nicht länger, spann uns nicht auf die Folter, stell die vier in eine Reihe und laß die Mädchen wählen!«

Aleck hatte die ganze Zeit still und zufrieden gelächelt, während er diese Zusammenfassung ihrer Heiratspolitik vortrug; ihre Augen blitzten und verrieten Triumph und womöglich eine hübsche Überraschung, die sie für ihn bereithielt, und sagte mit mühsam beherrschter Stimme:

»Sally, was würdest du einem jungen – *Fürsten* sagen?«

Volltreffer! Dem armen Mann wurde ganz schwarz vor Augen, er stolperte über die Kielplanke und schrammte sich das Schienbein am Spill. Einen Augenblick lang drehte sich alles um ihn her, dann rappelte er sich auf und humpelte zu seiner Frau und setzte sich neben sie und sah sie aus leicht getrübten Augen so voller Bewunderung und Begeisterung an wie einst.

»Donnerwetter, Aleck!« sagte er mit Inbrunst. »Du bist einfach *großartig* – die großartigste Frau der Welt! Ich werde deine Größe wohl nie richtig ermessen können. Wie klug du bist! Und *ich* maße mir an, *deine* Strategie zu kritisieren. *Ich!* Wenn ich nur einen Augenblick nachgedacht hätte, dann hätte ich merken müssen, daß du noch ein As im Ärmel hast. So, mein Herzblatt, nun kann ich's aber nicht mehr erwarten – erzähle!«

Die so geschmeichelte Frau beugte sich zu ihm und flüsterte ihm den Namen eines Prinzen ins Ohr. Ihm stockte der Atem, dann ging ein Leuchten über sein Gesicht.

»Himmel!« sagte er, »das ist ja ein toller Fang! Er besitzt eine Spielhölle und einen Friedhof und einen Bischof und eine Kathedrale – alles sein Privateigentum.

Und dann diese mündelsicheren Wertpapiere mit fünf-
hundertprozentiger Rendite – in ganz Europa gibt's
nichts Besseres. Und dieser Friedhof – ist der exklusivste
der Welt: nur Selbstmörder werden aufgenommen, jawohl! und nur gegen Gebühr. Das Fürstentum hat zwar
nicht viel Land, aber es reicht aus: achthundert Morgen
Friedhofsgelände und zweiundvierzig drum herum. Und
es ist ein *souveränes* Fürstentum – das ist das entscheidende; was ist schon *Land*. Davon gibt's genug, die Sa-
hara ist voll davon.«

Aleck strahlte; sie war rundum glücklich. Sie sagte:
»Stell dir nur vor, Sally – diese Familie hat immer nur
in die königlichen und kaiserlichen Familien Europas
eingeheiratet. Unsere Enkel werden einmal auf Thronen
sitzen!«

»Stimmt, Aleck – und Zepter werden sie auch haben;
und damit so ungezwungen hantieren wie ich mit einem
Zollstock. Das ist wirklich ein erstklassiger Fang, Aleck.
Und du hast ihn fest an der Kandare? Er kann dir nicht
durchgehen? Oder mußtest du etwa für ihn ein Pfand
hinterlegen?«

»Nein, keine Sorge. Er ist ein Gewinn, keine Belastung.
Und dasselbe gilt für den anderen.«

»Wer ist denn der andere?«

»Seine königliche Hoheit Sigismund Siegfried von
Lauenfeld-Dinkelspiel-Schwartzenberg-Blutwurst, Erb-
großherzog von Katzenjammer.«

»Nein! Das ist nicht dein Ernst!«

»So wahr ich hier sitze, ich geb dir mein Wort darauf«,
erwiderte sie.

Jetzt gab es für ihn kein Halten mehr, und er drückte
sie begeistert an sein Herz und rief:

»Wie ist das alles so wunderbar und schön! Das ist eins
der ältesten und vornehmsten der dreihundertvierund-

sechzig Fürstentümer Deutschlands, und eins der wenigen, die ihren Fürstenhof behalten durften, nachdem Bismarck sie zusammengestutzt hatte. Ich kenne dieses Landgut, ich war mal da. Sie haben dort eine Seilerei und eine Kerzenfabrik und ein Heer. Ein stehendes Heer. Infanterie und Kavallerie. Drei Soldaten und ein Pferd. Aleck, es hat lange gedauert und mir allerlei Kummer und Enttäuschung bereitet, aber bei Gott! jetzt bin ich ein glücklicher Mensch, und ich danke dir dafür, mein Engel, daß du das zustande gebracht hast. Wann ist es denn soweit?«

»Am nächsten Sonntag.«

»Gut. Diese Hochzeiten wollen wir nun aber so fürstlich feiern, wie überhaupt nur möglich. Das sind wir diesen hochgestellten Personen allerersten Ranges schuldig. Nun gibt es, soviel ich weiß, nur eine Art von Eheschließung, die gekrönten Häuptern wirklich heilig ist: nämlich die morganatische.«

»Warum heißt sie denn so, Sally?«

»Das weiß ich auch nicht; aber jedenfalls gibt es sie *nur* in Fürstenhäusern.«

»Dann wollen wir auch so eine haben. Nein – ich bestehe sogar darauf. Entweder eine morganatische Ehe oder gar keine!«

»Also abgemacht!« sagte Sally und rieb sich vergnügt die Hände. »Und es wird die erste dieser Art in Amerika sein, Aleck, ganz Newport wird erblassen vor Neid.«

Dann schwiegen sie wieder und entschwebten auf den Schwingen ihrer Träume in die fernsten Winkel der Erde, um all die vielen Fürsten und Monarchen einzuladen und ihnen eine kostenlose Anreise anzubieten.

## VIII

Drei Tage lang schwebte das Paar in höheren Sphären. Ihre Umgebung nahmen sie kaum wahr; sie sahen alles nur wie durch einen Schleier; sie lebten ganz in ihrer Traumwelt, hörten oft nicht, wenn man mit ihnen sprach; und wenn sie es hörten, verstanden sie oft nicht; sie antworteten nur ungenau oder ganz wirr; Sally verkaufte Melasse nach Gewicht, Zucker nach Länge und holte Seife, wenn man Kerzen verlangte; und Aleck steckte die Katze in den Waschbottich und stellte das Milchschälchen vor den Berg schmutziger Wäsche. Jedermann wunderte sich und fragte sich, was um alles in der Welt mit den Fosters los sei.

Drei Tage. Dann ereignete sich etwas! Der Markt war in Bewegung geraten, und achtundvierzig Stunden lang hatten Alecks imaginäre Wertpapiere stark angezogen. Sie stiegen im Kurs höher – höher – immer höher! Der Ankaufspreis war längst überstiegen. Sie kletterten weiter. Fünf Punkte über dem Ankaufspreis, dann zehn – fünfzehn – zwanzig! Zwanzig Punkte Gewinn bei diesem gewaltigen Volumen, und Alecks imaginäre Aktienhändler riefen ihr hektisch über das imaginäre Telefon zu: »Verkaufen! verkaufen! Um Himmels willen, verkaufen!«

Sie überbrachte Sally diese wunderbare Nachricht, und auch er sagte: »Verkauf! verkauf – o bitte mach jetzt keinen Fehler, dir gehört doch schon alles – verkauf, verkauf!« Aber sie war eisern entschlossen, koste es, was es wolle, den Anstieg um weitere fünf Punkte abzuwarten.

Das erwies sich als eine fatale Entscheidung. Schon am nächsten Tag kam es zu dem legendären Börsenkrach, dem vernichtenden Zusammenbruch in der Wall Street, als auch die scheinbar sichersten Aktien innerhalb von fünf Stunden fünfundneunzig Punkte verloren und man den einstigen Multimillionär als Bettler in der Bowery wiedersah. Aleck versuchte standhaft zu bleiben und durchzuhalten, so lange sie konnte, aber am Ende mußte sie es ohnmächtig hinnehmen, daß die imaginären Aktienhändler ihre Papiere zu Schleuderpreisen verkauften. Jetzt, und erst jetzt, gab der Mann in ihr klein bei, und die Frau in ihr gewann wieder die Oberhand. Sie schlang die Arme um den Hals ihres Ehemannes und schluchzte:

»Ich bin an allem schuld, sag nicht, daß du mir verzeihst, ich könnte es nicht ertragen. Wir sind ruiniert. Bettelarm! Oh, und ich bin ja so unglücklich. Die Hochzeiten werden nie stattfinden; damit ist es vorbei; jetzt können wir uns nicht einmal mehr den Zahnarzt leisten.«

Sally lag ein bitterer Vorwurf auf der Zunge: »Ich habe dir ja gesagt, du sollst verkaufen, aber du –« Doch er sprach es nicht aus; er brachte es nicht übers Herz, dieser gebrochenen, reumütigen Seele weiteren Schmerz zuzufügen. Statt dessen kam ihm ein hoffnungsvoller Gedanke, und er sagte:

»Kopf hoch, Aleck, noch ist nicht alles verloren! Du hast doch nie einen Penny von dem investiert, was mein Onkel mir vermacht hat, sondern nur die Zinserträge daraus; was wir verloren haben, waren die Gewinne, die wir dank deinem unvergleichlichen Finanzgenie gemacht haben. Aber die dreißigtausend Dollar sind noch unangetastet; vergiß also deinen Kummer und sei wieder fröhlich; und denk nur, was du bei der Erfahrung, die du gesammelt hast, in ein oder zwei Jahren aus diesem Geld machen kannst! Die Hochzeiten sind nicht aufgehoben, sondern nur aufgeschoben.«

Das waren goldene Worte. Aleck erkannte sofort, daß er damit recht hatte, und war wie elektrisiert; ihre Tränen trockneten, und ihr überragender Verstand richtete sich wieder zu seiner vollen Größe auf. Blitzenden Auges und dankbaren Herzens hob sie die Rechte wie zum Schwur und sagte:

»Hiermit erkläre ich feierlich –«

Aber an dieser Stelle wurde sie von einem Besucher unterbrochen. Es war der Redakteur und Besitzer der ›Weekly Sagamore‹. Er war zufällig in Lakeside, um einen Pflichtbesuch bei seiner hochbetagten Großmutter abzustatten, die sich dem Ende ihrer irdischen Pilgerfahrt näherte, und in der Absicht, das Schmerzliche mit dem Nützlichen zu verbinden, hatte er sich nach der Adresse der Fosters erkundigt, die in den letzten vier Jahren so sehr mit anderen Dingen beschäftigt gewesen waren, daß sie ganz versäumt hatten, ihr Abonnement zu bezahlen. Sie waren sechs Dollar im Rückstand. Kein Besucher hätte ihnen willkommener sein können. Er wußte sicher alles über Onkel Tilbury und wie es um dessen Absichten in Sachen Ableben stand. Selbstverständlich konnten sie ihm keine diesbezüglichen Fragen stellen, denn das würde ihren Anspruch auf das Vermächtnis zunichte machen, aber sie konnten um den heißen Brei herumreden und hoffen, daß sie damit Erfolg hatten. Dieser Plan schlug jedoch fehl. Der begriffsstutzige Redakteur merkte einfach nicht, was man von ihm wollte. Aber was List und Tücke nicht schafften, brachte schließlich der Zufall zuwege. Um etwas, von dem gerade die Rede war, durch ein anschauliches Bild zu verdeutlichen, sagte der Redakteur:

»Mein Gott, zäh wie Tilbury Foster! wie wir bei uns zu sagen pflegen.«

Das kam so unerwartet, daß die Fosters zusammenzuckten. Der Redakteur bemerkte das und entschuldigte sich mit den Worten:

»War nicht böse gemeint. Ist nur so ne Redensart; n kleiner Scherz, verstehen Sie – hat nichts zu bedeuten. Verwandter von Ihnen?«

Sally rang mit aller Kraft seine brennende Neugier nieder und antwortete so gleichgültig er konnte:

»Ich – nein, nicht, daß ich wüßte, aber wir haben von ihm gehört.« Der Redakteur war sehr erleichtert. Sally hakte nach: »Ist er – ist er – wohlauf?«

»*Wohlauf*? Du liebe Zeit, der schmort schon seit fünf Jahren in der Hölle!«

Die Fosters waren erschüttert vor Schmerz, obwohl es sich wie Freude anfühlte. Dann sagte Sally, vorsichtig auf den Busch klopfend:

»Ja, so geht's. Keiner von uns lebt ewig – nicht einmal die Reichen.«

Der Redakteur lachte.

»Wenn Sie Tilbury dazuzählen, dann irren Sie sich«, sagte er. »Der besaß keinen Cent; für sein Begräbnis hat die Gemeinde zahlen müssen.«

Die Fosters saßen zwei Minuten lang wie vom Donner gerührt da; sie fröstelten. Dann fragte Sally bleich und mit bebender Stimme:

»Ist das wirklich wahr? Sind Sie *sicher*, daß das wahr ist?«

»Und ob ich sicher bin! Ich war ja einer der Testamentsvollstrecker. Er hat nichts hinterlassen als eine alte Schubkarre, und die hat er mir vermacht. Sie hatte kein Rad und war nicht zu gebrauchen. Aber es war immerhin etwas, und um das wettzumachen, habe ich dann so ne Art kleinen Nachruf auf ihn verfaßt, der ist aber nie erschienen.«

Die Fosters hörten gar nicht mehr zu – das Maß ihrer

Leiden war voll, mehr konnten sie nicht verkraften. Mit hängenden Köpfen saßen sie da und nahmen nur noch den Schmerz in ihrer eigenen Brust wahr.

Eine Stunde verging. Sie saßen noch immer da, gebeugt, regungslos, stumm, der Besucher war längst, von ihnen unbemerkt, gegangen.

Dann begannen sie sich zu rühren, und hoben müde ihre Köpfe und sahen einander an, gedankenverloren, träumerisch, benommen; bald darauf fingen sie an, zusammenhanglos und kindisch zu brabbeln. Von Zeit zu Zeit verstummten sie, brachen mitten im Satz ab, anscheinend ohne es zu bemerken oder weil sie nicht weiterwußten. Manchmal, wenn sie aus diesem Schweigen erwachten, wurde ihnen für Augenblicke dunkel bewußt, daß etwas in ihren Köpfen geschehen war; dann streichelten sie einander zum Trost liebevoll die Hände, als wollten sie sagen: »Ich bin bei dir, ich lasse dich nicht allein, wir werden das gemeinsam ertragen; irgendwann kommen Erlösung und Vergessen, irgendwann kommen das Grab und der Frieden; hab Geduld, es dauert nicht mehr lange.«

So lebten sie noch zwei Jahre in geistiger Umnachtung, immer vor sich hin brütend, erfüllt von unbestimmtem Kummer und schwermütigen Träumen, ohne je wieder ein Wort zu sprechen; dann kam für beide am selben Tag die Erlösung.

Kurz vor dem Ende hob sich die Dunkelheit für Augenblicke von Sallys verworrenem Verstand, und er sagte:

»Ungeheure Reichtümer, plötzlich und mit unlauteren Mitteln erworben, sind ein Fluch. Sie haben uns nichts Gutes gebracht, nur fieberhafte Genüsse, die schnell wieder vergingen; aber ihnen haben wir das

Glück unseres einfachen Leben geopfert – möge unser Beispiel anderen eine Warnung sein.«

Eine Zeitlang lag er mit geschlossenen Augen schweigend da; dann, als die Kälte des Todes sich seinem Herzen näherte und sein Bewußtsein schwand, murmelte er:

»Das Geld hat ihm Unglück gebracht, und an uns hat er sich dafür gerächt, obwohl wir ihm nichts zuleide getan haben. Sein Wunsch hat sich erfüllt: mit schlauer, niederträchtiger Berechnung hat er uns nur dreißigtausend vermacht, weil er wußte, daß wir versuchen würden, diesen Betrag zu vermehren, und daß daran unser Leben und unser Herz zerbrechen würden. Dabei hätte er uns ohne zusätzliche Kosten soviel hinterlassen können, daß wir gar nicht auf den Gedanken gekommen wären, es vermehren und damit spekulieren zu wollen. Und eine edlere Seele hätte das auch getan; aber ihm fehlte es an Größe, an Mitleid, an –«

# Das Tagebuch von Adam und Eva
## NACH DEN ORIGINAL-MANUSKRIPTEN
### ÜBERSETZT


## AUS ADAMS TAGEBUCH

*Montag*
Dieses neue Wesen mit dem langen Haar ist mir dauernd
im Weg. Immer ist es in meiner Nähe und läuft mir nach.
Ich mag das nicht; bin Gesellschaft nicht gewöhnt. Ich
wünschte, es bliebe bei den anderen Tieren ... Heute be-
wölkt, Ostwind; wahrscheinlich bekommen wir Regen ... *Wir?* Wo habe ich dieses Wort nur her? ... Jetzt
weiß ich's wieder – das neue Wesen gebraucht es.

*Dienstag*
Habe mir den großen Wasserfall genauer angesehen. Ich
finde, er ist das Schönste, was es hier in der Gegend gibt.
Das neue Wesen nennt ihn »Niagara-Fälle« – keine Ahnung, warum. Behauptet, er *sähe so aus* wie die Niagara-
Fälle. Das ist doch keine vernünftige Begründung; nur
Willkür und Albernheit. Ich komm gar nicht dazu, selber Namen zu verteilen. Sobald etwas daherkommt, gibt
das neue Wesen ihm einen Namen, noch ehe ich protestieren kann. Und immer mit der fadenscheinigen Begründung, es sähe eben so aus. Zum Beispiel der Uhu.
Erklärt, kaum daß einer auftaucht, es sei doch auf den
ersten Blick zu erkennen, daß er »wie ein Uhu aussieht«. Jetzt wird er diesen Namen wahrscheinlich für

alle Zeiten behalten. Ich will mich aber nicht mehr darüber ärgern, und es hat ja auch gar keinen Zweck. Uhu!
Wenn der wie ein Uhu aussieht, dann bin ich selber einer!

*Mittwoch*
Habe mir einen Unterschlupf zum Schutz vor dem Regen gebaut, konnte ihn aber nicht für mich allein haben.
Das neue Wesen hat sich reingedrängt. Als ich versuchte,
es loszuwerden, hat es aus den Löchern, mit denen es
sieht, Wassertropfen vergossen und sie dann mit dem
Rücken seiner Pfoten weggewischt, und dabei hat es Geräusche gemacht wie manche Tiere, wenn sie in Not
sind. Ich wünschte, es würde nicht reden; er redet pausenlos. Das klingt abfällig, als wollte ich das arme Wesen
kritisieren, aber so ist das nicht gemeint. Ich habe nur
vorher nie eine menschliche Stimme gehört, und jeder
neue, fremdartige Laut, der in die feierliche Stille dieser
friedlichen Einsamkeit dringt, beleidigt mein Ohr und
wirkt unpassend. Und diese Laute sind so nah, so dicht
neben mir; dicht an meiner Schulter, an meinem Ohr, mal
auf der einen Seite, mal auf der anderen Seite, aber ich
bin nur Laute gewohnt, die von mehr oder weniger weit
her kommen.

*Freitag*
Ich kann machen, was ich will, es werden weiter ohne
Rücksicht Namen verteilt. Ich hatte einen sehr guten
Namen für diese Gegend, hübsch und klangvoll – GAR-
TEN EDEN. Im stillen nenne ich ihn immer noch so, aber
nicht mehr öffentlich. Das neue Wesen sagt, hier gibt es
nur Wälder und Felsen und schöne Ausblicke, und deshalb ist es überhaupt kein Garten. Behauptet, es *sähe
eher aus* wie ein Park, eigentlich *genau* wie ein Park. Ist
folglich, ohne Rücksprache mit mir, umbenannt worden

in Niagara Falls Park. Ich finde das reichlich anmaßend. Ein Schild steht auch schon da:

> BETRETEN DES RASENS
> VERBOTEN

Mein Leben ist nicht mehr so schön wie früher.

*Samstag*
Das neue Wesen ißt zuviel Obst. Wahrscheinlich haben
wir bald nicht mehr genug. Schon wieder »wir« – ist eigentlich *sein* Wort; aber inzwischen auch meins, weil ich
es so oft zu hören bekomme. Heute morgen dichter Nebel. Ich selbst bleibe bei Nebel lieber drin. Das neue Wesen nicht. Es geht bei Wind und Wetter raus, kommt
dann mit Matsch an den Füßen zurück. Und redet. Wie
war es hier früher so schön still.

*Sonntag*
Überstanden. Dieser Tag geht mir mehr und mehr auf die
Nerven. Er wurde vergangenen November zum Tag der
Rast ernannt. Davon hatte ich vorher schon sechs pro
Woche. Heute früh ertappte ich das neue Wesen dabei,
wie es mit Lehmklumpen nach Äpfeln an diesem verbo-
tenen Baum warf.

*Montag*
Das neue Wesen sagt, sein Name sei Eva. Mir soll es recht
sein, ich habe nichts dagegen. Sagt, so soll ich es rufen,
wenn ich will, daß es kommt. Ich sagte darauf, dann sei
sein Name entbehrlich. Dieses Wort hat bei ihm offenbar
Eindruck gemacht; und es ist wirklich ein gutes, starkes

271

Wort, das sich oft verwenden läßt. Das Wesen sagt, es sei kein Es, es sei eine Sie. Wer weiß, ob das stimmt; ich will es aber gar nicht wissen; es ist mir ganz gleich, was sie ist, solange sie mich nur in Ruhe läßt und den Mund hält.

*Dienstag*
Überall hat sie scheußliche Namen verteilt und störende Schilder aufgestellt:

☞ Zum Strudel hier entlang

☞ Zur Ziegeninsel

☞ Weg zur Höhle der Winde

Sagt, dieser Park wäre ein schönes Ausflugsziel, wenn es dafür Besucher gäbe. Ausflugsziel – noch so eine von ihren Erfindungen – alles nur Wörter ohne Sinn und Bedeutung. Was ist ein Ausflugsziel? Frage aber lieber nicht. Wenn sie anfängt zu erklären, hört sie nicht mehr auf.

*Freitag*
Sie setzt mir dauernd zu, ich solle mich nicht mehr den Wasserfall hinuntertreiben lassen. Was ist denn dabei? Sagt, sie kriegt davon eine Gänsehaut. Warum nur? Habe ich doch schon immer gemacht – ist so erfrischend, wenn man in die Tiefe plumpst. Ich dachte, dafür wäre der Wasserfall da. Ich wüßte nicht, welchen Zweck er sonst hätte, und zu irgendwas muß er doch gut sein. Sie sagt, er sei nur geschaffen worden, weil er schön aussieht – so wie das Rhinozeros und das Mastodon.

Ich habe mich in einem Faß den Wasserfall hinuntertreiben lassen – sie war nicht zufrieden. Trieb im Bottich hinunter – immer noch unzufrieden. Schwamm in Badehose aus Feigenblättern durch Strudel und Stromschnellen. Badehose bekam Löcher. Folge: endlose Klagen über meine Unachtsamkeit. Fühle mich hier eingeengt. Brauche Ortswechsel.

*Samstag*
Bin letzten Dienstagabend geflüchtet und zwei Tage lang marschiert und habe mir an abgelegener Stelle eine Hütte gebaut und Spuren verwischt, so gut es ging, trotzdem hat sie mich aufgespürt mit Hilfe eines Tieres, das sie gezähmt hat und Wolf nennt, und machte wieder dieses jammervolle Geräusch, und aus den Stellen, mit denen sie sieht, kam Wasser. Ich mußte mit ihr zurückgehen, werde aber wieder emigrieren, sobald sich Gelegenheit bietet. Sie beschäftigt sich mit allerhand nutzlosem Zeug: versucht zum Beispiel herauszubekommen, warum die Tiere namens Löwen und Tiger sich von Gras und Blumen ernähren, während ihre Zähne, wie sie behauptet, darauf hindeuten, daß sie dazu geschaffen sind, sich gegenseitig aufzufressen. Ist natürlich Unsinn, denn dazu müßten sie einander ja töten, und dadurch würde meines Wissens etwas eingeführt, das »Tod« heißt; und wie ich höre, gibt es den Tod im Park noch gar nicht. Eigentlich schade, in gewisser Hinsicht.

*Sonntag*
Überstanden!

*Montag*
Ich glaube, ich weiß jetzt, wozu die Woche da ist: sie soll einem Zeit geben, sich von der Langeweile des Sonntags zu erholen. Gar keine schlechte Idee. – Sie ist wieder auf diesen Baum geklettert. Habe sie mit Lehmklumpen runtergejagt. Sie sagt, niemand hätte sie gesehen. Scheint das für ausreichende Rechtfertigung zu halten, riskante Dinge zu tun. Habe ihr das gesagt. Für das Wort Recht-

fertigung hat sie mich bewundert – und auch ein bißchen beneidet, glaube ich. Wort gefällt mir.

*Dienstag*
Sie erzählte mir, sie sei aus einer meiner Rippen gemacht worden. Kommt mir gelinde gesagt zweifelhaft vor. Mir fehlt keine Rippe ... Sie macht sich große Sorgen wegen des Bussards; sagt, Gras bekommt ihm nicht; fürchtet, sie kann ihn nicht großziehen; glaubt, er müßte eigentlich verrottetes Fleisch fressen. Bussard muß eben sehen, wie er mit dem zurechtkommt, was ihm vorgesetzt wird. Wir können doch nicht einem Bussard zuliebe das ganze System auf den Kopf stellen.

*Samstag*
Gestern fiel sie in den Teich, als sie sich darin betrachtete, was sie immerzu tut. Sie wäre fast erstickt, sagte, es sei kein schönes Gefühl gewesen. Jetzt tun ihr die Tiere leid, die da drin leben und die sie Fische nennt, denn sie verteilt weiter Namen an Dinge, die keinen brauchen und die nicht kommen, wenn man sie bei diesem Namen ruft; ist ihr aber gleichgültig; sie ist schrecklich dumm; also hat sie alle aus dem Wasser geholt und hereingebracht und in mein Bett gelegt, um sie zu wärmen; aber ich habe sie mir den Tag über von Zeit zu Zeit angesehen und finde nicht, daß sie glücklicher wirken als vorher, nur stiller. Wenn es dunkel wird, werde ich sie hinauswerfen. Ich will nicht mehr mit ihnen in einem Bett schlafen, sie fühlen sich kalt und unangenehm an, wenn man nichts anhat.

*Sonntag*
Überstanden!

*Dienstag*
Sie hat sich jetzt mit einer Schlange angefreundet. Die anderen Tiere sind froh, denn sie hat immer mit ihnen herumexperimentiert und ihnen keine Ruhe gelassen; ich bin auch froh, denn die Schlange kann sprechen, und ich kann mich ein bißchen erholen.

*Freitag*
Sie sagt, die Schlange hätte ihr empfohlen, die Früchte von diesem Baum zu probieren; sie werde dabei viele gute, wahre, schöne Dinge lernen. Ich sagte ihr, das würde noch ganz andere Folgen haben – es würde den Tod in die Welt bringen. Das war ein Fehler – das hätte ich nicht sagen sollen; dadurch kam sie nur auf dumme Gedanken – wie sie den kränkelnden Bussard retten und die verzweifelten Löwen und Tiger mit frischem Fleisch versorgen könnte. Ich riet ihr, die Finger von dem Baum zu lassen. Sie sagte, sie dächte gar nicht daran. Ich befürchte Scherereien. Werde emigrieren.

*Mittwoch*
Ich habe allerhand durchgemacht. Ich bin gestern abend zu Pferd geflohen und die ganze Nacht durchgeritten, so schnell es ging, in der Hoffnung, aus dem Park zu gelangen und in einem anderen Land unterzutauchen, bevor die Scherereien losgingen; aber vergebens. Ungefähr eine Stunde nach Sonnenaufgang, während ich durch eine blumenbedeckte Ebene ritt, auf der Tausende von Tieren je nach Gewohnheit grasten, schliefen oder miteinander spielten, brach plötzlich ein schreckliches Getöse los, und im nächsten Augenblick herrschte ein wildes Getümmel, in dem ein Tier das andere umbrachte. Mir war klar, was das bedeutete – Eva hatte von dieser Frucht gegessen, und der Tod war in die Welt gekommen... Die

Tiger fraßen mein Pferd auf und kümmerten sich gar nicht darum, als ich ihnen befahl, sofort damit aufzuhören, und sie hätten auch mich gefressen, wenn ich geblieben wäre – was ich aber nicht tat, sondern mich eilig entfernte ... Ich entdeckte diesen Platz außerhalb des Parks, und ein paar Tage ging es mir ganz gut, aber dann fand sie mich. Fand mich und nannte diesen Platz Tonawanda – sagt, er *sähe so aus*. Ich war im Grunde gar nicht so böse, als sie kam, denn hier gibt es nicht viel zu essen, und sie brachte einige von diesen Äpfeln mit. Habe vor lauter Hunger welche gegessen. War zwar gegen meine Prinzipien, ich glaube aber, daß Prinzipien nur dann wirklich etwas taugen, wenn man satt ist ... Als sie ankam, war sie behängt mit Zweigen und Blätterbüscheln, und als ich sie fragte, was der Unsinn solle, und das Zeug herunterriß und wegwarf, kicherte sie und wurde rot. Ich hatte noch nie erlebt, wie jemand kichert und rot wird, und fand es unschön und idiotisch. Sie sagte, ich würde bald selber merken, wie das sei. Damit hatte sie recht. Obwohl ich hungrig war, legte ich den angebissenen Apfel beiseite – ein wirklich besonders schönes Exemplar, wenn man bedenkt, wie spät im Jahr es war – und bedeckte mich mit den herumliegenden Zweigen und Blättern, und dann hielt ich ihr eine Standpauke und befahl ihr, sich auch welche zu holen und nicht so aufreizend dazustehen. Das tat sie, und dann gingen wir vorsichtig dorthin, wo die Schlacht der wilden Tiere stattgefunden hatte, und holten uns einige Felle, und dann ließ ich sie daraus zwei Gewänder zusammennähen, mit denen man sich bei offiziellen Anlässen sehen lassen kann. Sie sind unbequem, das stimmt, sehen aber gut aus, und darauf kommt es bei Kleidern an ... Ich finde sie jetzt ganz gut als Gefährtin. Nachdem ich meinen gesamten Besitz verloren habe, wäre ich ohne sie sicherlich einsam und nie-

dergeschlagen. Und noch etwas. Sie sagt, es sei uns bestimmt, daß wir fortan für unsern Lebensunterhalt arbeiten müßten. Dafür ist sie gut. Ich werde die Aufsicht
führen.

*Zehn Tage später*
Jetzt wirft sie *mir* vor, ich sei an allem schuld! Sie sagt –
und sie scheint das ernst zu meinen –, die Schlange habe
ihr versichert, bei den verbotenen Früchten handele es
sich nicht um Äpfel, sondern um Schoten. Ich sagte,
dann sei ich unschuldig, denn ich hätte noch nie Schoten
gegessen. Darauf sagte sie, die Schlange hätte ihr erklärt,
das sei bildlich zu verstehen, und mit »alten Schoten«
meine man lahme Witze. Ich wurde blaß, denn ich habe
oft Witze gemacht, um mir die Langeweile zu vertreiben,
und manche könnten von dieser Sorte gewesen sein, obwohl sie mir ganz neu und lustig vorkamen, als ich sie
machte. Sie fragte mich, ob ich in dem Augenblick einen
gemacht hätte, als die Katastrophe hereinbrach. Ich mußte zugeben, daß ich einen gemacht hatte, aber nicht laut,
nur für mich. Der ging so. Ich stellte mir gerade den Wasserfall vor und dachte: »Es ist doch ein Wunder, diese
Wassermassen dort hinunterdonnern zu sehen!« Und
dann hatte ich plötzlich diesen Geistesblitz, und ich
sagte mir: »Es wäre ein noch viel größeres Wunder, sie
dort *hinauf*donnern zu sehen!« – und gerade wollte ich
mich so richtig ausschütten vor Lachen, da war die Natur
auf einmal erfüllt von Kampf und Tod, und ich mußte
um mein Leben rennen. »Siehst du«, sagte sie triumphierend, »das war es! Genau diesen Witz hat die Schlange
auch erwähnt. Sie nannte ihn die Ur-Schote und sagte,
dieser Witz sei so alt wie die Schöpfung.« Nun bin ich
also wirklich an allem schuld! Wenn ich doch nur nicht
so witzig wäre und so geistreiche Einfälle hätte!

*Ein Jahr darauf*

Wir haben es Kain genannt. Sie hat es gefangen, während ich oben am Nordufer des Erie-Sees war und Fallen stellte; hat es im Wald gefangen, zwei Meilen von unserer Erdhöhle – vielleicht waren es auch vier, sie weiß es nicht so genau. Es sieht uns in mancher Beziehung ähnlich, ist möglicherweise mit uns verwandt. Jedenfalls glaubt sie das, ich halte es für einen Irrtum. Der Größenunterschied läßt darauf schließen, daß es zu einer anderen, ganz neuen Tierart gehört – zum Beispiel zu den Fischen, allerdings ging es sofort unter, als ich es ins Wasser legte, und sie stürzte hinterher und holte es heraus, noch ehe die Frage experimentell gelöst war. Ich glaube immer noch, daß es sich um einen Fisch handelt, aber sie ist daran nicht interessiert und will nicht, daß ich weitere Versuche mit ihm anstelle. Verstehe das nicht. Seit das neue Wesen bei uns ist, hat sie sich völlig verändert und reagiert auf Versuche ganz irrational. Das neue Wesen ist ihr wichtiger als alle anderen Tiere, aber sie kann nicht erklären, warum. In ihrem Kopf stimmt etwas nicht – das merkt man ganz deutlich. Manchmal trägt sie den Fisch die halbe Nacht auf dem Arm, wenn er sich beklagt und ins Wasser will. Dann kommen Wassertropfen aus den Stellen in ihrem Gesicht, mit denen sie einen ansieht, und sie klopft dem Fisch auf den Rücken und gibt leise Laute von sich, um ihn zu beruhigen, und verrät auf hunderterlei Weise Kummer und Besorgnis. Bei anderen Fischen hat sie sich nie so angestellt, und das macht mir Kopfzerbrechen. Die jungen Tiger hat sie auch so herumgetragen und hat mit ihnen gespielt, bevor wir von unserem Grund und Boden vertrieben wurden, aber das war einfach nur Spiel; wenn ihnen das Essen nicht bekommen ist, hat sie nicht soviel Aufhebens gemacht.

278

*Sonntag*
Sie arbeitet nicht an Sonntagen, sondern liegt nur erschöpft da und läßt den kleinen Fisch um sich herumtol-
len; und sie macht alberne Geräusche, um ihn zu unterhalten, und tut so, als kaute sie auf seinen Pfoten, was ihn
zum Lachen bringt. Ich habe noch nie einen Fisch gesehen, der lachen kann. Mir kommen Zweifel ... Finde
Sonntage jetzt selbst ganz schön. Die ganze Woche Aufsicht zu führen, ist doch ermüdend. Es müßte mehr
Sonntage geben. Früher waren sie schwer zu ertragen,
aber jetzt kommen sie mir sehr gelegen.

*Mittwoch*
Es ist kein Fisch. Ich weiß nicht so recht, *was* es ist. Es
macht sonderbar teuflische Geräusche, wenn es unzufrieden ist, und wenn es zufrieden ist, sagt es »gugu«. Es
ist anders als wir, denn es kann nicht gehen; es ist kein
Vogel, denn es kann nicht fliegen; es ist kein Frosch, denn
es kann nicht hüpfen; es ist keine Schlange, denn es kann
nicht kriechen; und ich bin sicher, daß es kein Fisch ist,
obwohl ich noch keine Gelegenheit hatte herauszufin-
den, ob es schwimmen kann oder nicht. Es liegt nur
herum, meistens auf dem Rücken, mit den Beinen in der
Luft. Ich habe noch kein anderes Tier so etwas tun sehen. Ich sagte, es sei für mich ein Mysterium, aber sie
bewunderte nur das Wort, verstand es aber nicht. Meiner Meinung nach ist es entweder ein Mysterium oder
ein Käfer. Wenn es stirbt, werde ich es auseinanderneh-
men und nachsehen, wie es zusammengesetzt ist. Nichts
hat mir bisher so viele Rätsel aufgegeben.

*Drei Monate später*
Die Verwirrung wird immer größer statt kleiner. Ich
schlafe nur noch wenig. Es hat aufgehört herumzuliegen

und geht jetzt auf seinen vier Beinen umher. Trotzdem unterscheidet es sich von anderen vierbeinigen Tieren, denn seine Vorderbeine sind ungewöhnlich kurz; infolgedessen reckt es den Hauptteil seines Körpers hoch in die Luft, was unbequem sein muß und nicht schön aussieht. Es ist ähnlich gebaut wie wir, aber die Art seiner Fortbewegung zeigt, daß es nicht zu uns gehören kann. Die kurzen Beinchen vorne und die langen Hinterbeine beweisen, daß es zur Familie der Känguruhs gehört, allerdings zu einer besonderen Untergattung, denn das richtige Känguruh kann springen, und dieses hier tut das nicht. Es ist aber eine seltsame und sehr interessante Untergattung, die bisher unbekannt war. Ich fand, da ich es entdeckt habe, stünde es mir zu, ihm meinen Namen zu geben, und ich habe es deshalb *Kaengururum Adamiensis* genannt ... Es muß noch sehr jung gewesen sein, als es zu uns kam, denn es ist inzwischen unglaublich gewachsen. Ist jetzt bestimmt fünfmal größer als damals, und wenn es unzufrieden ist, macht es zweiundzwanzig- bis achtunddreißigmal mehr Lärm als am Anfang. Will ich es zwingen still zu sein, wird der Lärm nicht weniger, sondern im Gegenteil. Ich habe diese Methode deshalb aufgegeben. Sie besänftigt es durch gutes Zureden und indem sie ihm Dinge gibt, von denen sie gerade vorher gesagt hat, sie würde sie ihm unter keinen Umständen geben. Wie schon gesagt, ich war nicht zu Hause, als es ankam, und sie erzählte mir, sie habe es im Wald gefunden. Ist zwar sonderbar, daß es nur dieses eine zu geben scheint, aber es muß wohl so sein, denn seit Wochen suche ich verzweifelt nach einem zweiten Exemplar für meine Sammlung, und für dieses hier zum Spielen; es wäre dann wahrscheinlich leiser, und wir könnten es leichter zähmen. Finde aber keins; nicht mal Spuren, was sehr merkwürdig ist. Es lebt doch auf der Erde und kann sich nicht selber helfen, wie kann es sich da fortbewegen, ohne Spuren zu hinterlassen? Habe ein Dutzend Fallen aufgestellt, aber ohne Erfolg. Ich fange alle Arten von kleinen Tieren, nur nicht so eins – lauter Tiere, die wahrscheinlich nur aus Neugierde in die Falle gehen, um zu sehen, warum die Milch da ist. Sie trinken sie aber nie.

*Drei Monate später*
Das Känguruh wächst immer weiter, was sehr seltsam und unerklärlich ist. Ich kenne sonst keins, das so lange weiterwächst. Es hat jetzt Fell auf dem Kopf; nicht wie Känguruhfell, sondern genau wie unser Haar, nur viel feiner und weicher, außerdem nicht schwarz, sondern rot. Die sprunghaften Entwicklungen dieses nicht zu klassifizierenden kleinen Monstrums bringen mich noch zur Verzweiflung. Wenn ich nur ein zweites fangen könnte – aber da komme ich nicht weiter; es gehört zu einer neuen Spezies, und es ist das einzige Exemplar; soviel ist gewiß. Ich fing aber ein richtiges Känguruh und brachte es heim, weil ich dachte, ehe dieses hier gar keine Artverwandten um sich hat, freut es sich in seiner Einsamkeit vielleicht über ein Känguruh oder irgendein anderes Tier, bei dem es sich geborgener fühlt als bei völlig Fremden, die seine Gewohnheiten nicht kennen und ihm nicht begreiflich machen können, daß wir ihm wohlgesonnen sind; war aber ein Fehler – es brach beim Anblick des Känguruhs in solches Geschrei aus, daß ich sicher bin, es hat noch nie zuvor eins gesehen. Ich habe Mitleid mit diesem schreienden Tierchen, kann aber nichts tun, um es glücklicher zu machen. Wenn ich es zähmen könnte – aber das ist ganz unmöglich; je mehr ich es versuche, um so wilder wird es. Es tut mir im Herzen weh mit anzusehen, wie es seine kleinen Anfälle von Schmerz und Wut bekommt.

Wollte es schon freilassen, aber sie war sehr dagegen. Ich fand das grausam von ihr, sah ihr gar nicht ähnlich; aber vielleicht hat sie recht. Es wäre dann sicher noch einsamer, denn wenn *ich* schon kein zweites finden kann, wie soll *ihm* das gelingen?

*Fünf Monate später*
Es ist kein Känguruh. Denn es hält sich an ihrem Finger fest und geht ein paar Schritte auf seinen Hinterbeinen, und dann läßt es sich wieder fallen. Wahrscheinlich ist es eine Art Bär; obwohl es – bis jetzt – keinen Schwanz hat und kein Fell – außer auf dem Kopf. Es wächst immer noch – das ist merkwürdig, denn Bären sind schneller ausgewachsen. Bären sind gefährlich – seit die Katastrophe geschah – und ich werde nicht dulden, daß dieser hier noch länger ohne Maulkorb herumläuft. Ich habe ihr angeboten, ihr ein Känguruh mitzubringen, wenn sie dieses freiläßt, aber es war zwecklos – sie ist nicht davon abzubringen, uns unnötigerweise allen möglichen Gefahren auszusetzen. Sie war ganz anders, bevor sie ihren Verstand verlor.

*Zwei Wochen später*
Ich habe sein Maul untersucht. Bis jetzt besteht keine Gefahr, es hat erst einen Zahn. Hat auch noch keinen Schwanz. Macht mehr Lärm als je zuvor – hauptsächlich nachts. Bin ausgezogen. Ich werde aber immer morgens zum Frühstück hinübergehen und nachsehen, ob es mehr Zähne bekommen hat. Wenn es das Maul voll Zähne hat, ist es Zeit, daß es uns verläßt, mit Schwanz oder ohne, denn um gefährlich zu sein, braucht ein Bär keinen Schwanz.

*Vier Monate später*
Ich war eine Weile weg zum Jagen und Fischen, oben in der Gegend, die sie Buffalo nennt; keine Ahnung warum, außer vielleicht, weil es dort gar keine Büffel gibt. Inzwischen hat der Bär gelernt, ganz allein auf seinen Hinterbeinen herumzuwatscheln, und sagt »Papa« und »Mama«. Er muß zu einer neuen Spezies gehören. Diese Ähnlichkeit mit Wörtern dürfte rein zufällig und völlig ohne Bedeutung sein; aber selbst dann wäre es erstaunlich, denn kein anderer Bär kann das. Die Nachahmung von Sprache und das weitgehende Fehlen von Fell sowie das völlige Fehlen eines Schwanzes lassen klar erkennen, daß es sich hier um eine neue Art von Bär handelt. Es wird sehr interessant sein, ihn weiter zu beobachten. Ich werde jetzt eine Expedition in die fernen Wälder des Nordens unternehmen und intensive Nachforschungen anstellen. Irgendwo muß es doch noch ein zweites Exemplar geben, und dieses hier wird weniger gefährlich sein, wenn es Gesellschaft von seinesgleichen hat. Ich breche jetzt gleich auf; lege ihm aber erst noch einen Maulkorb um.

*Drei Monate später*
Ich bin völlig erschöpft von der Jagd, hatte trotzdem keinen Erfolg. In der Zwischenzeit hat sie, ohne nur einen Schritt vor die Tür zu gehen, ein zweites Exemplar gefangen! Was für ein unglaublicher Glückstreffer! Ich wäre niemals auf dieses Ding gestoßen, und wenn ich noch hundert Jahre durch die Wälder gestreift wäre.

*Nächster Tag*
Ich habe das alte mit dem neuen verglichen und festgestellt, daß sie mit Sicherheit zur selben Gattung gehören. Ich wollte eins von ihnen für meine Sammlung ausstop-

fen, aber aus irgendwelchen Gründen ist sie dagegen; ich habe den Plan daher aufgegeben, obwohl ich meine, daß das sehr schade ist. Falls sie uns entwischen, wäre es ein unersetzlicher Verlust für die Wissenschaft. Das ältere ist zahmer geworden und kann jetzt lachen und reden wie ein Papagei; was es zweifellos von dem Papagei gelernt hat, mit dem es viel zusammen ist, denn es besitzt eine sehr ausgeprägte Nachahmungsgabe. Ich wäre sehr überrascht, wenn sich herausstellte, daß es sich um eine neue Art von Papagei handelt; andererseits sollte ich mich über nichts mehr wundern, denn seit damals, als es ein Fisch war, ist es so ziemlich alles gewesen, was ich kenne. Das neue ist genau so häßlich, wie es das alte zu Anfang war; hat dieselbe schwefelgelbe und blutrote Gesichtsfarbe und genau so einen merkwürdigen Kopf ohne Fell. Sie nennt es Abel.

*Zehn Jahre später*
Es sind Jungen; das haben wir inzwischen entdeckt. Daß wir lange Zeit im unklaren waren, lag daran, daß sie so klein und unfertig aussahen; das war für uns ungewohnt. Inzwischen sind auch ein paar Mädchen da. Abel ist ein netter Junge, aber Kain wäre besser ein Bär geblieben. Ich sehe jetzt ein, daß ich Eva in den ersten Jahren falsch beurteilt habe; es ist schöner, mit ihr außerhalb des Gartens Eden zu leben, als drinnen ohne sie. Anfangs dachte ich ja, sie rede zuviel; aber jetzt täte es mir leid, wenn diese Stimme verstummte und aus meinem Leben verschwände. Der alten Schote sei Dank, die uns zusammenbrachte und mich gelehrt hat zu verstehen, wie gut und liebenswert sie ist!

*Samstag*
Ich bin jetzt fast einen ganzen Tag alt. Ich kam gestern
an. So kommt es mir jedenfalls vor. Und so muß es auch
sein, denn wenn es einen Tag vor gestern gab, dann war
ich nicht da, sonst wüßte ich das doch. Es könnte natürlich sein, daß ich zwar da war, es aber nicht bemerkt
habe. Na, von jetzt an werde ich jedenfalls genau aufpassen, und wenn irgendwelche Vor-gestern-Tage vorkommen, werde ich mir das merken. Es ist wichtig, bei diesen
Aufzeichnungen von Anfang an genau zu sein und nichts
durcheinanderzubringen, denn ich habe das Gefühl, daß
diese Details eines Tages für die Historiker von Bedeutung sein werden. Ich fühle mich nämlich wie eine Versuchsperson, ganz genau wie eine Versuchsperson; niemand könnte sich so sehr als Versuchsperson fühlen wie
ich, und darum bin ich fest davon überzeugt, daß ich das
auch bin – eine Versuchsperson; schlicht und einfach eine
Versuchsperson und nichts anderes.

Aber wenn ich eine Versuchsperson bin, bin ich dann
schon der ganze Versuch? Nein, das glaube ich nicht;
ich glaube, alles andere ist auch Teil des Versuchs. Ich
stehe dabei im Mittelpunkt, aber ich glaube, daß alles
andere dabei auch eine Rolle spielt. Ob meine Stellung
gesichert ist, oder muß ich aufpassen, daß ich sie nicht
verliere? Eher das letztere. Mein Gefühl sagt mir, daß
dauernde Wachsamkeit der Preis für meine Überlegen-
heit ist. (Ein schöner Satz, finde ich, für eine so junge
Person.)

Heute sieht es überall schon besser aus als gestern. Alles sollte noch schnell fertig werden gestern, deshalb blieben an den Bergen scharfe Zacken, und in manchen Ebe-
nen lag soviel Gerümpel und Schutt herum, daß es sehr

unschön wirkte. Große Kunstwerke sollten nicht in Eile geschaffen werden; und diese majestätische neue Welt ist doch wahrhaftig ein großes Werk. Und fast vollkommen, was ganz erstaunlich ist, wenn man bedenkt, wie schnell alles gehen mußte. An einigen Stellen sind zu viele Sterne und an anderen nicht genug, aber das läßt sich bestimmt noch nachbessern. Der Mond hat sich letzte Nacht aus seiner Halterung gelöst und ist heruntergerutscht und verschwunden – ein trauriger Verlust; es bricht mir das Herz, wenn ich daran denke. Es gibt unter den anderen Dekorationen und Verzierungen nichts, was auch nur annähernd so elegant und hübsch aussieht. Man hätte ihn besser befestigen sollen. Hoffentlich läßt er sich wieder-beschaffen –

Aber woher soll man wissen, wohin er verschwunden ist? Und außerdem, wenn ihn jemand findet, wird er ihn verstecken; das weiß ich, denn ich würde es genauso machen. Im allgemeinen bin ich ja ehrlich, aber ich merke jetzt schon, daß ich alles liebe, was schön ist; die Leidenschaft für schöne Dinge macht meinen Wesenskern aus, und es wäre nicht ratsam, mir den Mond einer anderen Person anzuvertrauen, wenn diese Person nicht wüßte, daß ich ihn hätte. Einen Mond, den ich bei Tag fände, würde ich vermutlich wieder hergeben, weil ich Angst hätte, es könnte mich jemand damit gesehen haben; aber wenn ich ihn bei Nacht fände, würde ich mir bestimmt eine Ausrede ausdenken, damit ich ihn nicht wieder hergeben muß. Ich schwärme nämlich für Monde, sie sind so schön romantisch. Ich wünschte, wir hätten fünf oder sechs davon; ich würde nie mehr schlafen gehen; ich würde immerzu im Moos liegen und sie ansehen.

Sterne sind auch etwas Schönes. Ich wünschte, ich hätte ein paar davon, um sie mir ins Haar zu stecken. Werde ich wohl nie bekommen. Es ist erstaunlich, wie weit entfernt sie sind, denn es sieht gar nicht so aus. Als sie letzte Nacht aufgingen, habe ich mit einer Stange versucht, ein paar davon herunterzuholen, konnte sie aber nicht erreichen, was mich sehr verwunderte; dann habe ich es mit Lehmklumpen versucht, bis ich ganz müde war, habe aber keinen getroffen. Es lag daran, daß ich Linkshänderin bin und nicht gut zielen kann. Auch wenn ich nach einem warf, den ich gar nicht haben wollte, traf ich nie den nebendran, obwohl ich ihn manchmal nur ganz knapp verfehlte, denn ich habe vierzig- oder fünfzigmal gesehen, wie der schwarze Schatten des Klumpens mitten in den goldenen Sternhaufen hineinflog und beinahe traf, und mit etwas mehr Ausdauer hätte ich vielleicht doch noch einen erwischt.

Ich habe dann ein bißchen geweint, was ja in meinem Alter ganz normal ist, und nachdem ich mich ein wenig ausgeruht hatte, nahm ich einen Korb und machte mich auf den Weg zu einer Stelle ganz am Rand des großen Kreises, dort wo die Sterne dicht über dem Boden standen und ich sie mit den Händen würde erreichen können, was ja sowieso besser war, weil ich sie dann vorsichtig pflücken konnte, ohne einen zu zerbrechen. War aber weiter als gedacht, so daß ich schließlich aufgab; ich war so müde, daß ich keinen Schritt mehr gehen konnte, und hatte außerdem Blasen an den Füßen, die sehr weh taten.

Ich konnte jetzt nicht mehr umkehren, weil es zu weit war und sehr kalt wurde, ich fand aber einige Tiger und kuschelte mich an sie; sie waren mollig warm, und ihr Atem roch angenehm, da sie sich von Erdbeeren ernähren. Ich hatte bis dahin noch nie einen Tiger gesehen, erkannte sie aber sofort an ihren Streifen. Wenn ich so ein Fell haben könnte, würde ich mir daraus ein hübsches Kleid machen.

Heute weiß ich schon viel mehr über Entfernungen.

Am Anfang wollte ich alles haben, was mir gefiel, und griff spontan danach, aber manchmal war es zu weit weg und manchmal war es nur sechs Zoll entfernt, obwohl es wie ein ganzer Fuß aussah – und leider waren spitze Dornen dazwischen! Ich habe also etwas dazugelernt; ich habe auch eine Lebensweisheit formuliert – meine allererste, und ganz allein: *Die zerkratzte Versuchsperson meidet den Dorn.* Finde das sehr gut für jemanden in meinem Alter.

Ich bin der anderen Versuchsperson gestern nachmittag ein bißchen gefolgt, in einigem Abstand, wollte herauskriegen, wozu sie da ist. Ich konnte es aber nicht feststellen. Ich glaube, daß es sich um einen Mann handelt. Hatte vorher noch nie einen Mann gesehen, es sah aber wie einer aus, und ich bin sicher, daß es einer ist. Ich merke, daß ich auf ihn neugieriger bin als auf die anderen Reptilien. Falls es ein Reptil ist, aber ich glaube schon, es hat nämlich struppiges Haar und blaue Augen und sieht aus wie ein Reptil. Es hat keine Hüften; es läuft nach unten zusammen wie eine Mohrrübe; wenn es dasteht, stellt es Beine auseinander wie ein Bohrturm; ich glaube darum, daß es ein Reptil ist, aber vielleicht ist es auch eine Konstruktion.

Ich hatte anfangs Angst vor ihm und rannte jedesmal weg, wenn es sich umdrehte, weil ich dachte, es würde mich jagen; ich merkte aber allmählich, daß es nur entkommen wollte, und danach war ich nicht mehr so ängstlich und folgte ihm mehrere Stunden lang in einem Abstand von etwa zwanzig Yard, was ihm lästig zu sein schien. Schließlich war es so ärgerlich, daß es auf einen Baum kletterte. Ich wartete ein ganze Weile, dann wurde es mir zu lang, und ich ging nach Hause.

Heute wieder dasselbe. Hab es dazu gebracht, auf einen Baum zu klettern.

## Sonntag

Es sitzt immer noch da oben. Ruht sich anscheinend aus. Aber das sind nur Ausflüchte: Sonntag ist nicht der Tag der Ruhe; dafür ist der Samstag vorgesehen. Ich habe den Eindruck, daß dieses Wesen nichts lieber tut als sich auszuruhen. Ich fände es ermüdend, mich so oft auszuruhen. Es macht mich schon müde dazusitzen und den Baum im Auge zu behalten. Möchte bloß wissen, wozu es da ist; habe noch nie gesehen, daß es irgend etwas tut.

Letzte Nacht wurde der Mond wieder aufgehängt, und ich war richtig glücklich! War sehr anständig, ihn zurückzugeben. Es ist zwar wieder heruntergerutscht und verschwunden, aber diesmal hat es mir nichts ausgemacht; wenn man solche Nachbarn hat, braucht man sich keine Sorgen zu machen, sie werden ihn schon zurückbringen. Ich wünschte, ich könnte mich irgendwie erkenntlich zeigen. Ich würde ihnen gerne ein paar Sterne rüberschicken, denn wir haben mehr, als wir für uns brauchen. Ich meine ich, nicht wir, denn ich merke, daß dem Reptil solche Dinge gleichgültig sind.

Es hat einen schlechten Geschmack und ist unfreundlich. Als ich gestern in der Abenddämmerung hinüberging, war es von seinem Baum gestiegen und versuchte gerade, die kleinen gesprenkelten Fische zu fangen, die im Teich spielen, und ich mußte mit Lehmklumpen nach ihm werfen, damit es sich wieder auf den Baum verzog und sie in Ruhe ließ. Ist es am Ende *das*, wozu es da ist? Hat es denn gar kein Herz? Hat es kein Mitleid mit diesen kleinen Lebewesen? Könnte es sein, daß es entworfen und hergestellt wurde, um solche grobe Arbeit zu machen? Es sieht ganz danach aus. Einer der Lehmklumpen traf es am Hinterkopf, und es rief mir Worte zu. Ich war ganz erschrocken, denn ich hatte noch nie Sprache gehört außer meiner eigenen. Die Worte habe ich zwar nicht verstanden, aber sie klangen sehr ausdrucksvoll.

Als ich merkte, daß es reden kann, fand ich es wieder interessanter, denn ich rede sehr gern; ich rede den ganzen Tag, und auch noch im Schlaf, und ich habe viel zu sagen, aber wenn ich jemanden hätte, mit dem ich reden kann, dann hätte ich zweimal soviel zu sagen und würde, wenn es gewünscht wäre, gar nicht aufhören.

Wenn dieses Reptil ein Mann ist, dann ist es gar kein Es, oder? Das wäre ungrammatisch, stimmt's? Ich denke, es müßte ein Er sein. Da bin ich sicher. In diesem Fall würde man so deklinieren: Nominativ: *er*; Dativ: *ihm*; Genitiv: *ihm sein*. Schön, ich werde es also als Mann betrachten und *er* zu ihm sagen, bis es sich als etwas anderes herausstellt. Das ist einfacher als diese ständigen Ungewißheiten.

*Folgende Woche, Sonntag*
Die ganze Woche lang bin ich ihm auf den Fersen geblieben und habe versucht, Bekanntschaft zu schließen. Reden mußte ich, denn er war zu schüchtern, aber das hat mir nichts ausgemacht. Es hat ihm anscheinend gefallen, daß ich in seiner Nähe war, und ich habe oft das gesellige »Wir« gebraucht, denn er hat es offenbar gern, wenn er einbezogen wird.

*Mittwoch*
Wir kommen inzwischen sehr gut miteinander aus und lernen uns immer besser kennen. Er versucht nicht mehr, mir aus dem Weg zu gehen, und das ist ein gutes Zeichen, weil es zeigt, daß er mich gerne um sich hat. Darüber freue ich mich, und ich bemühe mich, ihm nützlich zu sein, wo ich nur kann, damit ich in seiner Achtung steige. In den letzten ein oder zwei Tagen habe ich ihm die

Mühe des Namengebens völlig abgenommen, was für ihn eine große Hilfe war, denn er ist dafür ganz unbegabt und war mir deshalb sichtlich dankbar. Er kann sich anstrengen, wie er will, ihm fallen einfach keine vernünftigen Namen ein, aber ich lasse ihn nicht spüren, daß ich von seiner Schwäche weiß. Jedesmal, wenn ein neues Lebewesen daherkommt, gebe ich ihm schnell einen Namen, bevor er sich für sein verlegenes Schweigen schämen muß. Auf diese Weise habe ich ihm schon viele Peinlichkeiten erspart. Ich habe diese Schwierigkeiten nicht. Ich brauche ein Tier nur zu sehen, und schon weiß ich, wie es heißt. Ich muß da gar nicht nachdenken; sofort habe ich einen Namen dafür, wie durch eine Eingebung, und es muß Eingebung sein, denn eine halbe Minute vorher kannte ich diesen Namen noch gar nicht. Es ist, als ob mir die Gestalt eines Lebewesens und sein Verhalten sagten, um welches Tier es sich handelt.

Als zum Beispiel der Uhu daherkam, dachte er, es sei eine Wildkatze – das sah ich ihm an der Nasenspitze an. Aber ich habe ihn vor diesem Irrtum bewahrt. Und ich ging dabei behutsam vor und habe es so gemacht, daß er nicht in seinem Stolz verletzt wurde. Ich rief freudig überrascht, und es klang ganz echt und gar nicht so, als wollte ich ihn belehren: »Na so was, das ist ja ein Uhu!« Und dann erklärte ich ihm – ohne daß es sich wie eine Erklärung anhörte –, woran ich gemerkt hatte, daß es ein Uhu war, und obwohl ich den Eindruck hatte, daß er ein ganz klein wenig pikiert war, weil ich den Vogel erkannt hatte und er nicht, war seine Hochachtung ganz unverkennbar. Das hat mir sehr gutgetan, und ich mußte noch ein paarmal voll Stolz daran denken, bevor ich einschlief. Auch kleine Dinge können uns glücklich machen, wenn wir spüren, daß wir sie uns verdient haben!

## Donnerstag

Mein erster Kummer. Gestern hat er mich gemieden und wollte anscheinend nicht, daß ich mit ihm spreche. Ich konnte es gar nicht glauben und dachte, das müsse ein Irrtum sein, denn ich fand es doch so schön, bei ihm zu sein und ihm zuzuhören, und warum war er dann so abweisend, wenn ich ihm doch gar nichts getan hatte? Aber so war es nun mal, und da ging ich weg und ließ mich einsam und allein dort nieder, wo ich ihn zum ersten Mal gesehen hatte an dem Morgen, als wir geschaffen wurden, und als ich noch nicht wußte, was er war, und noch ganz gleichgültig gegen ihn war; aber jetzt war das ein trauriger Ort, und jede Kleinigkeit erinnerte mich an ihn, und mein Herz tat mir sehr weh. Ich wußte gar nicht so recht, warum, denn das war für mich ein neues Gefühl; so etwas hatte ich noch nie gefühlt, es ist mir ein Rätsel und völlig unerklärlich.

Aber als es Abend wurde, konnte ich meine Einsamkeit nicht länger ertragen und ging zu der Hütte, die er gebaut hat, um ihn zu fragen, was ich ihm denn getan hätte und wie ich es wiedergutmachen könnte, so daß er wieder nett zu mir wäre; aber er hat mich einfach rausgeschickt in den Regen, und das war mein erster Kummer.

## Sonntag

Heute ist das Wetter wieder schön, und mir geht es gut; aber das waren schwere Tage; ich will gar nicht an sie denken, wenn ich es vermeiden kann.

Ich habe versucht, ihm ein paar von diesen Äpfeln zu besorgen, aber ich schaffe es einfach nicht, geradeaus zu werfen. Es wurde also nichts daraus, aber ich glaube, er hat sich über die gute Absicht gefreut. Sie sind uns verboten, und er sagt, ich würde deswegen noch mal Ärger bekommen; aber wenn ich Ärger bekomme, weil ich ihm eine Freude machen will, dann macht mir das nichts aus.

## Montag

Heute morgen habe ich ihm meinen Namen gesagt und gehofft, daß er sich dafür interessiert. Aber er war ihm gleichgültig. Das ist merkwürdig. Wenn er mir seinen Namen sagen würde, wäre mir das überhaupt nicht gleichgültig. Er würde in meinen Ohren bestimmt lieblicher klingen als alles andere.

Er redet nur wenig. Liegt vielleicht daran, daß er nicht besonders klug ist und daß er sich deswegen schämt und es verbergen möchte. Schade, daß er so denkt, denn was ist schon Klugheit? auf die inneren Werte kommt es doch an. Ich wünschte, ich könnte ihm begreiflich machen, daß ein liebendes, gutes Herz wahren Reichtum bedeutet, und ohne das ist Klugheit nichts als Armut.

Obwohl er so wenig redet, hat er einen ganz beachtlichen Wortschatz. Hat heute morgen ein erstaunlich gutes Wort gebraucht. Anscheinend ist ihm selber aufgefallen, daß es gut war, denn er hat es danach noch zweimal wie beiläufig verwendet. Die Beiläufigkeit wirkte nicht sehr überzeugend, aber man merkte zumindest, daß er eine gewisse Intelligenz besitzt, die sich ohne Zweifel noch weiter entwickeln läßt.

Woher er dieses Wort wohl hatte? Ich selbst habe es noch nie benutzt, soweit ich mich erinnere.

Nein, er war an meinem Namen nicht interessiert. Ich bemühte mich, mir die Enttäuschung nicht anmerken zu lassen, aber vermutlich ist es mir nicht gelungen. Ich ging weg und setzte mich ins Gras am Teich, wo ich meine Füße im Wasser baumeln ließ. Dort gehe ich immer hin, wenn ich Gesellschaft suche – jemanden, den ich ansehen und mit dem ich reden kann. Es genügt mir zwar nicht – dieser schöne weiße Körper, der dort ins Wasser gemalt ist – aber es ist wenigstens etwas, und alles ist besser als völlige Einsamkeit. Das Bild spricht, wenn ich spreche; es ist traurig, wenn ich traurig bin; es tröstet mich mit seinem Mitgefühl; es sagt: »Kopf hoch, du armes, verlassenes Mädchen; ich halte ja zu dir.« Es hält wirklich zu mir, als einziges; es ist meine Schwester.

Ich werde nie vergessen, wie sie mich einmal im Stich ließ – nie, nie nie! Mein Herz wurde schwer wie Blei! Ich dachte: »Sie war alles, was ich hatte, und jetzt ist sie verschwunden!« In meiner Verzweiflung rief ich aus: »Brich, mein Herz; ich ertrage das Leben nicht mehr!« und schlug die Hände vors Gesicht, so untröstlich war ich. Und als ich nach einer Weile die Hände wegnahm, war sie wieder da – weiß und schimmernd und schön, und ich fiel ihr in die Arme!

Das war das vollkommene Glück; ich war schon früher glücklich gewesen, aber das war nicht dasselbe. Diesmal war es Seligkeit. Danach habe ich nie mehr an ihr gezweifelt, auch wenn sie manchmal nicht erschien – vielleicht eine Stunde, vielleicht einen ganzen Tag lang; dann wartete ich ruhig und sagte mir: »Sie hat wohl zu tun, oder vielleicht ist sie verreist, aber sie wird wiederkommen.« Und das tat sie jedesmal. Nachts, wenn es ganz dunkel war, kam sie nicht, denn sie war ein ängstliches kleines Ding; aber wenn der Mond schien, dann kam sie. Ich fürchte mich nicht im Dunkeln, aber sie ist ja jünger als ich; sie wurde nach mir geboren. Wie oft habe ich sie schon besucht; sie ist meine Zuflucht und mein Trost, wenn mir das Leben zur Bürde wird – und das wird es oft.

*Dienstag*
Den ganzen Vormittag war ich damit beschäftigt, das Anwesen ein bißchen zu verschönern; und dabei hielt ich mich bewußt von ihm fern, weil ich hoffte, er würde sich dann einsam fühlen und zu mir kommen. Aber das tat er nicht.

Gegen Mittag nahm ich mir den restlichen Tag frei und lief zum Vergnügen hinter den Bienen und Schmetterlingen her und freute mich an den Blumen, diesen wunderschönen Geschöpfen, die das Lächeln Gottes einfangen und aufbewahren! Ich pflückte einige und machte daraus Kränze und Girlanden, mit denen ich mich schmückte, während ich zu Mittag aß – Äpfel natürlich; dann setzte ich mich in den Schatten und wartete und hoffte. Aber er kam nicht.

Na wenn schon. Es wäre sowieso nichts daraus geworden, denn er interessiert sich nicht für Blumen. Er nennt sie Unkraut und kann sie nicht voneinander unterscheiden und glaubt, er wäre was Besseres, weil er so denkt. Er interessiert sich nicht für mich, er interessiert sich nicht für Blumen, er interessiert sich nicht für den bunt bemalten Himmel am Abend – gibt es eigentlich irgend etwas, für das er sich interessiert, außer Hütten zu bauen, in die er sich vor dem erfrischenden Regen verkriecht, und die Melonen zu betatschen und Trauben zu kauen und die Früchte an den Bäumen zu befingern, um zu sehen, ob es eine gute Ernte wird?

Ich habe ein trockenes Stück Holz auf den Boden gelegt und versucht, mit einem kleinen Ast ein Loch hineinzubohren, weil ich damit etwas vorhatte, und plötzlich bekam ich einen furchtbaren Schrecken! Ein feiner, durchsichtiger bläulicher Dunst stieg aus dem Loch auf, und ich ließ alles stehen und liegen und rannte weg! Ich dachte, es sei ein Geist, und hatte richtig Angst! Als ich mich umsah und er mir nicht folgte, lehnte ich mich keuchend an einen Felsen, um mich auszuruhen und abzuwarten, bis meine Beine nicht mehr zitterten; dann schlich ich vorsichtig zurück, wobei ich mich ständig umsah – bereit, jederzeit davonzurennen, falls es nötig wäre; und als ich ganz nahe war, schob ich die Ranken eines Rosenstrauchs auseinander – wobei ich wünschte, der Mann wäre in der Nähe, weil ich so verwegen und hübsch aussah –, aber der Geist war verschwunden. Ich ging hin und sah in dem Loch ein wenig rötlichen Staub. Als ich einen Finger hineinsteckte, um ihn zu betasten, rief ich *Autsch!* und zog ihn schnell wieder heraus. Es tat schrecklich weh. Ich steckte den Finger in den Mund; und ich sprang von einem Bein aufs andere und grunzte dabei, und dadurch ließ der Schmerz bald nach; nun war ich neugierig und ging daran, das genauer zu untersuchen.

Ich wollte wissen, was der rötliche Staub war. Auf einmal fiel mir sein Name ein, obwohl ich ihn vorher noch nie gehört hatte. Es war Feuer! Davon war ich so fest überzeugt, wie man es nur sein kann, und ohne zu zögern gab ich ihm diesen Namen – Feuer.

Ich hatte etwas geschaffen, das es vorher nicht gab; ich hatte den zahllosen Dingen auf dieser Welt ein neues hinzugefügt; darüber war ich mir im klaren, und ich war stolz auf meine Leistung und wollte schon losrennen, um ihn zu suchen und ihm davon zu erzählen, weil ich hoffte, damit in seiner Achtung zu steigen – aber dann überlegte ich es mir anders und ließ es bleiben. Nein – er würde sich ja doch nicht dafür interessieren. Er würde bloß fragen, wozu das denn *nütze* sein solle, und was konnte ich ihm darauf antworten? Denn wenn es zu nichts nütze war, sondern nur schön, ganz einfach nur schön –

Also seufzte ich und rannte nicht los. Es war ja zu nichts nütze; es konnte keine Hütte bauen, es konnte die Melonen nicht verbessern, es konnte die Obsternte nicht beschleunigen; es war völlig nutzlos, eine Dummheit, eine Spielerei; er würde sich darüber lustig machen und Worte sagen, die mir weh taten. Für mich war das aber nichts zum Lachen; ich sagte: »O ich liebe dich, Feuer, du zartes rötliches Wesen, denn du bist *wunderschön* – und das genügt mir!« Schon wollte ich es an mein Herz drücken. Aber dann tat ich es doch nicht. Mir fiel nämlich aus heiterem Himmel meine zweite Lebensweisheit ein, die der ersten allerdings so ähnlich war, daß ich schon befürchtete, es handle sich um ein Plagiat: *»Die gebrannte Versuchsperson scheut das Feuer.«*

Ich machte mich wieder ans Werk; und als ich genug glühenden Staub gemacht hatte, schüttete ich ihn in eine Handvoll trockenes, braunes Gras, um ihn mit nach Hause zu nehmen und dort mit ihm zu spielen; aber plötzlich kam ein Windstoß, und der Staub wirbelte auf und biß nach mir, so daß ich ihn fallen ließ und wegrannte. Als ich mich umdrehte, war der blaue Geist ganz groß geworden und trieb davon wie eine Wolke, und im selben Augenblick fiel mir sein Name ein – *Rauch!* – dabei hatte ich wirklich und wahrhaftig noch nie etwas von Rauch gehört.

Bald schossen gelbe und rote Zungen hell durch den Rauch, und ich gab ihnen auf der Stelle ihren Namen – *Flammen* –, und der Name war genau richtig, obwohl das die allerersten Flammen waren, die es auf der Welt gegeben hatte. Sie kletterten auf die Bäume, sie zuckten leuchtend aus dem immer dichter und höher werdenden Rauch, so daß ich vor Entzücken in die Hände klatschte und lachte und tanzte, denn das alles war ja so neu und sonderbar und so wunderbar und schön!

Er kam angerannt und blieb dann stehen und machte große Augen und sagte ein paar Minuten lang kein Wort. Dann fragte er, was das denn sei. Ach, wie schade, daß er so direkt fragte. Darauf mußte ich natürlich antworten, und das tat ich auch. Ich sagte, es sei Feuer. Wenn es ihn geärgert hat, daß ich das wußte und er nicht, dann ist das nicht meine Schuld. Ich wollte ihn nicht ärgern. Nach einer Weile fragte er:

»Und wo kommt das her?«

Noch so eine direkte Frage, auf die ich ihm eine direkte Antwort geben mußte:

»Ich hab's gemacht.«

Das Feuer entfernte sich immer weiter. Er ging dorthin, wo es gebrannt hatte, betrachtete den schwarzen Boden und fragte:

»Was ist das?«

»Kohle.«

Er hob etwas davon auf und sah es an, dann überlegte er es sich anders, warf es weg und ging. Er interessiert sich rein für *gar nichts!*

Aber ich interessiere mich. Überall lag Asche, grau und weich und fein und hübsch – ich wußte sofort, was das war. Und Glut, die kannte ich auch. Ich freute mich, als ich meine Äpfel entdeckte, und angelte mit einem Stock danach; ich bin ja noch jung und habe einen herzhaften Appetit. Aber ich wurde enttäuscht; die Äpfel waren alle aufgeplatzt und häßlich; aber sie sahen nur häßlich aus, schmeckten aber besser als rohe. Feuer ist etwas Schönes; ich glaube, eines Tages wird es auch zu etwas nütze sein.

*Freitag*

Ich habe ihn wiedergesehen, ganz kurz, am letzten Montag bei Einbruch der Dämmerung, aber nur ganz kurz.

Ich hatte gehofft, er würde mich dafür loben, daß ich versucht hatte, das Anwesen zu verschönern, denn ich hatte es gut gemeint und hatte mir viel Mühe gegeben. Aber es hat ihm nicht gefallen, und er drehte sich einfach um und ging weg. Und noch etwas hat ihm nicht gefallen: ich habe wieder versucht, ihn davon abzuhalten, sich den Wasserfall hinuntertreiben zu lassen. Und zwar deshalb, weil ich durch das Feuer eine ganz neue Empfindung kennengelernt habe – sie ist völlig anders als Liebe, Kummer und die anderen, die ich schon entdeckt hatte – *Angst*. Und sie ist furchtbar! – Ich wünschte, ich hätte sie nie entdeckt; sie läßt alles um mich dunkel werden, macht mich unglücklich, läßt mich zittern und schaudern und beben. Aber ich konnte ihn nicht davon abbringen, denn er hat die Angst noch nicht entdeckt und konnte mich daher nicht verstehen.

## Aus Adams Tagebuch

Ich darf nicht vergessen, daß sie sehr jung ist, fast noch ein Mädchen, und ich sollte wahrscheinlich nachsichtig sein. Sie ist ganz Neugier, Tatendrang, Lebensfreude, die Welt ist für sie voller Zauber, Wunder, Mysterien, Entzücken; vor lauter Begeisterung bringt sie kein Wort heraus, wenn sie eine neue Blume entdeckt hat, sie muß sie streicheln und liebkosen und daran riechen und mit ihr reden und ihr allerhand Kosenamen geben. Und sie ist verrückt nach Farben: braune Felsen, gelber Sand, graue Flechten, grünes Laub, blauer Himmel; das Perlmutt des Morgenhimmels, die violetten Schatten auf den Bergen, die Inseln von Gold, die bei Sonnenuntergang in einem karminroten Meer schwimmen, der bleiche Mond, der durch zerklüftete Wolkenberge zieht, die diamantenen Sterne, die in den Weiten des Raumes funkeln – nichts davon ist, soweit ich sehe, von praktischem Nutzen, aber ihr genügt es, daß sie bunt und prachtvoll sind, dann ist sie wie von Sinnen. Wenn sie nur ein bißchen ruhiger würde und mal ein paar Minuten stillhielte – was wäre das für ein wohltuender Anblick! Ich würde sie dann wahrscheinlich ganz gerne ansehen; ja, ich weiß ziemlich genau, daß es so wäre, denn ich merke allmählich, daß sie ein außerordentlich hübsches Wesen ist – biegsam, schlank, lieblich, wohlgeformt, beweglich, graziös; und einmal, als sie marmorweiß im hellen Sonnenschein auf einem Felsen stand, den jungen Kopf zurückgelegt und mit einer Hand die Augen vor dem Licht schützend, während sie den Flug eines Vogels verfolgte, da wurde mir klar, daß sie schön ist.

*Montagmittag*
Wenn es irgend etwas auf diesem Planeten gibt, für das sie sich nicht interessiert, dann habe ich es noch nicht entdeckt. Es gibt Tiere, für die ich nichts übrig habe, aber bei ihr ist das anders. Sie macht keine Unterschiede und mag alle gleich gern, sie findet eins so wertvoll wie das andere, und jedes neue ist ihr willkommen.

Als der mächtige Brontosaurus in unser Lager getrampelt kam, sah sie in ihm nur ein neues Mitglied des Haushalts, während ich ihn als Katastrophe betrachtete; das ist ein gutes Beispiel dafür, wie weit unsere Ansichten auseinandergehen. Sie wollte ihn domestizieren, während ich ihm unsere Behausung als Geschenk überlassen und mich woanders niederlassen wollte. Sie war überzeugt davon, daß man ihn durch freundliches Zureden zähmen und zu einem lieben Haustier machen könne; ich sagte, ein Haustier, das einundzwanzig Fuß groß und vierundachtzig Fuß lang ist, sei für unsere Wohnverhältnisse ungeeignet, denn es könnte sich jederzeit versehentlich und ohne böse Absicht auf unsere Hütte setzen und sie zermalmen, und man sehe es ja an seinem Blick, daß dieses Tier etwas zerstreut sei.

Sie wollte aber unbedingt dieses Ungeheuer behalten. Sie meinte, wir könnten damit einen milcherzeugenden Betrieb aufmachen, und wollte, daß ich ihr beim Melken helfe; aber ich lehnte ab; mir war das zu riskant. Das Geschlecht stimmte nicht; und außerdem besaßen wir keine Leiter. Dann wollte sie darauf reiten und sich die Gegend ansehen. Dreißig oder vierzig Fuß seines Schwanzes lagen auf der Erde wie ein umgestürzter Baum, und sie glaubte, sie könnte daran hinaufklettern, aber von wegen; als sie an das steile Stück kam, war es zu glatt, und im Nu war sie wieder unten und hätte sich sehr weh getan, wenn ich nicht dagewesen wäre.

Man sollte glauben, jetzt sei sie zufrieden gewesen, aber nein! sie gibt sich erst zufrieden, wenn etwas experimentell bewiesen ist; Spekulationen sind nicht ihre Sache, sie will davon nichts hören. Zugegeben, das ist die richtige Einstellung; sie gefällt mir; wenn ich mehr mit ihr zusammen wäre, würde ich sie mir wahrscheinlich zu eigen machen. Also, sie hatte da noch eine letzte Theorie, was diesen Koloß betraf: sie dachte, wir könnten ihn zähmen und zutraulich machen, und dann könnten wir ihn in den Fluß stellen und als Brücke benutzen. Wie sich herausstellte, war er schon ziemlich zahm – jedenfalls soweit es sie betraf – aber als sie ihre Theorie testen wollte, ging die Sache schief: jedesmal, wenn sie ihn im Flußbett aufgestellt hatte und zurück ans Ufer ging, um über ihn hinweg auf die andere Seite zu gelangen, drehte er sich um und lief ihr nach wie ein monumentales Schoßhündchen. Wie die anderen Tiere. Sie tun das alle.

*Freitag*

Dienstag – Mittwoch – Donnerstag – und heute: vier Tage habe ich ihn nicht gesehen. Das ist eine lange Zeit, um allein zu sein; aber besser allein als immer abgewiesen werden.

Aber ich mußte Gesellschaft haben – dafür bin ich nun mal geschaffen, denke ich – und darum freundete ich mich mit den Tieren an. Sie sind ganz bezaubernd und liebenswert und so angenehm im Umgang; nie ziehen sie ein schiefes Gesicht, nie geben sie einem das Gefühl, man störe sie nur, sie lächeln einen an und wedeln mit dem Schwanz, wenn sie einen haben, und immer sind sie einverstanden mit einem kleinen Spaziergang oder einer Wanderung oder was man ihnen sonst vorschlägt. Ich finde, sie sind wahre Gentlemen. Wir haben soviel Spaß zusammen gehabt in diesen letzten Tagen, und nie habe ich mich einsam gefühlt. Einsam? Im Gegenteil! Immer sind ganze Herden um mich herum – manchmal bedecken sie vier, fünf Morgen – unmöglich, sie zu zählen; und wenn man mitten unter ihnen auf einem Felsen steht und ringsum auf die bepelzten Rücken blickt, dann ist das im Sonnenschein so lustig bunt gefleckt und gewellt und gestreift und glänzend, daß man glauben könnte, man stünde in einem See, aber natürlich weiß man, daß es kein richtiger See ist; und dann sind da ganze Wolken von geselligen Vögeln und richtige Stürme von flatternden Flügeln; und wenn die Strahlen der Sonne auf dieses gefiederte Treiben fallen, dann ist da auf einmal ein solches Leuchten in allen nur denkbaren Farben, daß es einen fast blendet.

Wir haben ausgedehnte Wanderungen unternommen, und ich habe viel von der Welt gesehen; fast alles, glaube ich; so daß ich die erste Reisende bin und auch die einzige. Es ist ein imposanter Anblick, uns auf der Wanderschaft zu sehen – nirgends gibt es etwas Vergleichbares. Wenn ich es bequem haben will, reite ich auf einem Tiger oder Leoparden, denn sie sind so weich, und an ihren biegsamen Rücken kann ich mich gut anschmiegen, und außerdem sind sie so hübsche Tiere; aber auf langen Strekken oder wenn ich etwas von der Gegend sehen möchte, reite ich auf einem Elefanten. Mit seinem Rüssel hebt er mich dann hinauf, aber herunter komme ich ganz alleine; wenn wir Rast machen wollen, setzt er sich hin, und dann rutsche ich hinten hinunter.

Die Vögel und die anderen Tiere gehen alle sehr freundlich miteinander um und streiten sich nie. Sie können alle sprechen, und sie sprechen auch mit mir, aber es muß eine fremde Sprache sein, denn ich verstehe kein einziges Wort; sie verstehen aber oft, was ich zu ihnen sage, vor allem der Hund und der Elefant. Dann schäme ich mich. Denn es zeigt, daß sie klüger sind als ich und daß sie mir überlegen sind. Das ärgert mich, denn ich wäre gern die oberste Versuchsperson – und die werde ich auch sein.

Ich habe einiges gelernt und bin jetzt gebildet, und das war ich zu Anfang nicht. Zu Anfang hatte ich von nichts eine Ahnung. Das hat mich zuerst gestört, denn obwohl ich genau aufpaßte, war ich doch nicht schlau genug, zur Stelle zu sein, wenn das Wasser bergauf floß; aber jetzt macht mir das nichts mehr aus. Ich habe Versuch über Versuch gemacht, und jetzt weiß ich, daß Wasser nie bergauf fließt außer bei Dunkelheit. Im Dunkeln fließt es aber bergauf, das weiß ich, denn der Teich trocknet nie aus, und das täte er natürlich, wenn das Wasser in der Nacht nicht zurückkäme. Das beste ist, wenn man etwas durch Versuche beweist, dann hat man *Gewißheit*; wenn man sich dagegen auf Raten, Vermutungen und Intuitionen verläßt, wird man nie gebildet.

Hinter manche Dinge kommt man *nie*, aber daß das so ist, lernt man nicht durch Raten und Vermuten: nein, man muß geduldig sein und immer neue Versuche anstellen, bis man dahinterkommt, daß man nicht dahinterkommen kann. Und es macht Spaß, so zu denken, denn die Welt wird dadurch sehr, sehr interessant. Wenn es nichts gäbe, hinter das man gerne kommen möchte, dann wäre alles schrecklich langweilig. Und wenn man versucht, etwas herauszubekommen und es nicht herausbekommt, dann ist das genauso interessant, wie wenn man versucht, etwas herauszubekommen, und es herausbekommt, und vielleicht sogar noch interessanter. Das Geheimnis des Wassers war für mich eine Kostbarkeit, bis ich dahinterkam; danach war die ganze Spannung weg, und ich spürte eine Leere.

Aufgrund meiner Versuche weiß ich, daß Holz schwimmt und dürre Blätter und Federn und noch vieles andere; und nimmt man diese Beobachtungen zusammen, dann spricht alles dafür, daß auch ein Felsbrocken schwimmt; allerdings muß es vorerst bei der Annahme bleiben, denn beweisen läßt es sich nicht – bis jetzt jedenfalls. Aber irgendwann werde ich es beweisen können – und dann wird auch diese Spannung dahin sein. Das macht mich ganz traurig, denn wenn ich eines Tages alles herausbekommen habe, dann wird es überhaupt keine Spannung mehr geben, und ich finde es doch so schön, auf etwas gespannt zu sein! Neulich konnte ich gar nicht einschlafen, weil ich dauernd daran denken mußte.

Zuerst konnte ich mir nicht vorstellen, wozu ich geschaffen worden bin, aber ich glaube, jetzt weiß ich, daß ich geschaffen worden bin, um die Geheimnisse dieser wunderbaren Welt zu erforschen und mich zu freuen und dem Geber dafür zu danken, daß er alles so gemacht hat, wie es ist. Es gibt bestimmt noch viele Dinge zu lernen – zumindest hoffe ich das; und wenn ich sie mir einteile und nicht zu schnell vorgehe, wird der Vorrat noch für viele Wochen reichen. Das hoffe ich inständig. Wenn man eine Feder in die Luft wirft, schwebt sie davon, bis man sie nicht mehr sieht; aber wirft man einen Lehmklumpen hoch, tut er das nicht. Er kommt jedesmal wieder herunter. Ich hab's wieder und wieder versucht, und es ist jedesmal dasselbe. Warum nur? Natürlich kommt er *nicht wirklich* herunter, aber warum sieht es dann so aus? Vermutlich ist es eine optische Täuschung. Ich meine – eins von beiden ist eine Täuschung, ich weiß nur nicht, welches. Vielleicht die Feder, vielleicht der Lehmklumpen; ich kann's nicht mit Bestimmtheit sagen, ich kann nur zeigen, daß eins von beiden auf einem Irrtum beruht, den Rest muß jeder für sich entscheiden.

Durch meine Beobachtungen weiß ich, daß die Sterne nicht lange halten werden. Ich habe gesehen, wie einige der schönsten von ihnen geschmolzen und am Himmel heruntergelaufen sind. Und wenn einer schmelzen kann, dann können sie alle schmelzen; und wenn sie alle schmelzen können, dann könnten sie's alle in ein und derselben Nacht tun. Dieser Kummer ist unvermeidlich – da bin ich sicher. Ich habe vor, mich jede Nacht hinzusetzen und sie so lange zu betrachten, wie ich wachbleiben kann; und ich will mir diese glitzernden Weiten ganz fest ins Gedächtnis einprägen, damit ich diese wunderschöne Schar, wenn sie nach und nach vergeht, in meiner Phantasie wieder an den schwarzen Himmel heften und funkeln lassen kann, und durch die Tränen in meinen Augen werde ich noch einmal so viele sehen.

Wenn ich zurückblicke, kommt mir der Garten wie ein Traum vor. Er war schön, unendlich schön, bezaubernd schön; nun ist er verloren, und ich werde ihn nie wiedersehen.

Der Garten ist verloren, aber ich habe *ihn* gefunden und bin deshalb zufrieden. Er liebt mich, so gut er es kann; ich liebe ihn mit der ganzen Kraft meines leidenschaftlichen Wesens, wie es meiner Jugend und meinem Geschlecht zukommt. Ich frage mich manchmal, warum ich ihn liebe, weiß aber keine Antwort darauf, und eigentlich will ich es auch gar nicht wissen; deshalb nehme ich an, daß diese Art von Liebe nichts ist, was man erklären und berechnen kann wie die Liebe zu anderen Tieren oder Reptilien. So muß es wohl sein. Manche Vögel liebe ich wegen ihres Gesangs; aber Adam liebe ich nicht wegen seines Gesangs – nein, ganz und gar nicht; je mehr er singt, um so weniger kann ich mich daran gewöhnen. Trotzdem bitte ich ihn zu singen, denn ich möchte alles lieben lernen, was ihm Freude macht. Ich kann es bestimmt lernen, denn zuerst konnte ich sein Singen nicht ausstehen, und jetzt kann ich es. Die Milch wird davon sauer, aber das macht nichts: ich werde mich an diese Art von Milch gewöhnen.

Ich liebe ihn auch nicht wegen seines Verstandes – nein, ganz und gar nicht. Er kann ja nichts für den Verstand, den er hat, er hat ihn sich nicht ausgesucht; er ist so, wie Gott ihn schuf, und das genügt mir. Es wird schon gute Gründe dafür geben, davon bin ich überzeugt. Im Lauf der Zeit wird er sich sicher noch entwickeln, wenn auch nicht sehr schnell; aber wir haben ja keine Eile damit, er ist ganz in Ordnung, so wie er ist.

Ich liebe ihn auch nicht, weil er besonders höflich oder rücksichtsvoll wäre oder zartfühlend. Nein, in dieser Hinsicht mangelt es ihm noch an vielem, aber vorläufig genügt es, und er bessert sich schon.

Ich liebe ihn auch nicht, weil er so fleißig wäre – nein, ganz und gar nicht. Die Veranlagung dazu hat er, glaube ich, aber er verbirgt sie vor mir, warum, weiß ich nicht. Das ist mein einziger Kummer. Denn sonst ist er jetzt offen und ehrlich. Ich bin sicher, daß er mir sonst nichts vorenthält. Es tut mir weh, daß er ein Geheimnis vor mir hat, und manchmal kann ich gar nicht schlafen, weil ich daran denken muß, aber ich will versuchen, es zu vergessen; sonst verdirbt es mir nur mein Glück, das im übrigen übergroß ist.

Ich liebe ihn auch nicht wegen seines Wissens – nein, ganz und gar nicht. Er hat sich selbst viel beigebracht und weiß wirklich eine Menge, aber umwerfend ist es trotzdem nicht.

Ich liebe ihn auch nicht, weil er so ritterlich wäre – nein, ganz und gar nicht. Er hat mich angeschwärzt, aber ich mache ihm daraus keinen Vorwurf; das muß eine Besonderheit seines Geschlechts sein, und er hat sich ja sein Geschlecht nicht gewählt. Ich hätte ihn natürlich niemals angeschwärzt, lieber wäre ich gestorben; aber das ist wohl auch eine Besonderheit meines Geschlechts, für die ich kein Lob verdiene, da ich mir mein Geschlecht nicht gewählt habe.

Warum liebe ich ihn also dann? Einfach deshalb, *weil er ein Mann ist*, glaube ich.

Im Grunde ist er gut, und dafür liebe ich ihn, aber ich könnte ihn auch ohne das lieben. Auch wenn er mich schlüge und beschimpfte, würde ich ihn immer noch lieben. Das weiß ich genau. Es hat auch etwas mit dem Geschlecht zu tun, denke ich.

Er ist stark und sieht gut aus, und dafür liebe ich ihn, und ich bewundere ihn und bin stolz auf ihn, aber wenn er das nicht wäre, würde ich ihn trotzdem lieben. Ich würde ihn lieben, wenn er häßlich wäre; ich würde ihn lieben, wenn er gebrechlich wäre; und ich würde für ihn arbeiten und mich abmühen und für ihn beten und an seinem Bett wachen bis an mein Ende.

Ja, ich glaube, ich liebe ihn einfach deshalb, weil er *mein* ist und ein *Mann* ist. Eine anderen Grund gibt es wohl nicht. Und darum ist es so, wie ich schon sagte: diese Art von Liebe ist nichts, was man erklären und berechnen kann. Sie kommt einfach über einen – niemand weiß, woher – ganz ohne Begründung. Und die ist auch nicht nötig.

So sehe ich diese Dinge. Aber ich bin noch jung und die erste, die sich darüber Gedanken gemacht hat, und vielleicht wird sich herausstellen, daß ich mich in meiner Unwissenheit und Unerfahrenheit geirrt habe.

### Vierzig Jahre später

Ich bete und hoffe, daß wir bis ans Ende unserer Tage zusammenbleiben – und diese Hoffnung soll nie von dieser Erde schwinden, sondern im Herzen jeder liebenden Frau sein bis ans Ende aller Zeiten; und sie soll meinen Namen tragen.

Aber wenn eins von uns beiden zuerst gehen muß, dann bete ich, daß ich es bin; denn er ist stark und ich bin schwach; er braucht mich nicht so dringend, wie ich ihn brauche – ein Leben ohne ihn wäre kein Leben; wie könnte ich es ertragen? Auch dieses Gebet ist unsterblich und wird fortleben, so lange es Menschen gibt. Ich

bin das erste Weib; und noch im letzten Weib werde ich
wiederkehren.

## AN EVAS GRAB

ADAM:
Wo immer sie war,
*da* war das Paradies.

# MARK TWAIN

Geboren als Samuel Langhorne Clemens am 30. November 1835 beim Erscheinen des Halley'schen Kometen in dem kleinen Dorf Florida in Monroe County, Missouri; aufgewachsen im dreißig Meilen entfernten Dorf Hannibal am Mississippi; beginnt mit dreizehn eine Schriftsetzerlehre beim ›Missouri Courier‹ in Hannibal und arbeitet ab 1850 für das ›Hannibal Journal‹, die Zeitung seines älteren Bruders, wo 1852 auch eine erste satirische Geschichte erscheint. 1857 wird er Lotse und befährt den Mississippi (daher sein Pseudonym: MARK TWAIN – in der Lotsensprache »zwei Faden tief«), bis der Bürgerkrieg ausbricht; Clemens schließt sich der Armee der Konföderierten an, desertiert aber nach wenigen Tagen und flüchtet mit seinem Bruder 1861 in den Westen ins Grenzerlandgebiet von Nevada. Hier versucht er sich als Silbergräber und arbeitet als Reporter für die ›Territorial Enterprise‹. Clemens nimmt das Pseudonym Mark Twain an und veröffentlicht humoristische Geschichten ebenso wie sozialkritische Berichte; sein Stil als Erzähler ist geprägt von den Gepflogenheiten des Grenzerjournalismus, der wilde Übertreibungen und groteske Lügengeschichten als wahre Begebenheiten verkauft. 1863 wird er Reporter in San Franciso. 1865 erscheint in einer New Yorker Zeitung seine Geschichte von dem *Berühmten Springfrosch von Calaveras County* und macht den Namen Mark Twain erstmals überregional bekannt. Twain tingelt durch die USA und trägt seine Geschichten mit großem Effekt als Stand-up-Comedian frei improvisierend vor; unternimmt außerdem Reisen nach Hawaii und mehrfach nach Europa. 1869 erscheinen die gesammelten Zeitungsberichte seiner Mittelmeerreise in Buchform, *The Innocents Abroad;* das Buch wird zum Bestseller und begründet Twains Ruf als Volksschriftsteller. 1870 heiratet er die wohlhabende Olivia Langdon und zieht mit ihr nach Hartford in Connecticut. Mit weiteren Reisebüchern und vor allem mit seinen Romanen *Die Abenteuer von Tom Sawyer* (1876) und *Die Abenteuer von Huckleberry Finn* (1884) feiert er Erfolg auf Erfolg; 1901 erhält Twain den Ehrendoktortitel der Yale University, 1902 den der University of Missouri und 1907 den Ehrendoktor in Oxford; eine Reihe von familiären und wirtschaftlichen Unglücksfällen, aber auch eine zunehmende Verbitterung über die politische Entwicklung nicht nur in Amerika, lassen Twain jedoch im Alter zum pessimistischen Verächter des Menschengeschlechts werden; durch Fehlinvestitionen in eine neuartige Setzmaschine hatte Twain 1894 fast 200 000 Dollar Schulden gemacht, die er durch eine letzte Vortragsreise durch die USA, Australien, Indien, Südafrika und England wieder begleichen kann; noch auf der Reise erfährt er 1896 vom Tod seiner vierundzwanzigjährigen Tochter Susan; 1904 stirbt seine Frau, 1909 seine Tochter Jean; Twain erleidet eine erste Herzattacke; knapp ein Jahr später, am 21. April 1910, stirbt er wie befürchtet bei der Rückkehr des Halley'schen Kometen in seinem Haus in Redding, Connecticut.

## Seine bekanntesten Werke

The Celebrated Jumping Frog of Calaveras County, and Other Sketches (Geschichten, 1867)

The Innocents Abroad ([Die Arglosen im Ausland] Reiseberichte, 1869)

Roughing It ([Durch Dick und Dünn] Reiseberichte, 1872)

The Gilded Age. A Tale of Today ([Das vergoldete Zeitalter. Eine Geschichte von heute] Roman, zus. mit Charles Dudley Warner, 1873)

The Adventures of Tom Sawyer ([Die Abenteuer von Tom Sawyer] Roman, 1876)

The Prince and The Pauper. A Tale for Young People of All Ages ([Der Prinz und der Bettelknabe. Eine Erzählung für junge Menschen jeden Alters] Roman, 1881)

Life on the Mississippi ([Leben auf dem Mississippi] Reiseberichte, 1883)

Adventures of Huckleberry Finn ([Die Abenteuer von Huckleberry Finn] Roman, 1885)

A Connecticut Yankee in King Arthur's Court ([Ein Yankee aus Connecticut an König Artus' Hof] Roman, 1889)

The £1,000,000 Bank Note and Other New Stories (Geschichten, 1893)

The Tragedy of Pudd'nhead Wilson ([Querkopf Wilson], Roman 1894)

Personal Recollections of Joan of Arc ([Persönliche Erinnerungen an Jeanne d'Arc] Roman, 1896)

Following the Equator ([Dem Äquator nach] Reiseberichte, 1897)

The Man That Corrupted Hadleyburg and Other Stories and Essays (Geschichten, 1900)

King Leopold's Soliloquy ([König Leopolds Selbstgespräch] Essay, 1905)

The $30,000 Bequest and Other Stories (Geschichten, 1906)

What is Man? (Essay, anonym 1906)

The Mysterious Stranger ([Der geheimnisvolle Fremde] Erzählung, postum 1916)

# Editorische Notiz und wenige Anmerkungen

Diese Auswahl der schönsten, wichtigsten und witzigsten Erzählungen folgt den amerikanischen Standardnachdrucken, vor allem der Double-day-Ausgabe *The Complete Short Stories of Mark Twain*, herausge-geben von Charles Neider (1957), die auf die 37bändige Stormfield-Edi-tion *Mark Twain's Works* (1929) zurückgeht, sowie die zweibändige Running-Press-Ausgabe *The Unabridged Mark Twain*, herausgegeben von Lawrence Teacher (1976/1979), die auf die Erstdrucke zurückgeht. Die Neuübersetzung von Harald Raykowski ist vollständig und werk-getreu.

EINE BURLESKE AUTOBIOGRAPHIE; zuerst erschienen 1871 in einem schmalen Band *Mark Twain's Burlesque Autobiography and First Ro-mance* als *A Burlesque Biography*; erneut in dem Erzählungsband *The $30,000 Bequest and Other Stories* (1906). (Bei »Newgate« handelt es sich, der Zusammenhang läßt es erahnen, um ein berüchtigtes Gefäng-nis.)

WIE MAN EINE ERKÄLTUNG KURIERT; *Curing a Cold*; geschrieben in Mark Twains Zeit als Reporter in San Francisco; zuerst erschienen am 20. September 1863 in der Zeitung ›Golden Era‹; Nachdruck 1864 in der Januar-Ausgabe des Monatsmagazins ›Yankee Notions‹; in Buch-form zuerst in *The Celebrated Jumping Frog of Calaveras County and Other Sketches* (1867) und erneut in *Mark Twain's Sketches, New and Old* (1875).

DER BERÜHMTE SPRINGFROSCH VON CALAVERAS COUNTY; die erste Fassung schrieb Twain auf Anregung des berühmten Schriftstellers und Humoristen Artemus Ward (1834–1867); sie erschien unter dem Titel *Jim Smiley and His Jumping Frog* am 18. September 1865 in der New Yorker Zeitung ›The Saturday Press‹. Als Auftraggeber für die Recher-che nach *Leonidas W.* Smiley taucht in dieser Version Ward namentlich auf: Er wird von Twain in brieflicher Form über das fragwürdige Ergebnis der Erkundigung unterrichtet. Eine überarbeitete Fassung bildete dann die Titelgeschichte für Twains ersten Bucherfolg: *The Celebrated Jumping Frog of Calaveras County and Other Sketches* (1867). Die Fassung letzter Hand erschien schließlich 1899 in Band 19 der ersten Mark-Twain-Gesamtausgabe *The Writings of Mark Twain, Sketches New and Old* unter dem Titel *The Notorious Jumping Frog of Calaveras County.*

Kannibalismus im Zug; *Cannibalism in the Cars*; zuerst erschienen im November 1868 im Monatsmagazin ›The Broadway‹, in Buchform zuerst in *Mark Twain's Sketches, New and Old* (1875).

Ein Tag an den Niagara-Fällen; *A Day at Niagara*; zuerst erschienen am 21. August 1869 im ›Buffalo Express‹; in Buchform zuerst als *A Visit to Niagara* in *Mark Twain's Sketches, New and Old* (1875).

Die Wahrheit über den grossen Rindfleischvertrag; *The Facts in the Great Beef Contract*; zuerst erschienen im Mai 1870 in ›Galaxy‹, einem Magazin, für das Twain in dieser Zeit monatlich eine Kolumne schrieb; in Buchform zuerst erschienen in *Mark Twain's Sketches* (1874).

Wie ich einmal eine landwirtschaftliche Zeitung herausgab; *How I Edited an Agricultural Paper*; zuerst erschienen im Juni 1870 in ›Galaxy‹, in Buchform zuerst in *Mark Twain's Sketches, New and Old* (1875).

Ein geheimnisvoller Besuch; *A Mysterious Visit*; zuerst erschienen am 19. März 1870 im ›Buffalo Express‹, in den sich Twain mit einem Darlehen seines wohlhabenden Schwiegervaters eingekauft hatte und wo er als Herausgeber des Literaturteils fungierte; in Buchform zuerst erschienen in *Mark Twain's Sketches, New and Old* (1875).
Meine Uhr; *My Watch*; zuerst erschienen im Dezember 1870 in ›Galaxy‹, in Buchform zuerst in *Mark Twain's Sketches, New and Old* (1875).

Die Geschichte des Vertreters; *The Canvasser's Tale*; zuerst erschienen 1876 in der Dezember-Ausgabe des Monatsmagazins ›Atlantic‹.

Der gestohlene weisse Elefant; *The Stolen White Elephant*; zuerst erschienen 1882 in Twains Geschichtensammlung gleichen Titels. In einer Fußnote merkt der Autor an: »*Rausgeflogen aus* A Tramp Abroad [(Bummel durch Europa) Reiseberichte, 1880], *weil man argwöhnte, einige Details seien übertrieben, andere unwahr. Als sich die Anschuldigungen als grundlos erwiesen hatten, war das Buch bereits im Druck.*«

Die Eine-Million-Pfund-Note; *The £ 1,000,000 Bank Note*; zuerst erschienen 1893 in der Januar-Ausgabe des ›Century Magazine‹, in Buchform zuerst in *The £ 1,000,000 Bank Note and Other New Stories* (1893).

DER MANN, DER HADLEYBURG KORRUMPIERTE; *The Man That Corrupted Hadleyburg;* zuerst erschienen in ›Harper's Magazine‹, Dezember 1899, in Buchform zuerst in der Sammlung *The Man That Corrupted Hadleyburg and Other Stories and Essays* (1900). Es heißt, der Verleger habe den Zusatz »and Essays« in den Titel aufgenommen, weil er nicht sicher war, ob es sich bei dem Text um eine Geschichte oder einen Bericht handelte.

DAS DREISSIGTAUSEND-DOLLAR-VERMÄCHTNIS; die Arbeit an *The $30,000 Bequest* beendete Mark Twain in Florenz, wohin die Twains 1903 gezogen waren – Olivias Gesundheitszustand war seit dem Tod der Tochter mehr denn je kritisch, in Italien versprach man sich Besserung; zuerst erschienen am 10. Dezember 1904 im ›Harper's Weekly‹, in Buchform zuerst in *The $30,000 Bequest and Other Stories* (1906), ist die Geschichte auch ein Reflex auf den noch gerade abgewendeten Bankrott einige Jahre zuvor.

DAS TAGEBUCH VON ADAM UND EVA; der erste Teil, *Extracts from Adam's Diary,* erschien zuerst 1893 im *Niagara Book,* einem Geschenkbuch, das aus Anlaß der »Buffalo World's Fair« herausgekommen war – Twain fügte freundlicherweise noch allerlei Niagara-Bezüge ein, die für die erste Buchveröffentlichung in der Londoner Ausgabe von *Tom Sawyer, Detective* (1897) und für die spätere Veröffentlichung in *The $30,000 Bequest and Other Stories* (1906) wieder herausgenommen wurden; die Fortsetzung, *Eve's Diary* (mit dem Einschub eines weiteren *Extract from Adam's Diary*), schrieb Twain 1905 wenige Monate nach dem Tod seiner Frau; zuerst erschienen im Dezember 1905 in ›Harper's Magazine‹, in Buchform zuerst in *Their Husband's Wives* im März 1906.

DAS KRIEGSGEBET; *The War Prayer.* Anlaß war der Amerikanisch-Philippinische Krieg 1899–1902. »Als Dan Beard zu Besuch war, las Clemens ihm *Das Kriegsgebet* vor und erzählte, er habe es seiner Tochter Jean und anderen vorgetragen, die ihm sagen, das dürfe er nicht veröffentlichen, das Publikum würde das als Gotteslästerung auffassen. ›Aber Sie wollen es doch veröffentlichen?‹ Clemens ging in seinem Zimmer auf und ab und schüttelte den Kopf. ›Nein‹, sagte er. ›Ich habe hier die Wahrheit gesagt; in dieser Welt dürfen nur die Toten die Wahrheit sagen. Das kann nach meinem Tod veröffentlicht werden.« Aus der Mark-Twain-Biographie von Albert Bigelow Paine. Zuerst in ›Harper's Magazine‹, November 1916. Dann in Albert Bigelow Paynes Anthologie *In Europe & Elsewhere,* 1923.

# Kleine MARK TWAIN Chronik

| Geschichte, Kultur & Literatur | Twains Leben |
|---|---|
| **1835**<br>am 16. November erscheint der Halley'sche Komet; seine Wiederkehr wird am 20. April 1910 erwartet.<br>Erste deutsche Eisenbahnlinie Nürnberg – Fürth<br>Georg Büchner, *Dantons Tod* | **1835**<br>am 30. November Geburt Samuel Langhorne Clemens' als fünftes Kind und zweiter Sohn von Marshall und Jane Lampton Clemens in Florida, Missouri |
| **1836**<br>\* Bret Harte<br>J. P. Eckermann, *Gespräche mit Goethe* | |
| **1837**<br>Martin Van Buren, 8. Präsident der USA, Demokrat<br>Thronbesteigung der Queen Victoria von Großbritannien<br>Erster Telegraph in New York<br>Charles Dickens, *The Pickwick Papers*<br>Nathaniel Hawthorne, *Twice-Told Tales* | »Jeder mit einer neuen Idee gilt als Spinner. Wenn die durchgesetze Idee ein Erfolg wird, haben es alle kommen sehen.« |
| **1838**<br>E. A. Poe, *The Narrative of Arthur Gordon Pym*<br>J. F. Cooper, *The American Democrat*<br>Charles Dickens, *Oliver Twist* | |
| **1839**<br>H. W. Longfellow, *Voices of the Night* | **1839**<br>Umzug der Familie nach Hannibal, Missouri, dem St. Petersburg seiner erzählten Kindheit |
| **1840**<br>\* Thomas Hardy<br>E. A. Poe, *Tales of the Grotesque & Arabesque* | |
| **1841**<br>William Henry Harrison, 9. Präsident, Liberaler<br>John Taylor, 10. Präsident, Demokrat<br>J. F. Cooper, *The Leather Stocking Tales*<br>Ludwig Feuerbach, *Vom Wesen des Christentums*<br>Arthur Schopenhauer, *Die beiden Grundprobleme der Ethik* | »Alle reden vom Wetter. Aber keiner tut was dagegen.« |

1842
\* Ambrose Bierce
\* Karl May

1843
\* Henry James
Richard Wagner, *Der fliegende Holländer*

1844
Telepraph-Verbindung Washington-Baltimore
Arthur Schopenhauer, *Die Welt als Wille und Vorstellung II*
S. Kirkegaard, *Der Begriff der Angst*
\* Friedrich Nietzsche

1845
James Polk, 11. Präsident, Demokrat
Ausbruch der Großen Hungersnot in Irland, Auswanderung einer Million Iren in die USA
E. A. Poe, *The Raven*
Alexander von Humboldt, *Kosmos*

1846–1848
Krieg mit Mexiko um Territorialansprüche
Charlotte Brontë, *Jane Eyre*

1847
Hamburg-Amerika-Linie
Heinrich Hoffmann, *Struwwelpeter*

1848
Mexiko annektiert Texas, Kalifornien und New Mexico.
E. A. Poe, *Heureka*
William M. Thackeray, *Vanity Fair*
Marx & Engels, *Das Kommunistische Manifest*

1849
Zachary Taylor 12. Präsident, Liberaler
Streit zwischen Sklavenhaltern und Abolitionisten
J. F. Cooper, *The Redskins*
Herman Melville, *Redburn*
H. D. Thoreau, *On the Duty of Resistance to Civil Government*

1842
Die Familie verkauft ihre letzte Sklavin Jenny.

---

»Die Quelle des Humors ist nicht Freude, sondern Kummer & Ärger.«

---

1845
am 27. November Geburt Olivia Langdon, Elmira, New York

1847
Tod des Vaters, der seinen Kindern Armut und angeborenen Optimismus vermacht

1848
Ende des Schulbesuchs, Beginn einer Schriftsetzerlehre bei der Lokalzeitung und Druckerei »The Missouri Courier«

---

»Gut zu sein ist edel. Anderen zu sagen, was gut ist, ist noch edler – und macht keine Mühe.«

---

1850
Millard Fillmore, 13. Präsident,
Liberaler
Nathaniel Hawthorne, *The Scarlet
Letter*
Charles Dickens, *David Copperfield*
* R. L. Stevenson
* Guy de Maupassant

1850
Wechsel zur Zeitung seines älteren
Bruders Orion »Hannibal Journal«.

1851
*The New York Times* erscheint erst-
mals
Indianer-Pogrome, Abdrängung in
Reservate
Weltausstellung in London
Erste Internationale in London
Herman Melville, *Moby Dick or The
Whale*
Nathaniel Hawthorne, *The House of
Seven Gables*
George Henry Borrow, *Lavengro –
The Gypsy-Gentleman*

1852
Einwanderungswelle aus Europa
nach den gescheiterten Revolutionen
von 1848
Napoleon III. Kaiser der Franzosen
Harriet Beecher-Stowe, *Uncle Tom's
Cabin*
Jacob & Wilhelm Grimm, *Deutsches
Wörterbuch*

1852
veröffentlicht dort erste komische
Geschichten

1853
Franklin Pierce, 14. Präsident,
Demokrat
Rohrpostleitung in London, Zustel-
lung mindesten drei Mal täglich
Emily Brontë, *Wuthering Heights*
Anne Brontë, *Agnes Grey*
Edward Bulwer-Lytton, *My Novel*

1853–56
Arbeit als Journeyman (wandernder
Setzer & Journalist) in New York,
Washington, Philadelphia, St. Louis
In jeder freien Minute Lektüre der
Klassiker in Öffentlichen Bibliothe-
ken; systematisches Selbst-Bildungs-
programm

1854
Formierung der Republikanischen
Partei für die Abschaffung der Skla-
verei. Seitdem Zwei-Parteien-System
Henry D. Thoreau, *Walden or Life in
the Woods*
Thomas de Quincy, *On Murder
Considered As One of the Fine Arts*
* Oscar Wilde

————————————————

»Einen Klassiker will jeder gelesen
haben, aber keiner will ihn lesen.«

————————————————

1855
Walt Whitman, *Leaves of Grass*

1856
* Henry Rider Haggard
* G. B. Shaw
* Sigmund Freud

1857
James Buchanan, 15. Präsident,
Demokrat
* Joseph Conrad
Gustave Flaubert, *Madame Bovary*
Charles Baudelaire, *Les Fleurs du Mal*

1858
Indien wird von einem britischen
Vizekönig regiert
Gründung der *Fenian Society* in New
York für ein unabhängiges Irland

1859
Hinrichtung des militanten Sklaverei-
Gegners John Brown
Charles Darwin, *On the Origin of
Species*
Iwan Gontscharow, *Oblomow*

1860
Abraham Lincoln, 16. Präsident,
Republikaner
Elf Südstaaten proklamieren die Un-
abhängigkeit als Die Konföderierten
Staaten von Amerika
Italienischer Einigungskrieg unter
Garibaldi
Ralph W. Emerson, *The Conduct of
Life*
Nathaniel Hawthorne, *The Marble
Faun*
Wilkie Collins, *The Women in White*
* Anton Tschechow
* Gustav Mahler

1861–1865
Bürgerkrieg. Die Sezession wird als
Verletzung der bundesstaatlichen Ver-
fassung nicht hingenommen. Bedin-
gungslose Kapitulation der Südstaaten. Ende der südstaatlichen Pflanzer-
Kultur. Formelle Emanzipation der

»Ein Blumenkohl ist ein Kohl mit
Universtätsabschluß.«

1857–60
Einstieg in den Coca-Handel
scheitert. In Cincinnati Lotse auf
Mississippi-Dampfern, daher sein
späteres Pseudonym Mark Twain:
»Zwei Faden tief«

»Wenn es nach den Ärzten geht, gibt
es nur einen Weg zur Gesundheit:
essen, was man nicht mag; trinken,
was einem widersteht; und tun, was
man verabscheut.«

»Warum wimmelt es nicht von
Büchern, die Spott & Hohn über diese
jämmerliche Welt, das sinnlose All,
die gewalttätige, niederträchtige
Menschheit ausgießen und die ganzen
lumpigen Verhältnisse der Lächerlich-
keit preisgeben? Weshalb schreib
ich nicht selbst so ein Buch? Weil ich
eine Familie zu ernähren habe.
Deswegen.«

1861
Der Bürgerkrieg zwischen Konföderierten (Sklaven haltende Südstaaten)
und Unionisten (Nordstaaten) beendet den Flußverkehr. Kurzzeitiger
Militärdienst bei der Missouri State
Guard der Konföderierten. Desertiert

Sklaven. Im Süden Gründung des Ku-Klux-Klans: Geheimbund zu Vernichtung der Schwarzen, Juden und Katholiken

und begleitet seinen Bruder Orion, der zum Sekretär des Gouverneurs von Nevada ernannt wurde

1862
\* O. Henry
Iwan Turgenjew, *Väter und Söhne*

1862
Silbergräber in Nevada, Rückkehr zum Journalismus, Reporter der »Territorial Enterprise« in Virginia City

1863
John Stuart Mill, *Utilitarism*
Ernest Renan, *La Vie de Jesus*

1863
Folgt den Goldsuchern nach Kalifornien. Rückkehr nach San Francisco

1864
Bekanntschaft mit Bret Harte, dem Herausgeber des »Californian«, für die Clemens erstmals als Mark Twain Humoresken schreibt. Erste Auftritte auch als Vortragskünstler der komischen Art

1865
Abraham Lincoln, ermordet
Andrew Jackson, 17. Präsident, Demokrat
\* Rudyard Kipling
\* W. B. Yeats
Lewis Carroll, *Alice's Adventures in Wonderland*
Wilhelm Busch, *Max und Moritz*

1865
»The Notorious Jumping Frog of Calaveras County«(»Der berühmte Springfrosch von Calaveras County«) erscheint in New York und wird zum Karrieredurchbruch. Tingeltour als Stand-up-Comedian quer durch die Staaten

1866
Telegraphen-Kabel USA-England
\* H. G. Wells

1866
Besuch der Sandwich Inseln (Hawaii) im Auftrag einer kaliforischen Zeitung für die er humoristische Reiseberichte liefert: »Daily Letter to the ›Enterprise‹«

1867
Die USA erwerben Alaska von Rußland
. Kanada wird britisches Dominion mit Selbstverwaltung
Erste konservative britische Regierung unter Benjamin Disraeli
Britische Parlamentsreform: Wahlrecht für Arbeiter
Fjodor Dostojewski, *Verbrechen und Strafe*

1867
*The Celebrated Jumping Frog of Calaveras County, and Other Sketches (Der berühmte Springfrosch von Calaveras County und andere Geschichten)* erscheinen als Buch.
Eine sechsmonatige Pilgerreise mit der »Quäker City« nach Europa und ins Heilige Land. Nachdrucke der Reiseberichte im »Herald« und der »Tribune« machen den Autor in New York berühmt.
Durch den Mitreisenden Charles

Langdon erste Begegnung mit Olivia;
als erster gemeinsamer Abend Besuch
einer Lesung von Charles Dickens.

1868
Erste liberale britische Regierung
unter W. E. Gladstone
Bret Harte, *The Luck of Roaring
Camp*
Benjamin Franklin, *Autobiography*
Wilkie Collins, *The Moonstone*
Leo Tolstoi, *Krieg und Frieden*

1869
Ulysses Simpson Grant, Nordstaaten-
General im Bürgerkrieg, 18. Präsident,
Republikaner
Beginn des Hochkapitalismus, der
Korruption und der Macht der Trusts
Pazifikbahn San Francisco – Omaha
Gustave Flaubert, *L'Education
sentimentale*

1869
*The Innocents Abroad (Die Arglosen
im Ausland)*, Reiseerlebnisse. Erwirbt
eine Dittelsbeteiligung vom »Buffalo
Express«.

1870
Baubeginn der Eisenbahnlinien
Atlantik – Pazifik
Anerkennung der britischen *Trade
Unions* als Tarifpartner
Französisch-Preußischer Krieg
* Frank Norris
* Saki

1870
am 2. Februar Heirat mit Olivia
Langdon, Tochter eines Zechenbarons
in Elmira. Umzug nach Buffalo,
New York. Frühgeburt des Sohnes
Langdon.

1871
Gründung des Deutschen Reichs
* Stephen Crane
* Theodore Dreiser
Algernon Charles Swinburne, *Songs
Before Sunrise*

1871
Umzug nach Hartford, Connecticut.
Mitglied des Künstler- & Gelehrten-
zirkels der Nook Form.

1872
George Eliot, *Middlemarch*

1872
*Roughing It (Durch Dick & Dünn)*
erscheint als Buch. Bau eines schönen
Hauses in der Nachbarschaft von
Harriet Beecher-Stone, der Autorin
von *Uncle Tom's Cabin*, und dem
Zeitungsherausgeber Charles Dudley
Warner;
im März Geburt der Tochter Susan;
Reisen nach England;
im Juni Tod des Sohnes Langdon

1873
* Ford Madox Ford
* Walter de la Mare
Jules Verne, *Le Tour du monde en quatre-vingts jours*

1874
Zweite konservative britische Regierung unter Benjamin Disraeli
Richard Wagner, *Der Ring der Nibelungen*
* G. K. Chesterton
* Gertrude Stein
* W. S. Maugham

1875
* Thomas Mann

1876
Indianer vernichten ein Kavallerie-Corps unter General Custer am *Little Big Horn River*
* Jack London
* Sherwood Anderson

1877
Rutherford Birchard Hayes, 19. Präsident, Republikaner
Queen Victoria wird *Empress of India*
Henry James, *The American*

1878
Cypern wird britisches Protektorat
Friedrich Nietzsche, *Menschliches-Allzumenschliches*

1879
* E. M. Forster
* Albert Einstein
George Meredith, *The Egoist*

1880
Zweite liberale britische Regierung unter Gladstone
Ägypten wird britisches Protektorat
* H. L. Mencken
Henry James, *Portrait of a Lady*

1873
*The Gilded Age. A Tale of Today (Das vergoldete Zeitalter. Eine Geschichte von heute)*, Roman, mit Charles Dudley Warner verfaßt, erscheint

1874
im Juni Geburt der Tochter Clara. Eine dramatisierte Fassung von *The Gilded Age* kommt in New York auf die Bühne

1875
»Old Times on the Mississippi« erscheint in der »Atlantic Monthly«.

1876
*The Adventures of Tom Sawyer (Die Abenteuer von Tom Sawyer)* erscheint. Zusammenarbeit mit Bret Harte an der Komödie *Ah Sin* ist von kurzer Dauer. Aus einer Freund- wird Feindschaft.

1878–79
Mit der Familie nach Europa, Reisen durch Deutschland, dort drei Monate Aufenthalt in Heidelberg, danach durch die Schweiz und Italien

1880
im Juli Geburt der Tochter Jean. Das Reisebuch *A Tramp Abroad (Bummel durch Europa)*; darin: *The Awful German Language (Die schreckliche deutsche Sprache)* erscheint

1881
James Garfield, 20. Präsident,
Republikaner
Chester A. Arthur, 21. Präsident,
Republikaner

1882
Strikte Rassentrennung in Schulen,
Kirchen, öffentlichem Transport,
Lynch-Justiz, Terrorwelle gegen
Neueinwanderer
* Virginia Woolf
* James Joyce
Richard Wagner, *Parsifal*

1883
Gründung der sozialistischen *Fabian
Society* in London
*William Carlos Williams
R. L. Stevenson, *Treasure Island*
Guy de Maupassant, *Un vie*

1884
Henrik Ibsen, *Die Wildente*

1885
Grover Cleveland, 22. Präsident,
Demokrat
* Ring Lardner
* Sinclair Lewis
* Ezra Pound
* D. H. Lawrence
Walter Pater, *Marius the Epicurean*
Rider Haggard, *King Solomon's
Mines*
Friedrich Nietzsche, *Also sprach
Zarathustra*
Karl Marx, *Das Kapital*

1886
Unterwerfung der Apachen
R. L. Stevenson, *The Strange Case of
Dr Jekyll & Mr Hyde*

1881
*The Prince and The Pauper. A Tale for
Young People of All Ages (Der Prinz
und der Bettelknabe. Eine Erzählung
für junge Menschen jeden Alters)*
erscheint.

1883
*Life on the Mississippi (Leben auf dem
Mississippi)* erscheint.
*What is Happiness?* für den Monday
Evening Club.

1884
*The Adventures of Huckleberry Finn
(Die Abenteuer von Huckleberry
Finn)* erscheint.

1885
Verlegt *The Personal Memoirs of*
Ulysses S. Grant.

———————————————

»Die Wahrheit ist das Kostbarste,
was wir besitzen. Gehen wir sparsam
mit ihr um.«

———————————————

1886
»Papas Aussehen ist oft beschrieben
worden, aber gans unkorekt; er hat
wunderschönes lokkiges graues Haar,
kein bißchen zu dick, auch nicht zu
lang; genau richtig; Eine römische
Nase die die Schönheit seiner
Gesichtszüge sehr vermehrt, gütige
blaue Augen und einen kleinen
Schnurbart, er hat einen wunderbar
geformten Kopf und Profil, er hat eine

1887
Rider Haggard, *SHE-Who-must-be-obeyed*
A. Conan Doyle, *A Study in Scarlett*

1888
\* Raymond Chandler
\* T. S. Eliot
\* Katherine Mansfield

1889
Benjamin Harrison, 23. Präsident, Republikaner
Jerome K. Jerome, *Three Men in a Boat*
\* Charles Chaplin
\* Adolf Hitler

1890
Ausrottung der Büffelherden
Widerstand der Indianer endgültig gebrochen
Ostafrika-Vertrag England-Deutschland: Tausch Sansibars gegen Helgoland
Gründung der SPD unter August Bebel
William James, *The Principles of Psychology*
Oscar Wilde, *The Picture of Dorian Gray*
\* Agatha Christie

1891
Erstes internationales Copyright-Abkommen
Erste Telephonverbindung England-Kontinent
William Morris, *News from Nowhere*
Frank Wedekind, *Frühlings Erwachen*

1892
Ambrose Bierce, *Tales of Soldiers and Civilians*
A. Conan Doyle, *The Adventures of Sherlock Holmes*

---

sehr gute Figur, kurz er ist ein auserordentlich gutaussehener Mann. Alle seine Züge sind perfekt auser daß er keine ausergewöhnlichen Zähne hat. Seine Haut ist sehr hell, und er träkt keinen Bart.
Er ist ein sehr lieber Mann, und ein sehr komischer; er hat seine Launen aber die haben wir alle in dieser Familie. Er ist der schönste Mann den ich je gesehen habe, oder je zu sehen hoffe, und ach wie geistesabwesend! Er erzählt ganz herrliche Geschichten.«
*Susy Clemens, 13, Mein Papa, Tagebuch über ihren Vater*

1889
*A Connecticut Yankee in King Arthur's Court (Ein Yankee an König Artus's Hof)*, Roman, erscheint.

---

»Durch die große Güte GOttes haben wir Amerikaner drei kostbare Vorzüge: Gedankenfreiheit, Redefreiheit und die Klugheit, von beiden keinen Gebrauch zu machen.«

---

1891–94
Aufenthalt in Europa
Übersetzt Heinrich Hoffmanns *Struwwelpeter.*

1892
»The German Chicago« – Eine Liebeserklärung an Berlin

James A. Whistler, *The Gentle Art of Making Enemies*

**1893**
Wiederwahl: Grover Cleveland, 24. Präsident, Demokrat
* Dorothy Parker
Stephen Crane, *Maggie: A Girl of the Streets*
Ambrose Bierce, *Can Such Things Be?*

**1893**
*The £ 1'000'000 Bank-Note and Other Stories (Die Eine Million-Pfund-Note) und andere Geschichten)* erscheint.

**1894**
* Dashiell Hammett
* James Thurber
Rudyard Kipling, *The Jungle Book*
Thomas Hardy, *Life's Little Ironies*
Prozeß gegen Alfred Dreyfus

**1894**
Der Roman *The Tragedy Pudd'nhead Wilson* erscheint.
Bankrott mit 200 000 $ Verlust durch Fehlinvestition in die neue Setzmaschine von James W. Paiges

**1895**
Erstes Automobil
H. G. Wells, *The Time Machine*
Oscar Wilde, *The Ideal Husband*
Oscar Wilde, *The Importance of Being Earnest*
Verurteilung Oscar Wildes zu zwei Jahren Zuchthaus wegen Homosexualität
Theodor Fontane, *Effie Briest*

**1895**
Schuldenabbau durch eine große Vortragstournee durch die USA, Australien, Indien, Südafrika, England und Europa

**1896**
Wirtschaftskrise
Olympische Spiele in Athen
Max Beerbohm, *The Works of M. B.*
Thomas Hardy, *Jude the Obscur*

**1896**
Tod der 24jährigen Tochter Susan.
*Persönliche Erinnerungen an Jean d'Arc* erscheint.

**1897**
William McKinley, 25. Präsident, Republikaner
* William Faulkner
* Thornton Wilder
Aubrey Beardsley, *Under the Hill*
Joseph Conrad, *The Nigger of the ›Narcissus‹*
Bram Stoker, *Dracula*

**1897**
*Dem Äquator nach*, Bericht von einer Reise um die Welt, erscheint;
am 11. Dezember Tod des Bruders Orion.

**1898**
Krieg USA – Spanien
Abtretung der Philippinen an die USA
Kuba wird Republik unter amerikanischem Einfluß
Henry James, *The Turn of the Screw*
Stephen Crane, *The Open Boat*

**1898**
Alle Schulden sind beglichen.

1899
Cecil Rhodes nimmt Rhodesien als
Kronkolonie in Besitz; Bau der
Eisenbahnlinie Kairo-Kapstadt.
Beginn der Burenkriege. Aufhebung
der Buren-Republiken, Eingliede-
rung in die Südafrikanischen
Kolonien.
* Ernest Hemingway
Joseph Conrad, *The Heart of the
Darkness*

»Ich halte mich für überzeugt, keine
Vorurteile zu haben. Ich kenne keine
Vorurteile der Nation, der Rasse, der
Hautfarbe, des Standes, der Bildung
oder des Glaubens. Ich bin auch nur
ein Mensch – und das ist ungefähr das
Schlimmste, was man von einem sagen
kann.«

1900
* Thomas Wolfe
Tod des Oscar Wilde in Paris
Rudyard Kipling, *Kim*
Joseph Conrad, *Lord Jim*
Sigmund Freud, *Traumdeutung*

1900
Rückkehr in die Vereinigten Staaten.
*The Man That Corrupted Hadleyburg
and Other Stories and Essays (Der
Mann, der Hadleyburg korrumpierte)*,
Geschichten und Essays, erscheint

1901
Theodore Roosevelt, 26. Präsident,
Republikaner
Innenpolitische Reformen, Anti-
Trust-Gesetz
Gründung der Labour-Party in
London
Australien wird Dominion mit
Selbstverwaltung
* Louis Armstrong
Frank Norris, *The Octopus*
Thomas Mann, *Buddenbrooks*

1901
Ehrendoktor der Universität Yale.

»Das Geld kann dir ausgehen,
Freunde lassen dich im Stich, Feinden
wirst du gleichgültig , aber deine
Krankheit bleibt dir immer treu.«

1902
* Langston Hughes

1902
Ehrendoktor der Universität Missouri

1903
Motorflug der Brüder Wright
Henry Ford gründet seine Auto-
mobilfabrik
Hoheitsrecht der USA am Panama-
Kanal
* Nathanael West
Henry James, *The Ambassadors*
Jack London, *The Call of the Wild*
G. B. Shaw, *Man and Superman*

1903
Auf Wunsch seiner Frau Olivia Reise
nach Italien

1904
Weltausstellung in St. Louis
Nach ergebnislosen Verhandlungen
mit Deutschland: *Entente Codiale* –
Bündnis England-Frankreich

1904
am 5. Juni Tod seiner Frau Olivia in
Florenz

Gründung der Rolly Royce Motor-
fabriken
Jack London, *The Sea Wolfe*
O. Henry, *Cabbages and Kings*

»Ich den Zeitungen steht, daß ich
bald sterben werde. Das ist falsch.
Sowas würde ich nie im Leben tun.«

1905
Heinrich Mann, *Professor Unrat*

1905
Arbeit an der Autobiographie.
Schreibt *The War Prayer (Das Kriegs-
gebet)*, das auf Anraten der Tochter
Jean nicht veröffentlicht wird und
zuerst in »Harper's Monthly« im
November 1916 erscheint.

1906
Upton Sinclair gründet die sozialisti-
sche Gemeinschaft *Helicon Hall*
Upton Sinclair, *The Jungle*
Henry Adams, *The Education of
H. A.*

1906
*The $ 30,000 Bequest and Other
Stories (Das Dreißigtausend-Dollar-
Vermächtnis Erzählungen)*, erscheint.
*What is Man?* erscheint anonym als
Privatdruck.

1907
Streikwelle. Zunehmende soziale
Spannungen
William James, *Pragmatism*
Literaturnobelpreis an Rudyard
Kipling

1907
Ehrendoktor der Universität Oxford,
England, gleichzeitig mit Rudyard
Kipling

1908
Roosevelt-Talsperre in Arizona
* Richard Wright

1908
Arbeit am Roman *Mysterious Stranger*
(erscheint 1916).

1909
William H. Taft, 27. Präsident,
Demokrat
Gertrude Stein, *Three Lives*
Ambrose Bierce, *The Devil's Dictio-
nary*

1909
Tod der Tochter Jean. Twains Denken
wird immer pessimistischer und kriti-
scher, sein Ruhm als Humorist immer
strahlender – wie seine weißen Anzüge.

1910
am 20. April Wiederkehr des
Halley'schen Kometen

1910
am 21. April stirbt Mark Twain in
seinem Haus in Redding, Connecticut.
Seine kritischen, philosophischen und
autobiographische Schriften erscheinen alle erst nach und nach aus dem
Nachlaß.

*Über*

# Mark Twain

»Papas Aussehen ist oft beschrieben worden, aber gans unkorekt;
er hat wunderschönes lokkiges graues Haar, kein bißchen zu dick, auch
nicht zu lang; genau richtig; Eine römische Nase die die Schönheit
seiner Gesichtszüge sehr vermehrt, gütige blaue Augen und einen kleinen
Schnurbart, er ist ein sehr lieber Mann, und ein sehr komischer.«
**Susy Clemens**, *13, Mein Papa, Tagebuch über ihren Vater Samuel Langhorne Clemens*

»Mark Twain geht's wie mir: Wir müssen unsere Sachen so bringen,
daß die Leute, die uns sonst hängen lassen würden, glauben, wir machen
Spaß.« **G. B. Shaw**

»Mark Twain ist der Abraham Lincoln unserer Literatur.«
**William Dean Howells**

»Mark Twain machte die amerikanische Umgangssprache zum Medium
seiner großen Erzählungen. Er hat lokale, klassen- und rassengebundene
Dialekte mit unvergleichlich größerem Geschick als irgendjemand vor
ihm in der amerikanischen Literatur benutzt. Der berühmte *Springfrosch* hob den Dialekt über den rein humoristischen Gebrauch hinaus.
Die befreiende Wirkung auf die amerikanische Literatur kann kaum
überschätzt werden.« **Bernard DeVoto**

»Mark Twain hat eine unheimliche Situation durch groteske Über-
treibung in eine unwiderstehlich komische verwandelt. Ich hörte Mark
Twain selber vortragen.« **Sigmund Freud**

»Dear Mark Twain, bin überglücklich Sie zu sehen.«
**R. L. Stevenson** *vor seiner Begegnung mit M.T. in New York*

»Mark Twain ist unser aller Meister.« **Rudyard Kipling**

»Mark Twain ist unser Vater.« **William Faulkner**

»Die ganze moderne amerikanische Literatur hängt von Mark Twain ab.
Vorher gab's nichts, nachher nichts vergleichbar Gutes.«
**Ernest Hemingway**

»Er ist die beherrschende Gestalt unserer Literatur.« **Herman Wouk**

# DAS KRIEGSGEBET

Es war eine Zeit großer und aufschäumender Gefühle.

Das Land griff zu den Waffen, der Krieg war da, in jedermanns Brust brannte das heilige Feuer des Patriotismus.

Die Trommeln schlugen, Marschmusik erklang, Kinderpistolen knallten, in ganzen Bündeln fauchten und zischten die Feuerwerkskörper; zu allen Seiten und weithin erstreckten und verloren sich Dächer und Balkone, ein flatterndes Meer von Fahnen, erstrahlend im Sonnenlicht.

Tag für Tag marschierten die jungen Freiwilligen über die große Straße, freudig, ein schöner Anblick, in ihren neuen Uniformen, die stolzen Väter und Mütter und Schwestern und Bräute bejubelten sie mit Stimmen, beklommen in freudiger Rührung, wie sie da vorüberzogen.

Bei den abendlichen Versammlungen lauschte man atemlos den patriotischen Reden, die die tiefsten Tiefen der Herzen berührten, wieder und wieder unterbrochen von Beifallsstürmen, und man konnte Tränen über Wangen rinnen sehen.

In den Kirchen predigten Pfarrer die Liebe zu Fahne und Vaterland und beschworen den Gott der Schlachten – auf daß Er unserer guten Sache seine Gunst gewähre – mit einer Leidenschaft und Inbrunst, die jedermann berührte.

Ja, es war eine glückliche, selige Zeit, und die Handvoll unbesonnener Geister, die es wagten, den Krieg zu verurteilen und seinen Wert in Zweifel zu ziehen, ernteten umgehend Mißbilligung und Zorn, in einem Maße, daß sie um ihrer eigenen Sicherheit willen erschrocken das Weite suchten und für immer verstummten.

✳ ✳ ✳ ✳ ✳

Der Sonntagmorgen kam – anderntags sollten die Bataillone ausziehen an die Front.

Die Kirche war voller Menschen, unter ihnen die Freiwilligen, die jungen Gesichter erhellt von martialischen Träumen – Visionen entschlossenen Marschierens, des In-Stellung-Gehens, des Sturmangriffs, der blitzenden Klingen, der Flucht des Feindes, des Tumults, der Pulverdampfschwaden, der gnadenlosen Verfolgung, des Sieges! – und dann die Rückkehr aus dem Krieg, als gebräunte Helden, gefeiert, bewundert, getaucht in goldene Fluten des Ruhms!

Bei ihnen saßen in der Kirche ihre Lieben, zufrieden, stolz, beneidet von Nachbarn und Freunden ohne Söhne und Brüder, die sie aussenden konnten auf die Schlachtfelder der Ehre, um dort der Fahne den Sieg zu erringen oder zu fallen und von allen Toden den edelsten zu sterben.

Der Gottesdienst nahm seinen Lauf; man las aus dem alten Testament, vom Krieg; es kam das erste Gebet, gefolgt vom Auftosen der Orgelklänge, das die Mauern erzittern ließ, und wie ein Mann erhob sich die Menge mit glänzenden Augen und pochenden Herzen und ihr entfuhr jene gewaltige Beschwörung –

Gott der All-schreckliche!
Du, der du alles lenkst,
Sei Donner deine Stimme
und Blitz dein Schwert!

Dann kam das lange Gebet. Niemand hatte je
Vergleichbares an inniger Fürbitte und ergreifender
Sprachgewalt gehört.

Was sie demütig erflehten, war, daß ein ewiglich
gnädiger und gütiger Vater unser seine Hand schützend
halte über unsere edlen jungen Soldaten und sie begleite,
behüte und ermutige in ihrem patriotischen Dienst; sie
segne, sie beschirme an den Tagen der Schlacht und in
gefahrvollen Stunden, sie halte in Seiner mächtigen
Hand, sie stärke und bestärke, sie unverwundbar
mache im blutigen Kampf; ihnen helfe, den Feind
zu zerschlagen und sie und ihre Fahne und ihr Land
bedenke mit Ruhm und Ehre, für alle Zeit –

\* \* \* \* \*

Ein betagter Fremder trat ein und kam mit langsamen
und lautlosen Schritten durch den Mittelgang, die
Augen fest auf den Pfarrer geheftet, die schlanke Gestalt
in einem Gewand, das zu den Füßen reichte, mit barem
Haupt, wie Wasserfall strömte weißes Haar bis über
seine Schultern, sein faltiges Gesicht war unnatürlich
blaß, so blaß, daß man erschauerte.

Aller Augen folgten ihm mit fragendem Blick, während
er still voranschritt, ohne innezuhalten, und sich
hinaufbegab an die Seite des Predigers, dort stehen
blieb und wartete.

Mit geschlossenen Augen fuhr der Prediger, sich seiner
Gegenwart unbewußt, fort im innigen Gebet und schloß

es dann mit den Worten einer leidenschaftlichen
Anrufung:
»Segne unsere Waffen,
gewähre uns den Sieg,
O Herr unser Gott,
Vater und Beschützer
unseres Landes und unserer Fahne!«

Der Fremde berührte ihn am Arm, bedeutete ihm
beiseitezutreten – was der verblüffte Geistliche auch
tat – und nahm seinen Platz ein. Eine Zeitlang musterte
er die ergriffene Menge feierlich blickend, in den Augen
einen verwirrend rätselhaften Glanz, dann sprach er
mit tiefer Stimme:

»Ich komme vom Thron des Herrn – und bringe eine
Botschaft von Gott dem Allmächtigen!«

Diese Worte trafen die Menge wie ein Blitz; wenn der
Fremde dessen gewahr wurde, zeigte er es jedenfalls
nicht.

»Er hat das Gebet vernommen aus dem Munde seines
Dieners, eures Hirten, und er ist gewillt, es zu erfüllen,
wenn das euren Wünschen entspricht, nachdem ich,
Sein Bote, euch die Bedeutung erklärt habe – und das
heißt: die volle Bedeutung. Denn wie bei vielen Gebeten
der Menschen, erbittet es weit mehr, als dem Betenden
bewußt ist – es sei denn, er nähme sich Zeit zur
Besinnung.«

»Gottes und euer Diener hat sein Gebet gesprochen.
Hat er innegehalten, sich zu besinnen? Ist es nur ein
Gebet? Nein, es sind deren zwei – eines ausgesprochen,
nicht so das andere. Doch beide haben das Ohr erreicht,

Sein Ohr, der alle Bitten vernimmt, die gesprochenen
und die unausgesprochenen.

Bedenkt dies – und merkt es euch. Wenn ihr für euch
selbst um eine Gunst ersucht, habt acht, daß ihr nicht
ungewollt zu gleicher Zeit euren Nachbarn mit einem
Fluch belegt. Wenn ihr um die Gunst des Regens betet
um eurer Felder willen, die ihn nötig brauchen, so
erbittet ihr vielleicht auch den Fluch für die Felder
eines Nachbarn, die des Regens nicht bedürfen
und durch ihn Schaden nehmen.«

»Ihr habt das Gebet eures Dieners gehört – den Teil, der
ausgesprochen wurde. Ich bin von Gott beauftragt,
den anderen Teil in Worte zu fassen – den Teil, den der
Pfarrer, und ebenso ihr von Herzen mit Inbrunst im
stillen spracht.

Und unwissend und unbedacht?

Gebe Gott, daß dem so war! Ihr hörtet jene Worte:
»Gewähre uns den Sieg,
O Herr unser Gott!«
Das allein reicht aus. Das Gebet in seiner ganzen Länge
verdichtet sich in diesen unheilschwangeren Worten.
Nicht nötig, tiefer einzudringen. In der Bitte um den
Sieg lag auch die Bitte um viele ungenannte Folgen,
die der Sieg mit sich bringt – mit sich bringen muß,
unweigerlich mit sich bringt. Den alles vernehmenden
Geist Gottes, des Vaters, erreichte auch der
unausgesprochene Teil des Gebets.

Er sandte mich es in Worte zu fassen.

## So höret!

»O Herr, unser Gott,
unsere jungen Patrioten,
für die unsere Herzen schlagen,
ziehen in den Kampf –
Sei Du mit ihnen!

Mit ihnen, im Geiste,
verlassen auch wir
den süßen Frieden
unserer heimischen Feuer,
den Feind zu schlagen.

O Herr unser Gott,
hilf uns
die feindlichen Kämpfer
mit unseren Granaten
zu zerfetzen.

Hilf uns
ihre friedvolle Erde
mit den bleichen Körpern
ihrer Toten zu bedecken.

Hilf uns und laß
den Geschützdonner
die Schreie der Verwundeten
durchdringen,
in ihrer Qual.

Hilf uns
und verwüste
ihre Heimstätten
mit Feuerstürmen.

Hilf uns
die Herzen
ihrer unschuldigen Witwen
sinnlos mit Kummer zu erfüllen.

Hilf uns
sie schutzlos zu machen
mit ihren kleinen Kindern,
auf daß sie rastlos irren
durch die Öde
ihrer verheerten Heimat,

zerlumpt, in Hunger und Durst,

ausgesetzt der Sonnenglut des Sommers
und den eisigen Winterwinden,

mit gebrochenem Willen,

gebeugt von Leid,

wie sie Dich anflehen,
um die Gnade des Todes –
vergebens.

Um unserer willen,
die Dich lobpreisen, Herr:

Zerstöre ihre Hoffnung.

Vernichte ihr Leben.

Überlasse sie ihrem bitteren Gang.

Beschwere ihre Schritte.

Tränke den Boden,
auf dem sie gehen,
mit ihren Tränen.

Färbe den weißen Schnee
mit dem Blut
ihrer wunden Füße!

Das erbitten wir,
im Namen der Liebe,
von Ihm, der alle Liebe birgt,
dem ewiglich treuen
Helfer und Freund
aller Beladenen,
wir, die wir um Seine Gunst ersuchen,
Demut und Reue im Herzen.

AMEN.


Nach einem Moment des Schweigens:

»So lautet euer Gebet;
wünscht ihr es immer noch,
so sprecht!
Der Bote des Allmächtigen
wartet.«

* * * * *

Später kam man zu dem Schluß, daß der Mann ein
Verrückter sei, weil seine Worte keinerlei Sinn ergaben.